La Spiritualité de la Kaťha Oupanishad

Le symbole d'Ánanda Márga représente son idéologie. Le triangle pointant vers le haut symbolise l'action, le service désintéressé envers toute la création ; le triangle pointant vers le bas désigne la connaissance, la conscience spirituelle issue de la méditation. À leur croisée, le soleil levant est l'éveil, progrès sur tous les plans ; la croix svastika en son centre représente le but, la victoire spirituelle du pratiquant.

Shrii shrii Ánandamúrti

La Science sacrée des Védas vol. 2

LA SPIRITUALITÉ DE LA KAT́HA OUPANISHAD

(avec son texte sanscrit et sa traduction française directe)

Subháśita Saḿgraha 3-4 / L'Idéologie spirituelle et pratique de l'Ánanda Márga 4-5

Traduit du sanscrit, de l'anglais et du bengali
par O. Jyotsná Caujolle

Éditions ANANDA MARGA
LA VOIE DE LA FÉLICITÉ

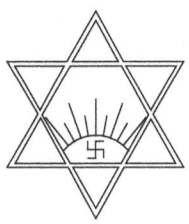

Traduit partiellement de l'édition bengalie et sanscrite (voir p. 7) et partiellement de l'édition en anglais et sanscrit (ces deux éditions ne comprennent cependant pas la traduction des versets sanscrits) par O. Jyotsná Caujolle.

Ce volume 2 de *La Science sacrée des Védas* regroupe les volumes 4 et 5 de la série *L'Idéologie spirituelle et pratique de l'Ánanda Márga* ; il correspond aussi environ aux tomes 3 et 4 de la compilation *Subháśita Saḿgraha* dont cette série est tirée.

Édité et imprimé par l'association Ánanda Márga Pracáraka Saḿgha France. Responsable de l'édition O. J. Caujolle.

Directeur des publications en Europe Ác. Jyotirúpánanda Avt.

Éditions Ananda Marga, 153 avenue du maréchal Joffre, 66000 Perpignan, France.

ISBN 978-2-907234-09-2, dépôt légal 4e trimestre 2016, 1re édition.

Avant-propos

Ce volume est le troisième ouvrage d'une série où l'auteur nous fait connaître et comprendre les principaux textes spirituels de l'Inde.

Dans le premier chapitre de ce volume, l'auteur introduit la notion d'univers vibratoire avec ses différents types d'ondes. Qu'est-ce que cet univers, comment le percevons-nous ?

Le deuxième chapitre et les suivants citent et commentent l'enseignement spirituel de la *Kaťha* (ou *Káťhaka*) *Oupanishad*[1] : Natchikétâ, un jeune homme sincèrement épris de vérité, questionne Yama, le Souverain de la mort. Touché par sa sincérité et son idéalisme, celui-ci lui dévoile les secrets de la Vie[2].

L'Oupanishad nous parle du chemin à choisir, des obstacles humains à l'accomplissement et à la connaissance du Soi véritable, du bonheur de celui qui Se connaît. Elle décrit l'attention, le recueillement transcendantal, l'union intérieure qu'est le yoga comme les moyens d'atteindre à l'immortalité.

Cette Oupanishad est en vers, en sanscrit, une langue très ancienne, poétique et concise. L'auteur, par sa connaissance approfondie de la langue et de la civilisation de l'époque, nous permet d'en pénétrer toute la teneur spirituelle.

La *Kaťha Oupanishad* fait partie des principales oupanishads, commentées notamment par le grand philosophe médiéval indien Shankarâchârya.[3]

---

[1] Les *Upanishads* sont les textes philosophiques et mystiques des *Védas*.

[2] Cet enseignement commence au chapitre deux de l'Oupanishad.

[3] Les versets au moins grand intérêt spirituel ont été ici sautés par l'auteur : fréquemment ceux d'introduction ou de cloture de chapitres (ils ne font d'ailleurs sans doute pas partie de l'Oupanishad originelle) ; d'autres non cités voient néanmoins généralement leur essence spirituelle mentionnée dans le cours du commentaire. Lire aussi la présentation additionnelle, § 7 p. 202. (ndt)

Enseignant aussi les techniques yoguiques permettant d'atteindre aux états que décrivent les textes mystiques, l'auteur forma dès 1955 des enseignants à l'instruction bénévole des méthodes individualisées de méditation. Ceux-ci (pour la plupart des moines et des moniales) œuvrent aujourd'hui dans le monde entier, à la fois dans l'enseignement spirituel yoguique et dans l'humanitaire, notamment par des projets de développement et des missions de secours en cas de catastrophe, mettant en œuvre la devise de la voie Ánanda Márga : *Átmamokśárthaḿ jagaddhitáya ca* : « Salut individuel, bien-être universel ». (Voir p. 195)

Ce livre utilise un certain nombre de notions philosophiques du yoga plus amplement détaillées dans d'autres ouvrages de l'auteur. Les quelques schémas en annexe auxquels renvoient les notes permettent d'apporter sous une forme succincte les notions philosophiques employées ici mais non développées ou expliquées.

Voir pages suivantes la transcription du sanscrit et les conventions d'écriture ; la prononciation détaillée du sanscrit et la translittération des alphabets hindi *(devanágarii)* et bengali *(shriiharśa (kut́ilá))* est en p. 205 et suivantes.

Consultez la courte présentation des auteurs et ouvrages cités, celle des ouvrages de l'auteur (p. 210), et plus, dans le chapitre rassemblant les annexes et débutant p. 194. La table des matières est en fin d'ouvrage.

Nous avons fait suivre les versets sanscrits de la *Kat́ha Oupanishad* de leur traduction française entre crochets. La traduction des citations sanscrites d'autres textes sacrés indiens et des poèmes – poèmes le plus souvent en (vieux) bengali, en hindi ou en maithili, une langue proche du bengali – et traduits ou retraduits (pour certains poèmes) par la traductrice française, a été insérée directement dans le cours du commentaire et leur texte original relégué en note de bas de page.

Tout autre texte entre crochets est un complément éditorial ou un ajout de la traductrice (généralement pour expliciter un sous-entendu de l'auteur).

Pour une lecture également plus agréable, nous avons mis les noms d'auteurs et d'ouvrages autres que l'oupanishad commentée ici simplement entre parenthèses, bien que rajoutés par la traductrice.

Les mots entre parenthèses sont les termes « originaux »[1] : soit des notions sanscrites, soit du bengali courant ou philosophique.

Nous avons dans quelques cas proposé une traduction alternative par une barre oblique : a/b, dans ce cas lire « a ou b » ou « a, b », etc. selon ce qui s'impose.

Un certain nombre de mots, le plus souvent directement empruntés au sanscrit, la langue savante, laissés entre parenthèses l'ont été de sorte à permettre aux lecteurs des traductions « anglaises » – où ceux-ci ne sont souvent pas traduits – des nombreux ouvrages de l'auteur, de se familiariser avec eux, et éventuellement avec leurs diverses possibilités de traduction française.

Cette Oupanishad est citée ici comme simplement divisée en six chapitres ; elle est cependant considérée comme formée de deux grandes parties composées chacune de trois chapitres.

J.C.

Note complémentaire de la traductrice

Nous avions tout d'abord traduit le commentaire à partir de la traduction anglaise mais il s'est avéré finalement nécessaire de revoir ou de retraduire complètement de très nombreux passages à partir du texte bengali ; cela nous a ainsi aussi permis de corriger çà et là des erreurs, des incompréhensions ou des imprécisions (souvent une simplification, parfois erronée, du texte), ou encore des oublis, de la traduction anglaise. C'est ainsi qu'une bonne partie du texte a été complètement retraduite directement du bengali et une plus grande partie corrigée, ammendée ou précisée à l'aide du bengali.

D'autre part, de nombreuses explications entre parenthèses, présentes dans la traduction anglaise, n'apparaissent pas dans le texte

[1] Ces conférences ont été en réalité, semble-t-il, prononcées en hindi et sanscrit avec un peu d'anglais. Une version écrite en a été ensuite faite en bengali (langue maternelle de l'auteur) qu'il a alors soigneusement revue, corrigée et complétée, et qui fait référence. (ndt)

bengali (qui fait référence) ; nous les avons parfois mises en note parfois supprimées. Il semblerait que les traducteurs ou éditeurs indiens de la version anglaise aient mis entre parenthèses (et non, comme il est d'usage chez nous, entre crochets) des rajouts éditoriaux ou des explications des traducteurs. Certains étaient en contradiction avec le texte lui-même, d'autres inutiles du fait de la traduction du sanscrit ou de notes précédentes, nous ne les avons pas relayés.

Nous souhaitons également remercier les moines *(avadhúta)* professeurs spirituels *(ácárya)* frères Acyutánanda (traducteur américain), pour son aide sur toute question relative au texte ou à ses circonstances, et Sarvátmánanda (bengali), pour son aide sur quelques points ou traductions délicates.

Abréviations

Ndt indique les notes de la traductrice.

DMC (Dharma-mahá-cakra) désigne un rassemblement spirituel en présence de l'auteur.

Ibid. abrège *ibidem* et renvoie au même ouvrage et passage que la citation précédente.

v. abrège verset.

chap. abrège chapitre.

suiv. abrège suivant.

préc. abrège précédent.

§ abrège paragraphe.

p. abrège page ou pages.

Transcription latine de l'alphabet sanscrit

Nous avons adopté la transcription suivante de l'alphabet sanscrit en caractères latins choisie par l'auteur, et utilisée dans tous ses livres depuis 1955 ; elle permet une transcription adaptée également au bengali et autres langues indiennes et une impression économique.

Les lettres rétroflexes sont représentées par l'usage d'un accent aigu (et non par un point sous la lettre). La sifflante palatale par sh *(shiva)*. Les diphtongues longues par *ae* et *ao*. On a ainsi *caetanya, bhaotika, saiṋcara, puruśa, átmá, saḿskrta, shiva, viśńu*, etc.[1]) (voir p. 205 et suiv. pour plus de détails et pour la prononciation) :

a, á, i, ii, u, ú, r, rr, lr, lrr, e, ae, o, ao, aḿ, ah,
ka, kha, ga, gha, uṋa,   *ca, cha, ja, jha, iṋa,*
t́a, t́ha, d́a, d́ha, ńa,   *ta, tha, da, dha, na,*
pa, pha, ba, bha, ma,   *ya, ra, la, va,*
sha, śa, sa,   *ha, kśa.*

le ' désigne l'élision phonétique du *a* (l'*avagraha*),

aṋ désigne le *candrabindu/anunásika* (ँ) des mots indiens. De plus, bien que le *nádabindu* (ꣳ) soit différent du *candrabindu* (ँ), on a ici aussi employé *ṋ* dans le mot *oṋm (ॐ)*, pour le représenter. ँ et ꣳ représentent tous deux une nasalisation de la voyelle précédente.

জ্ঞ	ঋষি	ছায়া	জ্ঞান	সংস্কৃত	ততোঽহং	পিঙ্গলা
ज्ञ	ऋषि	छाया	ज्ञान	संस्कृत	ततोऽहं	पिङ्गला
jiṋa	*rśi*	*cháyá*	*jiṋána*	*saḿskrta*	*tato'haḿ*	*piuṋgalá*

Pour faciliter la compréhension des citations sanscrites, nous avons séparé les mots composés par des traits d'union lorsque possible, ou, sinon, nous avons souligné la voyelle ou la diphtongue qui les unissait par le phénomène de liaison des voyelles (le *sandhi)*. Dans le cas de deux mots distincts réunis en un seul par ce même phénomène, nous avons mis en gras la voyelle ou la diphtongue réunissant ces deux

---

[1] Retranscrits *caitanya*, *bhautika*, *sañcara*, *puruṣa*, *ātmā*, *saṃskṛta, śiva* et *viṣṇu* dans la transcription universitaire actuellement utilisée. (ndt)

mots distincts. Nous avons aussi parfois distingué un préfixe par un trait d'union.

On a ici fréquemment l'enchaînement *-aiṇ c-* souvent noté dans les manuscrits en devanágarii plutôt *-aḿ c-*.

D'autre part, les *ď* et *ďh* (ড/ड et ঢ/ढ) sanscrits se prononcent *ŕ* (r rétroflexe) et *ŕh* entre deux voyelles. En bengali ou en hindi, ils sont dans cette circonstance écrits avec un point sous la lettre : ড়/ड़ et ঢ়/ढ़. Nous les retranscrivons alors, comme il est d'usage, par des r rétroflexes : *ŕ* et *ŕh* (*jaŕa* par ex. pour le *jaďa* sanscrit).

Le sanscrit

Les textes sanscrits s'étendent sur une période de plusieurs milliers d'années. On distingue le sanscrit védique, le sanscrit classique et le sanscrit moderne. Les anciennes oupanishads telle la *Kaťha Oupanishad* se situent à la charnière entre le védique et le classique.

Un même terme sanscrit a pris ainsi, au cours du temps, différentes significations, selon les périodes et les communautés. Un même terme se traduit selon qu'il est employé dans tel ou tel texte par différentes significations. Pour ceux qui lisent le sanscrit, il peut parfois être déroutant de reconnaître des termes sanscrits dans le texte du commentaire, le bengali utilisant de nombreux termes sanscrits tels quels, et les langues indiennes en général ont conservé beaucoup de termes sanscrits dans le langage philosophique, termes qui, bien que semblant identiques aux termes employés dans l'oupanishad, peuvent correspondre en fait à une notion différente. Cette oupanishad aurait au moins 2500 ans. On comprend que la langue d'aujourd'hui ne soit plus la même que celle de l'époque.

Le commandement suprême

Ceux qui pratiquent la méditation deux fois par jour régulièrement sont sûrs de penser à l'Être suprême au moment de la mort, leur libération est assurée. C'est pourquoi tout aspirant à la félicité éternelle doit pratiquer la méditation deux fois par jour invariablement. C'est en vérité le commandement du Seigneur.

Sans conduite morale, la méditation est impossible, le commandement du Seigneur est donc également de suivre les principes moraux spirituels[1]. Désobéir à ce commandement n'est rien d'autre que se jeter dans les affres de la vie animale pour des millions d'années.

Pour que personne ne subisse de tels tourments, que chacun puisse jouir de la Paix éternelle sous la protection aimante de Dieu, c'est le devoir sacré de chaque aspirant spirituel de s'efforcer d'amener tout le monde sur le chemin de la Félicité divine. En vérité, conduire autrui à la voie juste fait partie intégrante de la pratique spirituelle.

Shrii Shrii Ánandamúrti

---

[1] *Yama niyama,* l'éthique yoguique, détaillée p. 196. (ndt)

Vibration, forme et couleur

Notre sujet sera aujourd'hui « vibration, forme et couleur ».

La vibration

D'où viennent les vibrations ? Chaque action engendre des ondes qui la caractérisent, et ces ondes ne sont rien d'autre que des vibrations s'écoulant/se propageant par différents canaux. Ce que nous appelons action est une transposition relative d'objets, et c'est cette transposition qui engendre les vibrations de l'action.

À la grande variété d'actions répond une semblable diversité de vibrations. Chaque action émet ses propres vibrations, et celles de deux actions différentes ne sont pas identiques, sinon les deux actions ne se différencieraient pas. Les vibrations dépendent de l'impulsion initiale, de l'action première : avez-vous déjà jeté des pierres dans une mare et regardé ce que cela donnait ? Selon la vitesse ou la force que vous donnez à la pierre lorsque vous la jetez, ou selon le poids de cette pierre, les ondes engendrées diffèrent en longueur ou en caractère.

Il se trouve que ce qui cause et dirige ces ondes a aussi des vibrations : c'est aussi un véhicule d'énergie et non quelque chose de passif, inerte. Je vais vous donner un bon exemple de vibrations dans le corps humain. Prenons le cas de la colère : lorsqu'on réagit mentalement violemment au choc d'une provocation, une grande agitation ou vibration s'empare de son cerveau. Dans l'instant qui suit, cette agitation se transmet, par le système nerveux, du cerveau au corps tout entier, à la vitesse de l'éclair. On peut alors voir que l'on est au paroxysme de la rage. Sous l'effet de cette violente vibration du système nerveux, le visage devient rouge et chaud, et les mains et les pieds se mettent à trembler. Les sens et les facultés d'action, particulièrement ces dernières, ne répondent plus normalement et l'on s'embrouille dans ses paroles. Ceux qui bégayent déjà un peu, bégayent franchement. Le jugement et l'intelligence d'une personne, qui lui permettent de rester maîtresse de ses mauvaises propensions, s'affaiblissent sous l'effet de ces violentes vibrations. Quelqu'un de furieux, sans se soucier de l'endroit, du moment et de la personne, en vient à vitupérer sans discernement et avec entêtement. Cette excitation cérébrale et physique immodérée lui échauffe le cerveau. Il n'arrive plus à penser, que ce soit en bien ou en mal. Son organisme épuisé, il en perd l'appétit. N'est-ce pas ainsi que cela se passe ?

Chaque action et, même, chaque objet, émettent des vibrations. Qu'une action s'accomplisse ou qu'un objet soit présent, et l'être humain reçoit des ondes des éléments *(tanmátra)* par les vibrations émises. Ces vibrations sont en fait elles-mêmes ces ondes des éléments dans la mesure où elles portent et transmettent aux sens l'essence caractéristique de l'action ou de l'objet. Un observateur peut ainsi percevoir, grâce aux vibrations ou ondes des éléments émises, la scène que les organes moteurs ont engendrée.

Les vibrations de ce monde se décomposent en cinq types d'ondes des éléments principales : du son, du toucher, de l'apparence[1], de la saveur et de l'odeur que nous percevons par nos organes des sens[2]. C'est la différence de vibration de ces ondes *(tanmátra)* qui les différencient pour nous en sonores, tactiles, etc.

Les disques microsillons sont fabriqués de sorte que le contact de l'aiguille d'un électrophone avec les sillons muets fasse naître, dans l'atmosphère, une agitation qui n'est autre que la réapparition des vibrations originales. Ces vibrations étant des ondes sonores et non tactiles, visuelles, etc. vous entendez la voix du chanteur ou le son des instruments. Les ondes visuelles n'ayant pas été gravées sur le disque, vous ne pouvez pas voir l'apparence des instrumentistes durant leur concert.

Les fleurs parfumées vous paraîtraient inodores si l'air ne portait pas la vibration de leur senteur au contact des récepteurs d'odeur de votre nez. Il en serait de même si le contact de leur senteur avec vos

---

[1] *Rúpa* : de l'apparence (autrement dit, visuelles), souvent aussi traduit par forme (un des sens de *rúpa*). (ndt)

[2] Voir à ce propos le schéma et le texte p. 180

récepteurs n'engendrait pas une vibration [dans votre système nerveux] sympathique.

Pareillement, vous ne pourriez apprécier la douceur d'une friandise si son contact avec un endroit donné de votre langue, votre organe du goût, ne créait, grâce à celui-ci, dans vos nerfs sensitifs, une vibration, une sensation, d'une espèce particulière. La différenciation de ces vibrations ne s'arrête cependant pas là, le contact des différents aliments avec la langue engendre divers types de contraction et d'expansion sur plusieurs parties de la langue et du palais, créant ainsi une différence dans leurs vibrations respectives. C'est à cause de ces différences de vibrations que le piment est piquant, le sucre doux et le margousier amer. Il est à remarquer qu'il arrive, lorsque les différences de vibrations sont moindres, que nous ne puissions pas distinguer un aliment d'un autre. Ce genre de confusion se produit parfois entre le miel et le sirop de canne, les graines de tomates et celles de piment ou d'aubergine, un faux diamant et un vrai. Beaucoup d'entre vous ont certainement remarqué qu'après avoir mangé du margousier *(nim)*, l'eau paraît légèrement sucrée. L'amer et le sucré sont proches chimiquement. Les vibrations d'amer provenant du margousier se transforment, sous l'influence vibratoire de l'hydrogène de l'eau, en vibrations de sucré. Nous trouvons alors l'eau sucrée.

Tout ce que l'on peut comprendre et saisir en ce monde n'est qu'un jeu de vibrations. Au contact de nos récepteurs sensoriels, les corpuscules vibratoires *(tanmátra)* sonores, tactiles, visuels, gustatifs et olfactifs font vibrer nos nerfs sensitifs. Sous l'effet de ces vibrations, notre psyché transmute son substrat mental *(citta)*[1] et lui fait prendre la forme de ces ondes. Nous voyons alors des éléphants ou des chevaux, entendons des mélodies tristes ou gaies *(puravii* ou *bhaeravii rága)*, touchons du chaud ou du froid, goûtons de l'amer ou du sucré, sentons des tubéreuses ou du jasmin de nuit *(shiulii)*.

---

[1] Le *citta*, littéralement : « ce qui est pensé », est le psychisme objectivé, la partie objet du psychisme, qui s'oppose à la partie sujet (formée du moi *(ahaṁtattva)* ou je agissant, et du principe mental, le « je suis », je existentiel *(mahattattva)*). (ndt)

La nature de l'univers

Considérons ce vaste monde. Quelle est sa nature ? Qu'est-ce que cet univers ? Il est la manifestation psychique de Dieu : *l'univers* – ce monde visible – *est sa substance mentale.*

Comment cette substance mentale *(citta)* divine est-elle apparue ? La substance mentale est le résultat statique d'un acte d'imagination. Elle présente, en tant qu'existence de nature statique, une nature stationnaire/un caractère de stabilité, comparée aux existences de nature seulement consciente et active créées [aussi] par la puissance opératrice divine *(prakrti)*[1,2]. Cette existence de nature statique n'est pourtant, qu'elle soit une manifestation première ou réactionnelle *(saḿskára)*, rien d'autre que « quelque chose qui est pensé »/substance mentale *(citta).* Nous pourrions approfondir cela plus avant mais ce n'est pas le sujet d'aujourd'hui.

Donner une forme, permettre l'expression, engendrer de l'inertie ou un état statique sont des caractéristiques de la tendance statique [de la puissance agissante divine *(prakrti)*]. Le substrat mental *(citta)*, instance psychique résultante, est ainsi dominé par la tendance statique. Il prend la forme des objets du monde extérieur ou d'une impression mentale passée *(saḿskára*[3]*)*. Toute forme a cependant une durée et une étendue spatiale limitées. Cela s'applique aussi au substrat mental divin ; en effet, bien que Dieu se manifestant *(Hirańyagarbha*[4]*)* soit au-delà du vaste, et la matière première de sa substance mentale illimitée, la manifestation de celle-ci, aussi vaste soit-elle, a une forme.

Autour du Centre [de cet univers] – le Très-Haut *(puruśottama)* – tourne et s'agite une atmosphère de pensées *(bháva)* nées de lui qui donne finalement naissance à des particules d'énergie. Celles-ci se

---

[1] Qui, elles, demeurent dans un état plus « subtil », tels le moi et le je existentiel (voir note page précédente). (ndt)

[2] La nature statique est l'un des trois types d'influence – ou tendance *(guńa)* – qu'a la puissance agissante divine *(prakrti)* : consciente, active et statique. *Sattva*, la consciente (conscientisante ou « spiritualisante »), *rajah*, l'active (ou mutatrice) et *tamah*, la statique (ou « inertiante », densifiante ou matérialisante). Elles apparaissent en s'additionnant, l'une après l'autre, à partir de la consciente. (ndt)

[3] Voir aussi notes 3 p. 109 et 4 p. 106. (ndt)

[4] Correspond (ici) à *saguńa brahma.* (ndt)

métamorphosent, de façon séquentielle, en cinq éléments fondamentaux [qui vont constituer la matière] : éthérique, gazeux, lumineux, liquide et solide[1]. Cette séquence des cinq éléments est ainsi la manifestation du cycle de pensée [divin] qui lui-même naît du pur Esprit[2].

Derrière le parcours complet de ce cycle[3], s'exprime la manifestation espiègle de la Puissance agissante divine *(Prakṛti)*. Celle-ci engendre la vibration tour à tour dans le pur Esprit, dans la pensée *(bháva)*, dans l'énergie et dans les objets prétendus inanimés. Ce cycle de pensée [ce cycle vibratoire] se produisant en l'Esprit *(Puruśottama)* est ce qu'on appelle l'univers elliptique *(Brahmáńḍa)*.

Tous les objets matériels tournant [autour du Centre universel] sont sous le contrôle de deux forces conjointes – celle qui éloigne de l'Esprit (l'ignorance) et celle qui rapproche de l'Esprit (la connaissance) – formant un ensemble à l'apparence quelque peu elliptique. Si immense qu'il soit, le cycle de la création *(brahmacakra)* [se manifestant par cet univers] apparaît comme elliptique et c'est pourquoi nous l'appelons l'Œuf divin *(Brahmáńḍa)*.

Dans ce cycle macrocosmique, en chaque entité/existence s'expriment les vibrations pleines de délicats mouvements de toutes sortes de cycles, grands et petits, qui tous marchent dans une harmonie consonante, maintenant intacts la mesure et tous les rythmes et tempos. Tous [ces cycles] modulent leur vibration particulière en l'accordant à la vaste Vibration universelle, leurs ondes individuelles s'exprimant et se développant dans cette Onde immense.

Comment fut créé cet univers elliptique ? Le matériau de ce monde est le substrat mental *(citta)* divin, matériau qui ne peut apparaître, prendre forme que sous l'action vibratoire d'ondes de pensée. Nous pouvons ainsi dire que cet univers est la manifestation, née d'ondes mentales, du substrat mental *(citta)* divin. Sous l'action de la tendance statique[4], l'Esprit s'est transformé en une manifestation pro-

---

[1] Soit éther/espace, air, feu, eau et terre. (ndt)

[2] C'est ainsi que l'Esprit est la substance primordiale. Chaque forme matérielle contient les cinq éléments (espace, gaz, lumière, liquide, solide) en plus ou moins grande proportion ; ces éléments correspondent aussi un à un aux cinq sens. (ndt)

[3] Voir le schéma détaillé du cycle de la création *(brahmacakra)* p. 199. (ndt)

[4] L'aspect inertiant de la force opératrice divine, voir note 2 p. préc. (p. 18). (ndt)

gressivement plus matérielle apparaissant sous la forme de divers types d'écoulements vibratoires : les ondes élémentaires du verbe, du tact, de l'apparence, de la saveur et de l'odeur ; ondes qui ne sont autres que l'expression différenciée des rythmes ou vibrations macrocosmiques. La création de ce monde perceptible découle de l'imagination séquentielle divine[1]. Les ondes de cette imagination, de subtiles, deviennent une manifestation grossière/physique, pour ensuite, devenues matérielles, prendre le chemin vers le subtil/l'Esprit, jusqu'à ce que la conscience manifesté(e) endosse, sur son chemin centripète[2], la forme humaine, conduisant ce cycle mental à son accomplissement.

Ce monde étant l'imagination de la pensée de Dieu, on peut dire que ce monde visible n'est autre que son acte de penser et n'existe que dans son imagination. La vibration de la substance mentale *(citta)* divine fait se développer ces formes variées en une succession de pensées, de formes et d'ondes toujours nouvelles.

Mais qu'est-ce que l'imagination ? Un acte *(kriyá)* ou un vécu *(saṁvedana)* psychique, n'est-ce pas ? Tout acte, tout ressenti *(saṁvedana)* est vibratoire. Cet univers naissant d'une activité psychique de Dieu, il suit obligatoirement les règles vibratoires du processus de la pensée. Dans la psyché individuelle, les cinq ondes des éléments *(tanmátra)* se manifestent par un courant vibratoire. Dans le psychisme divin – psychisme total/universel – également, ces ondes de la matière sont une vibration ; l'être individuel qui les saisit et les maintient [en son substrat mental] par ses sens et sa force vitale[3] *(práṅendriya)*, est lui-même à l'intérieur de ce Psychisme divin. Autrement dit, l'être individuel reçoit du monde extérieur les différentes ondes des éléments *(tanmátra)* et, en vérité, tous vibrent dans cette Vie universelle.

Qu'est-ce qui caractérise alors ce monde visible ? Chacun des objets de ce monde se meut, aucun n'est immobile. Il n'y a pas une entité dans cet univers qui soit figée. Toutes vont de l'avant, aucune ne peut être fixe, ne serait-ce qu'une fraction de seconde. Qu'on le veuille ou non, on doit courir après ce qui arrive, laissant le présent derrière soi.

---

[1] Voir schéma p. 199.
[2] Le chemin de retour vers l'Esprit. (ndt)
[3] Expliquée p. 105

Telle est la loi inexorable de la force opératrice divine *(prakrti)*. Aussi chère qu'une personne soit à mon cœur, je ne peux la retenir à jamais. La mort s'approche rapidement avec sa cruelle étreinte et me dérobe soudainement mes aimés. Aucune entité finie ne peut échapper à son assaut car toutes sont soumises au temps et à l'élan créateur divin *(máyá*[1]*)*. Seule l'Essence de toutes ces créatures de Dieu – le Soi divin qui est le témoin non manifesté de tout – est supra-temporelle, par-delà les frontières du temps. Le véritable éveil d'un être dépend de sa capacité à prendre conscience de cette essence qui est sienne. Dans cet état d'éveil, la question de l'immobilité ou du mouvement, d'un progrès ou d'une régression ne se pose pas.

Le bonheur

J'expliquai précédemment que l'action est une transposition relative d'objets. Une action comporte du mouvement, du rythme et des vibrations qui transportent les ondes des éléments/corpuscules élémentaires *(tanmátra)*. Quand ces ondes sont en correspondance avec les tendances naturelles *(vrtti)* actives chez nous, leur réception engendre des vibrations agréables dans notre psyché, et à l'exact opposé, celles qui ne correspondent à aucune de nos propensions nous sont douloureuses. Ainsi, plus la saisie de ces essences subtiles/ces ondes des éléments, est aisée, plus, généralement, l'effet est agréable. Plus la saisie est difficile, plus l'effet est douloureux.

Nous appelons bonheur l'état vibratoire dans lequel notre psyché *(citta)* s'efforce de demeurer et malheur *(duhkham)* celui dans lequel elle ne veut pas rester. Il est même fréquent que nous soyons tout à fait incapables d'accueillir la très forte vibration créée en nous par l'objet de bonheur ou de malheur qui se présente à nous en conséquence de nos actes passés. D'une personne mise dans une telle situation forte, nous disons : « elle a reçu un rude choc, va-t-elle le supporter ? »

Il arrive en effet parfois, qu'à cause de l'extrême tension du système nerveux engendrée par un grand choc, une personne meure d'une crise cardiaque. Ou supposons que vienne de mourir le parent le plus

---

[1] = *Prakrti*, la force opératrice divine. (ndt)

cher de quelqu'un. Cette personne aura naturellement un grand choc en apprenant la nouvelle. Si elle a la force de contrôler, même faiblement, l'incursion de cette vibration dans son esprit, elle sera à même de la supporter. Plus la capacité de supporter d'une personne est grande et plus nous la disons forte. Tandis qu'une personne qui manque de cette capacité de supporter, même si elle survit, c'est-à-dire que son cœur ne s'arrête pas, son fonctionnement mental s'arrêtera brutalement, autrement dit elle s'évanouira. L'hystérie présente chez les femmes à l'esprit et aux nerfs faibles est dans une certaine mesure due à un choc vibratoire, mais nous parlons là de maladie car la faiblesse est quelque peu excessive.

Le bonheur a un effet similaire. Ce choc non plus n'est pas facile à supporter et à absorber. Qu'un homme vivant dans une abjecte pauvreté reçoive soudainement cent mille roupies, et la puissante vibration de cette nouvelle, atteignant son esprit, agitera violemment tout son système nerveux. Une nouvelle d'une telle puissance vibratoire peut même mettre un terme à sa vie, car sa capacité limitée peut ne pas supporter la vibration de ces ondes.

Par exemple, supposons que, tandis que votre mère dîne, vous receviez la nouvelle de la mort de son père. Elle est, disons, orpheline de mère et la seule fille de son père. Naturellement elle aime son père de tout son cœur. Si elle apprend la nouvelle de sa mort de façon soudaine, elle va subir un violent choc mental. Si on lui apprend cette nouvelle tout d'un coup, elle ne sera peut-être pas capable de supporter la violence de cette vibration. Dans une telle circonstance, il faut lui apprendre la nouvelle progressivement, par longs paliers, que son esprit puisse s'affermir suffisamment pour pouvoir résister à la violence de cette vibration. Vous pouvez commencer par dire : « Nous n'avons pas de nouvelles de grand-père depuis bien longtemps, je me demande comment il va. » En entendant cela, une vibration prémonitoire de sinistre présage va poindre en elle mais, même cela, vous ne devez le dire qu'après qu'elle a terminé de dîner. Puis, après un moment, vous pouvez ajouter : « Grand-père est peut-être très malade et c'est pourquoi nous n'avons pas reçu de lettre de lui. » Cela lui permettra de s'endurcir un peu plus mentalement. Vous pouvez ensuite dire : « Il n'est peut-être plus. Ce ne serait pas étonnant, il était très âgé, non ? Pourtant sa vie nous est très précieuse. » En fin de compte vous lui révélerez la nouvelle lentement et précautionneusement.

La capacité de supporter toutes sortes de vibrations varie chez une même personne selon les circonstances. C'est pourquoi vous ne devriez jamais révéler la nouvelle d'un grand bonheur ou d'un grand malheur soudainement à quelqu'un. Préparez d'abord le terrain, créez l'atmosphère morale adéquate puis apprenez-lui la nouvelle. Si vous arrivez à progressivement créer la juste espèce d'ondes, la force de supporter la tension nerveuse de la vibration lui viendra d'elle-même. Vous devriez ainsi dire tout d'abord au pauvre homme : « Si l'on vous donnait cent roupies, comment utiliseriez-vous l'argent ? » Donnez-lui ensuite une plus forte dose : « Et si vous gagniez mille roupies à une loterie, que feriez-vous ? » Vous créez ainsi, dans son esprit, de plus en plus de vibrations agréables, l'habituant à une émotion de plus en plus forte. Finalement vous lui révélerez qu'il a gagné un prix de cent mille roupies à la loterie. Vous verrez à ce moment-là qu'il pourra alors en grande partie conserver son équilibre mental.

Chacun a sa propre capacité à supporter les vibrations, c'est pourquoi le niveau de joie ou de peine ressenti diffère selon les personnes, et ce niveau dépend de leur constitution mentale. La cause subtile/psychique de cette constitution mentale est les impressions mentales du passé[1] *(saḿskára)* de la personne. Quant à sa cause grossière/physique, ce sont ses systèmes nerveux et glandulaires, et leurs sécrétions (neurotransmetteurs, hormones, etc.) Un choc vibratoire soudain sur le corps et l'esprit fait violemment réagir l'esprit, résultant en l'arrêt des fonctions cardiaques. La mort d'une personne frappée par la foudre s'explique également ainsi. Quant au contact oculaire soudain avec une luminosité extrêmement puissante, il est souvent suivi d'une totale perte de la vue. Et d'ailleurs, si nous regardons directement le soleil un court instant, nous en restons ébloui un moment, incapable de voir pendant quelque temps. De même, qu'un son très haut frappe notre tympan et nous pouvons en perdre l'ouïe. Sous l'impact d'une violente vibration, chaque organe sensoriel peut momentanément perdre sa

---

[1] Éventuellement d'une vie passée. (ndt)

sensibilité. Et si l'intensité du choc vibratoire est très forte, cette perte peut même s'avérer permanente. Ces puissantes vibrations peuvent cependant parfois stimuler des capacités sensorielles perdues depuis des années et en permettre la restauration. Vous avez certainement entendu parler de personnes qui bien qu'aveugles, sourdes ou muettes depuis leur enfance ont recouvré leur faculté perdue après avoir été foudroyées ou en étant abruptement informées d'une nouvelle extrêmement heureuse ou triste.

Notre perception des ondes-des-éléments *(tanmátra)* de ce monde visible dépend de notre capacité à les recevoir. Si la vibration *(tanmátra)* est plus puissante que notre capacité à la saisir, nous ne la percevons pas. De même, si la vibration est moins puissante ou le mouvement vibratoire plus lent que notre capacité à le saisir, nous ne le percevons pas non plus. Que quelqu'un murmure très faiblement et nous ne l'entendons pas, nous sommes comme sourd. Si un bruit énorme retentit tout près de nous, il va nous assourdir de sorte que nous n'entendions plus. Là aussi nous sommes comme sourd. Notre système [nerveux] nous permet d'endurer facilement de petites affections morales sans pleurer. À l'opposé, une extrême douleur morale nous hébète et nous désoriente tellement que là non plus nous ne pleurons pas. Vous avez déjà vu un enfant s'arrêter brusquement de pleurer au milieu d'une intense souffrance. C'est qu'il est choqué par la douleur, car il est incapable de supporter la violence vibratoire de cette souffrance. On peut supporter une petite douleur en souriant et personne ne peut s'apercevoir que l'on souffre. À l'opposé, lorsque l'intensité de la douleur nous fait sombrer dans l'inconscience, notre souffrance n'est pas non plus décelable. Ce n'est que dans l'état intermédiaire que nous pouvons embellir notre situation critique par de pathétiques « ah ! » et « oh ! ».

Nous ne pouvons pas percevoir les vibrations émises par les éléments d'entités ultra-subtiles ou ultra-grossières : la vibration de leurs ondes est au-delà de nos capacités de perception, nous ne pouvons donc pas, normalement, remarquer leur présence. De nombreux oiseaux et reptiles peuvent saisir les vibrations avant-coureuses d'un événement avant qu'il ne se produise. Une grenouille est sensible à des signes précurseurs de la pluie bien avant d'autres êtres vivants ; elle saisit la vibration annonciatrice à l'avance et se met à coasser aux quatre vents la nouvelle de ce bonheur futur. L'être humain, lui, ne peut normalement rien savoir avant que la pluie ne se mette belle et bien à tomber. Le mécanisme subtil requis pour percevoir les vibrations avant-coureuses de la pluie n'est pas bien développé en lui. Il lui faut donc, pour faire des prévisions, recourir à la météorologie et utiliser certains instruments scientifiques.

Le corbeau a un instinct prémonitoire quant aux tempêtes. Le hibou et, dans une certaine mesure, le chien ont la faculté de pressentir des événements comme les tremblements de terre ou autres catastrophes naturelles inattendues de grande ampleur. Chez les oiseaux, cette faculté permettant de saisir les vibrations des phénomènes est présente non pas chez dix ou cent espèces mais chez d'innombrables espèces. Cette faculté leur est véritablement d'une nécessité absolue dans leur âpre lutte pour la survie.

Les hommes préhistoriques avaient également, jusqu'à un certain point, cette faculté. Aujourd'hui, à l'ère de la prétendue civilisation, les êtres humains sont devenus extrêmement amoureux de leur confort. Ils ont perdu cette faculté par manque d'utilisation et de nécessité, tout comme ils ont perdu leur queue, leur capacité de bouger les oreilles ou celle de tenir des objets avec leurs pieds. À présent, ils perdent également leurs poils corporels et la vigueur de leurs dents et de leurs ongles.

Plus les créatures sont prises par leur lutte pour l'existence et plus leurs capacités prémonitoires – leur prescience d'un danger imminent – se doivent d'être développées, autrement ces créatures disparaîtraient de la terre. Celles qui peuplent les profondeurs de la mer sont aveugles à cause de l'obscurité. De même que, par une loi naturelle, le corps de certaines d'entre elles reflète la lumière, d'autres ont pour arme des épines sensibles, des glandes éjectant du poison ou encore des voix captivantes. Grâce à tout cela, et par leur plus grande sensibilité à d'autres types d'ondes, elles compensent leur manque de perception des ondes visuelles et préservent leur existence.

Une personne aux instincts grossiers absorbe les vibrations quelque peu différemment d'une personne ordinaire. Ce genre de personne peut facilement endurer une quantité de coups qui mettrait en danger la vie d'une personne ordinaire. Elle reste très souvent tout à fait indifférente au sang qui coule de ses coupures et blessures, plus exactement elle s'en sent mieux. Une telle personne aux instincts grossiers peut également percevoir les allusions prémonitoires de la nature. En d'autres termes, elle est, sur ce plan, quelque peu comme les créatures sous-humaines. Tandis que pour une autre personne, acquérir cette faculté requiert de s'appliquer à une pratique spirituelle *(sádhaná)* la plus assidue, même pour la personne la plus vertueuse.

La capacité de l'être vivant à percevoir les vibrations des éléments *(tanmátra)* est liée à sa constitution physique et mentale. Prenons l'exemple d'une toute petite particule comme l'atome. Il émane également de cette particule des vibrations de son apparence mais l'œil humain ne peut normalement pas saisir ces vibrations extrêmement minuscules. L'être humain doit, pour cela, la rendre visible à son œil grâce à un microscope ou un instrument analogue. Saisir les vibrations de ces entités minuscules est ainsi au-delà des capacités sensorielles de l'être humain. De même, l'oreille humaine ne peut pas entendre des sons très lointains ou une voix trop faible. Ces sons étant au-delà de sa capacité auditive, il lui faut s'aider d'un microphone et d'un haut-parleur. De nombreuses créatures minuscules émettent de tout petits sons tout autour de nous mais nous ne les entendons pas. Nous ne pouvons pas non plus entendre les bruits de Calcutta avec notre grossière faculté auditive mais nous le pouvons aisément à l'aide d'une radio. Le récepteur radio ayant la faculté, que nous n'avons pas, de recevoir des ondes sonores d'une longue distance, il nous permet de recevoir, par la vibration de l'air, ce qu'il a reçu et retransmis à l'air. Il est donc clair que les divers instruments n'ont pas tous les mêmes aptitudes à recevoir les vibrations, et que l'être humain et les animaux perçoivent les vibrations des éléments *(tanmátra)* selon les facultés respectives de leurs différents appareils sensoriels.

La forme

Il est possible de créer un tracé représentatif de toute espèce de vibration à l'aide d'un appareil linéaire approprié, tracé que l'on peut voir normalement de ses yeux ou à l'aide d'un instrument adapté. Par exemple, vous pouvez voir les sillons d'un disque microsillon sur lequel on a enregistré des sons, puisque cette forme n'est pas au-delà des capacités de perception de votre vue. Puis, lorsque l'aiguille du phonographe parcourt ces microsillons faisant rejouer ces vibrations sonores, vous pouvez les entendre. Est-ce seulement ce que l'on peut voir qui a une forme ? Non, chaque vibration a une forme. Toute onde-des-éléments *(tanmátra)* a une forme qui exprime sa vibration.

En contemplant cette immense psyché objectivée *(citta)* divine que nous appelons l'univers, nous sommes impressionnés : « Qu'elle est vaste ! » Elle aussi a une forme, elle aussi est la somme de vibrations. L'immensité de la « manifestation de la pensée » *(citta)* de Dieu fait qu'on la dit parfois sans forme car sa forme est infinie ; infinie non parce qu'elle n'a ni commencement ni fin mais parce qu'en créant l'inconcevable beauté de l'océan des formes, chacune de ses parties infinitésimales emprunte d'innombrables formes, d'innombrables manifestations vibratoires. Elle est un spectacle éphémère, un phénomène en transformation, une réalité changeante. Vos sens ordinaires ne peuvent saisir cette immense vibration divine, cette inconcevable mélodie de la Joie pure, ce flot de pensée de celui qui au-delà de la pensée. Vous n'avez pas la faculté de saisir cette forme divine, vos yeux ne peuvent saisir la vibration de cette immense existence, tout comme votre faculté auditive grossière ne peut entendre ses vastes ondes sonores.

Le son

Le son est présent dès qu'il y a vibration. Cet univers a donc aussi un son, puisqu'il est la vibration qui se produit dans l'imagination divine. Néanmoins, l'être humain manque généralement du développement spirituel nécessaire pour entendre ce son supra-matériel. Tant que l'être humain demeure conscient de sa petitesse, de son individualité, il ne peut percevoir la vibration de l'Entité infinie dans sa pleine mesure, car toute capacité individuelle est plus ou moins limitée. Vous pouvez toucher un objet, quel qu'il soit, mais vous ne pouvez pas dire : « Je touche Dieu *(Brahma)* », vous n'avez pas ce sens-là, la faculté qui vous permettrait de le toucher n'est pas suffisamment développée en vous.

On nomme la vibration du vaste substrat mental *(citta)* divin – [cette vibration] qui résonne sans interruption, de toute éternité – *Oṋm*[1]. Vous avez entendu toutes sortes de sons, forts, doux, etc. mais ce son éternel, source de tous les sons, vous n'arrivez pas à l'entendre. Il vous faudrait, pour connaître cette onde sonore, ce verbe divin, un instrument très puissant ; or le mécanisme acoustique de votre corps est, pour le moment, pour cela, extrêmement faible. Votre instrument auditif demanderait à être infiniment plus puissant qu'un poste radio qui reçoit des ondes à longue portée. Votre faible instrument étant tout à fait incapable de saisir ce son, vous doutez de son existence. Pour percevoir les vibrations de l'Infini, il vous faut unir votre psyché objective *(citta)* et toutes vos facultés à cet Infini. C'est là seulement que vous vous fondrez dans la Vibrante Allégresse divine qui jaillit en vous par cette union spirituelle. Ce n'est qu'en unissant votre sentiment de je à celui de Dieu que vous pouvez connaître et entendre la Pensée/Psyché divine, que chaque atome de votre être peut ressentir la vibration du Verbe éternel. Votre psyché fusionne alors avec la Psyché universelle. À cet heureux moment de divine rencontre entre vous/votre je et le Je divin, toutes vos vétilles, passions et soucis égoïstes s'évanouissent. Dans le Grand Vide, s'ébrouant d'allégresse, coule une intarissable symphonie.

On peut se demander si tous les sons de la Pensée divine/universelle sont les sons qui résonnent dans ce monde. Sachez que les traces de pas que vous laissez en marchant ne sont pas des témoins muets de votre silence mais résonnent de votre élan. Nous mangeons, cela crée un son ; chacune de nos actions, grande ou petite, chacune de nos humeurs *(vrtti)*, chaque vibration de nos veines, est une parole. Les paisibles chaînes de montagne, les cours des rivières et des fleuves, les forêts profondes, ne sont ni muets, ni silencieux. Ils sont tous absorbés

---

[1] Prononcé on-me, plus de détails p. 86. (ndt)

dans une indicible méditation sonore. Celui qui a des oreilles peut les entendre. Chacun de ces sons est une partie du Verbe divin, du son éternel. Tous sont ses vibrations qui lui sont inséparables, les manifestations du seul et même Verbe *Oṇ̂m (oṇ̂ḿkára)*, que notre pensée analyse, puis nous fait percevoir une de ses manifestations comme un certain son. Considérons la place du marché d'un village par exemple. Qu'entendons-nous à distance ? Un brouhaha, une rumeur, n'est-ce pas ? En nous approchant du marché pourtant, des phrases et des mots variés émergent du brouhaha : « Donnez-moi un kilo d'aubergines », « Vos pommes de terre sont trop petites », etc. La somme de ces paroles forme une rumeur indifférenciée. Tous les sons du marché se sont mélangés et fondus en une rumeur. De même, tous les sons de cet univers sont unifiés en un même Son, un même Verbe originel *(oṇ̂ḿkára)*, forme unifiée de tous les sons.

Toute action est vibratoire, chaque manifestation du substrat mental *(citta)* divin/de l'objectivation de la Pensée divine l'est donc aussi. Parmi les vibrations que sont les ondes des éléments *(tanmátra)*, la première, celle du verbe, est la plus subtile. C'est pour cela qu'elle est le premier stade issu de la subtile sphère abstraite/de pensée [divine] à se manifester dans la formation de ce monde. L'hymne *Oṇ̂m (oṇ̂ḿkára)* est la manifestation première de l'objectivation de la Pensée *(citta)* divine, l'expression verbale première, c'est pourquoi on l'appelle le Dieu Verbe *(Shabda-Brahma)*[1].

Le toucher

Je vous ai parlé du son dans son rapport à Dieu. Disons aussi quelques mots des autres vibrations élémentaires. Le toucher par exemple : quand vous touchez un objet, vous en retirez un certain plaisir mais vous ne pouvez pas ressentir « je touche Dieu *(Brahma)* ». Pour ressentir son toucher, vous devez transporter votre faculté du toucher dans le domaine de l'infini : c'est en perdant votre petit moi dans l'Infini Je universel que vous pouvez ressentir le toucher de ce Moi divin. Quand vous touchez un objet pour votre plaisir (et c'est

---

[1] Considéré chap. *II, v. 15-16* de l'oupanishad, p. 86. (ndt)

généralement pour cela que vous le touchez), vous vous limitez au désir de profiter de cet objet particulier et, ainsi, vous vous privez du plaisir du contact avec l'Illimité.

Vous comprenez maintenant que tant que vous avez en vous ce désir pour votre propre plaisir égoïste, le bonheur du toucher divin ne peut que continuer à vous échapper. Alors conduisez votre moi individuel avec toute sa petitesse vers celui qui est la Grandeur même. Élargissez, agrandissez votre sentiment de moi, jusqu'à vous unifier à l'Entité sublime, et, là, vous l'atteindrez. Quand vous aurez connu cette Béatitude divine, vous ne désirerez plus les plaisirs fragmentaires de ce monde. Lorsque le nectar de l'Immensité de Dieu sature complètement votre identité/existence, celle-ci peut-elle demeurer séparée ? Les vagues de la petitesse peuvent-elles encore vous submerger ?

La question qui se pose maintenant est de savoir si l'être humain renoncera à ses occupations temporelles après avoir atteint ce bonheur divin. Pourquoi le devrait-il ? Sa vie tout entière débordant du doux nectar de la Béatitude universelle, il s'appliquera encore plus parfaitement à toutes ses tâches terrestres car il les chérira en ce qu'elles lui sont attribuées par Dieu *(Brahma)* lui-même. Il ne se préoccupera en aucune de ses tâches de son propre bonheur ou plaisir. Il assumera assidûment, soigneusement et consciencieusement toutes ses responsabilités pour le bonheur de l'ensemble de toutes les créatures de cet univers. Car le Tout universel est la vie de sa vie, l'âme de son âme : Dieu *(Brahma)* lui-même. Il emploiera son petit moi à favoriser le bonheur du grand Moi.

> *Les bergères, oubliant leurs propres bonheur et peines, font toutes leurs tâches pour réjouir Krishna. Elles oublient tout à part lui, réjouissant le Seigneur de la pureté de leur Amour.*
>
> Krišňadás Kavirája, *Caetanya-Caritámrta*[1]

---

[1] *Átma-sukhaduhkhe gopii ná kare vicára, Kršňa-sukha-hetu kare saba vyavahára. Kršňa vina ára sabai kari parityága, Kršňa-sukha-hetu kare shuddha anurága. (1,4,174-175)*

Qu'en résulte-t-il ? Ces aspirants spirituels *(sádhaka)* oubliant leur propre bonheur et leurs propres peines, et s'appliquant aux tâches voulues par Dieu *(Brahma),* ne cherchent rien pour eux-mêmes : ils ne désirent que le rendre heureux. Mais comme les voies de Dieu sont étranges ! En conséquence d'un tel amour désintéressé, l'aspirant fait l'expérience d'un bonheur inépuisable : il sent au plus profond de son cœur le flot de bénédiction que reçoit son petit moi en tant qu'instrument de Sa Grâce.

Quand la vue des bergères réjouit Krishna,
Tellement plus encore sont-elles dans la joie.[1] *(ibidem)*

L'esprit humain ne peut, avec sa petitesse, saisir l'ensemble des émanations *(tanmátra)* de la Suprême Perfection. Pour connaître cette Suprême Perfection, l'être humain doit renoncer à son moi individuel, il doit fondre son sentiment de moi dans le grand Moi. Mais qu'est-ce que ce sentiment de moi ?

On peut le comparer à l'eau d'un vase qui trempe dans un lac. L'eau du vase et l'eau du lac sont intrinsèquement une. Pour réunir ces deux eaux, il faut ôter le vase intermédiaire. Après le retrait du vase ne demeure entre l'eau du vase et l'eau du lac aucune différence, toutes deux ne font plus qu'un :

L'eau du vase et le vase dans l'eau, dedans comme dehors, de l'eau ; que le vase se brise et il n'y a plus qu'une même eau. Le sage, lui, voit cela clairement.[2]

Kabîr

La distinction apparente entre Dieu *(Brahma)* et l'individu est engendrée par ce vase, qui est la psyché individuelle.

Si l'on considère Dieu *(Brahma)* comme le ciel, l'individualité est comme l'espace contenu dans un vase. La fusion du vaste ciel et de la

---

[1] *Gopii-darshane krśńer ye ánanda hay, Tad-apekśá koťi-guńa gopii ásvádaya.* (*ibid.* v. 187)

[2] *Jala meṇ kumbhaka kumbha meṇ jala hae báhar bhitar páni. Pháťá kumbha jala jala hi samáná, yah tattva bujhae jiṇánii.* [Probablement une citation du *Biijak* (recension est), qui correspond, dans la recension ouest, au *pada 194* du *Granthávalii.* (ndt)]

portion de ciel est l'achèvement final, l'accomplissement de tous les désirs, la mort éternelle :

> *On est un reflet de la Connaissance, la portion de ciel que contient le vase. Avec la disparition du vase, vient la mort [éternelle].*[1] Rámaprasáda

Si une poupée de sel s'en va mesurer l'océan, elle s'y dissout. Elle ne peut ni le mesurer, ni en revenir, elle se fond dans l'immensité de la mer, au-delà de tout tracas et soucis. Celui qui veut comprendre la nature de l'Océan [qu'est Dieu] doit devenir cet Océan, il n'y a pas d'autre moyen. Toutes les qualités de Dieu sont illimitées. L'incessant flot de son Imagination fait passer ses manifestations fragmentaires par d'innombrables formes dont aucune n'est une fin en soi. Ainsi, personne ne peut jouir pour toujours de la possession d'une de ces manifestations. Car toute transformation requiert l'abandon, de gré ou de force, de l'ancienne forme ; vous ne pouvez saisir la nouvelle sans renoncer à l'ancienne. L'essence de ce point est que Dieu est infini. Si vous voulez connaître sa véritable nature, vous devez vous-même devenir infini.

La couleur

La couleur est parmi les vibrations de ce monde créé, la seconde en importance après celle du verbe. Toutes les formes de cet univers sont munies de couleurs et on peut distinguer un objet d'un autre par la couleur. La couleur est l'indicateur des influences *(guńa)* [de la force opératrice divine *(prakrti)*]. Dieu se manifestant *(saguńa Brahma)* étant muni des trois influences, il est lui aussi doté de couleurs[2]. Bien qu'il se caractérise/soit dominé par l'influence/la qualité consciente, il comprend en lui-même les trois qualités : consciente, mutatrice et statique[3].

---

[1] *« Veder ábhása tui ghaťákásh, Ghaťer náshake marań bale. »* Cf. le célèbre exemple de Shankarâcârya *(Viveka-cúďamańi, 134 (ou 136)* et *565)*. (ndt)

[2] *Varńa* ; il est à noter qu'en sanscrit le terme *varńa* (apparence, forme et surtout couleur au sens propre) signifie aussi « qualité » au sens figuré, tout comme *guńa*. (ndt)

[3] *(Sattva, rajah* et *tamah)* de la force opératrice *(prakrti)*. Cf. note 2 p. 18. (ndt)

Quand une surabondance de qualité *(guńa)* consciente est présente dans la pensée d'un être, celui-ci dégage des vibrations de nature consciente. Si vous percevez ces vibrations de nature consciente/pure par vos yeux, ou par tout autre moyen, vous pouvez remarquer qu'elles engendrent sur votre plan mental *(citta)* une couleur blanche. La couleur indique le type d'influence : la consciente s'exprime par le blanc, la mutatrice/l'active par le rouge et la statique par le noir. Plus la pureté est grande, plus la qualité consciente domine et plus la couleur est, proportionnellement, blanche. On emploie de ce fait souvent en Inde le mot blancheur pour signifier pureté.

pureté	**qualité/influence**	**couleur perçue**
+	consciente	blanche
	active	rouge
–	statique	noire

Qu'est-ce que la couleur blanche ? Le blanc n'est pas une couleur en soi mais une combinaison de toutes les couleurs. Et le noir ? Lui non plus n'est pas une couleur mais l'absence de la moindre couleur ; le noir est ainsi la manifestation de l'inertie/de la passivité, il est le signe de la tendance statique. C'est l'absence de vibration d'un objet ou notre incapacité à les saisir qui le fait apparaître noir. Dans les ténèbres, la manifestation vibratoire des ondes élémentaires *(tanmátra)* de l'apparence étant insaisissable, tout nous paraît noir.

Toute différence d'apparence implique une différence de couleur. La nature statique *(tamah)* est le signe de la matérialité/l'inertie, alors que la consciente *(sattva)* – trouée dans l'obscurité – lui est diamétralement opposée.

Bien que Dieu se manifestant *(saguńa Brahma)* soit muni des trois qualités *(guńa)*, la consciente domine en lui. C'est pourquoi sa Lumière apparaît d'un blanc éclatant à l'aspirant spirituel *(sádhaka)*.

Dieu pur et sans divisions est au-delà de l'ultime enveloppe dorée ; il est la blancheur/l'éclat, lumière des lumières que ceux connaissant l'âme perçoivent. [1] *(Muńdaka Upaniśad)*

On peut néanmoins se demander si Dieu *(parama puruśa)* a vraiment une couleur. La réponse est non. Toutes les couleurs sont des qualités propres à la Force qualifiante/principe opérateur *(prakrti)* divin. On ne peut percevoir la couleur de Dieu, Dieu est au-delà de toute couleur.

Lui, l'Un, le Sans-couleur, crée les différentes couleurs par l'application multiple et variée de sa Force, selon son Plan.

Que ce Dieu, d'où l'univers vient au commencement et retourne à la fin, attache notre pensée au Bien. [2]

(Shvetáshvatara Upaniśad)

Dieu est lui-même sans couleur, aucune couleur ne permet de le décrire. Il a instauré les diverses couleurs à l'aide de sa force opératrice *(prakrti)*. La couleur blanche est née de la manifestation de nature consciente de cette force, faculté opératrice, la rouge de sa manifestation de nature active et la noire de sa manifestation de nature statique. L'Entité suprêmement bienveillante est essentiellement conscience et donc intrinsèquement blanche. Cette couleur blanche a sept composantes : le violet, l'indigo, le bleu, le vert, le jaune, l'orange et le rouge. L'univers est – comme l'arc-en-ciel qui décompose le blanc des rayons du soleil sur les gouttes de pluie, tel l'attelage aux sept couleurs du char du Soleil décrit par la mythologie *(puráńa)* – le jeu de ces sept couleurs.

L'esprit humain est partiel vis-à-vis des apparences, vis-à-vis des vibrations visuelles[3], et c'est la couleur qui l'impressionne le plus.

---

[1] *Hirańmaye pare koś[e] virajań Brahma niśkalam ; Tac chubhrań jyotiśáń jyotis, tad yad átma-vido viduh. (2,2,10).* [Le texte écrit *kośań*, mais les autres occurrences de ce même verset dans les autres ouvrages de l'auteur disent, en accord avec les versions de cette oupanishad que nous avons consultées, *kośe*. (ndt)]

[2] *Sa eko 'varńo bahudhá shakti-yogát, Varńán an-ekán nihitártho dadháti ;*
Vi caeti cánte vishvam ádao sa devah, Sa no buddhyá shubhayá sańyunaktu.
(v. IV,1)

[3] *(Rúpa)*, l'apparence, souvent traduit par « forme », désigne ici ce qui est perçu par la faculté visuelle. (ndt)

Lorsque vous êtes mentalement attiré par un objet, n'est-ce pas l'apparence qui vous attire le plus ? La science des couleurs est une science merveilleuse. Le jeu des couleurs détermine l'affinité/l'harmonie entre deux objets, deux êtres vivants, deux humains. C'est cette attraction chromatique qui détermine votre attirance envers une personne inconnue, même lorsque celle-ci ne vous est pas du tout familière. Vous avez dû remarquer dans votre vie personnelle que vous êtes immédiatement attiré par certaines personnes, sans raison apparente, et que vous hésitez à vous associer à d'autres, alors même qu'elles sont publiquement encensées. Il y a derrière cela le jeu même de la couleur que vous ressentez sans pouvoir l'expliquer.

Je vous ai déjà dit que la qualité consciente/spirituelle *(sattva)* était blanche. C'est pourquoi nous qualifions ceux en l'esprit desquels circulent des vibrations blanches de personnes de nature spirituelle/consciente *(sattva-guńii)* ou, en langage courant, au tempérament spirituel/intellectuel *(vipra-varńa)*. Et la qualité active/mutatrice *(rajah)* s'exprimant par le rouge, nous disons de ceux dont l'esprit est plein de vibrations rouges qu'ils sont de nature active *(rajoguńii)*. Une personne de nature active est plus encline aux activités matérielles qu'une personne de nature consciente *(sáttvika)*, le principe activant étant plus grossier/physique. Ces personnes actives, possédant vigueur et courage, sont dites avoir un tempérament de combattants *(kśatriya varńa)*.

La qualité consciente est cognitive et la qualité active énergétique. Le tempérament commercial *(vaeshya varńa)* lui se préoccupe d'activités beaucoup plus matérielles que le tempérament intellectuel/spirituel *(vipra)* ou que le tempérament combattant *(kśatriya)*. Le plan mental d'une personne au tempérament commerçant est dominé par des vibrations jaunes qui naissent sous l'influence combinée des qualités active et statique.

Tempérament	**couleur**	**influence** *(guńa)*
intellectuel	blanche	consciente
martial	rouge	active
commerçant	jaune	activo-statique
sans	noire	statique

Quant à ceux qui, au niveau psychique, sont essentiellement sous une influence statique, ils ont une plus grande inertie [mentale] naturelle que les autres. Ils n'ont ni la connaissance des intellectuels, ni le courage des combattants ni la capacité de mettre en action les objets qui est présente chez ceux en qui domine la nature activo-statique. Cette inertie du statique est noire. [En Inde] on appelle communément ceux dont la qualité psychique se manifeste par le noir, *shúdra* [(ouvriers)].

Toutes ces couleurs sont ainsi associées à nos ondes mentales, et c'est en fonction de celles-ci que l'on peut qualifier une personne d'intellectuelle *(bráhmańa)*, de combattante *(kśatriya)*, de commerçante *(vaeshya)* ou d'ouvrière[1] *(shúdra)*. Il faut cependant souligner que toute personne peut parvenir à l'état d'intellectuel/spirituel *(vipra varńa)* par la pratique spirituelle *(sádhaná)*. Pour changer la couleur et la forme de la vibration, il est nécessaire de changer la tendance mentale. Des *Purânas*, nous savons que le roi Vishvâmitra fut un guerrier *(kśatriya)* dans la première partie de sa vie mais qu'il acquit des qualités d'intellectuel/de religieux *(bráhmańa)* par sa pratique spirituelle. Vasudeva, le père de Krishna, était un guerrier ; son parent Nanda, de Gokul, un agriculteur qui tirait ses revenus de la production laitière ; et Garga Muni, un autre de ses parents, qui baptisa Krishna, un religieux *(vipra)*.

La couleur[2] se révèle le plus clairement dans l'onde visuelle/de l'apparence, mais on ne la trouve pas que là. Dès qu'il y a vibration,

---

[1] Notons bien ici que nous n'avons pas d'équivalent français exact pour ces quatre classes et que les noms employés ici ne recouvrent pas l'activité totale de la classe. En effet, la classe « intellectuelle » *(vipravarńa* ou *sattvaguńii)* comprend les intellectuels, les religieux, les artistes : tous ceux en qui l'aspect cognitif domine ; la classe « combattante » *(kśatriya)* comprend tous ceux ayant un travail de protection physique (militaires, policiers) ainsi que les sportifs, qui travaillent à un dépassement de soi sur le plan physique, tous ceux à l'esprit d'aventure et de conquête sur ce plan ; la classe « commerçante » comprend ceux qui œuvrent à une transformation et augmentation des biens matériels : agriculteurs, artisans, commerçants et industriels ; finalement, la classe ouvrière comprend ceux en qui aucune de ces tendances mentales (cognitive, guerrière ou commerçante) ne se manifeste clairement. (ndt)

[2] *(varńa)* ; le sens propre de *varńa* est couleur *(raun̂)*.

des ondes des éléments[1] *(tanmátra)* sont présentes et on peut détecter, avec un instrument approprié, de la couleur et aussi une forme abstraite, subtile (parce que le mouvement vibratoire même suit une ligne, ce qui lui confère une forme) en chaque vibration. Du son est également produit sur la base du rythme de vibration de l'onde. Tout changement de ce rythme entraîne un changement de la couleur et du son.

La vibration émanant d'un objet le jour diffère de celle émanant du même objet la nuit, à cause de la variation des ondes lumineuses. L'objet paraît différent parce qu'il change de couleur. L'état vibratoire du système nerveux humain varie en fonction du soleil et de sa présence ou non dans le ciel parce que les vibrations émanant de l'apparence dépendent essentiellement du soleil. La lumière du jour active le système nerveux tandis que l'obscurité de la nuit l'inactive, engendrant l'inertie du sommeil corporel et mental. Aux moments charnières du cycle du soleil, à l'aube, au crépuscule, à midi et à minuit (les *sandhya*), une sensibilité spirituelle *(sattva)* de la psyché *(citta)* se manifeste.

Nous voyons ainsi l'importance qu'a l'influence vibratoire sur la diversité des couleurs et des sons et les changements d'humeur auxquels l'être vivant est naturellement soumis. Après la tombée du jour on ne peut pas bien juger des couleurs, c'est pourquoi les dames évitent d'acheter de beaux vêtements à ces heures-là.

Ce sont aussi les différences vibratoires qui nous permettent de saisir les différences verbales et phonétiques très précisément. L'intonation courte, longue ou prolongée [d'un son vocalique] correspond à une simple différence de durée de vibrations. Tandis que les voyelles et les consonnes se distinguent par la forme initiale et le mouvement ondulatoire de leurs vibrations. [Le titre de l'abécédaire] *Varńa*[2]-*paricaya* [*Connaître les lettres*] signifie, au sens littéral, *connaître les couleurs* ; ces couleurs sont celle de la vibration [de la lettre]. Quant aux quatre castes *(varńa)*, la [*Bhagavad*] *Gîtâ* nous dit qu'elles sont

---

[1] C'est-à-dire des ondes (de cinq sortes possibles) dans lesquelles se décompose toute vibration, et qui transportent l'essence vibratoire des éléments solide, liquide, lumineux, gazeux et étherique, *i. e.* terre, eau, feu, air et éther. (ndt)

[2] *Varńa*, couleur, au sens propre, et catégorie, au sens figuré, signifie aussi lettre (de l'alphabet) et caste. (ndt)

fondées sur les différences de caractéristiques de l'activité[1]. Chaque activité se manifeste par différentes caractéristiques et la caste dépend de l'activité. Un changement d'activité et de ses caractéristiques engendre un changement de caste. La caste *(varńa)* n'est donc pas immuable. La caste s'étant constituée par rapport à son activité, en changeant d'activité, on peut changer de caste.

Dieu *(Paramátman, saguńa Brahma)* est un courant ininterrompu de vibrations *(rasa)* sans commencement ni fin ; c'est un océan de vibrations. Votre capacité limitée ne peut percevoir ou saisir cet Océan dans sa totalité. Vous pouvez seulement saisir transitoirement l'une ou l'autre de ses manifestations limitées que vous concevez/percevez à l'aide de ces vibrations/sons *(shabda)* qui la définissent. Mais ces manifestations individuelles ne sont pas la totalité de Dieu/l'Être infini *(Brahma)* qui est sans commencement, et dont les formes sont innombrables et se déploient sans interruption. Pour le connaître, vous devez vous-même devenir sans commencement ni fin. La seule façon d'y parvenir est d'immerger votre petit moi dans le Grand Moi. Là seulement vous connaîtrez, grâce à votre connaissance intérieure, la véritable nature divine : vous rencontrerez, dans un état qui est votre propre nature, votre être véritable. Gardez toujours à l'esprit que là où il y a « je », Il [Dieu] n'est pas, là où Il est, le je n'est pas.

Incidemment, on peut se demander pourquoi Ánanda Márga est contre l'idolâtrie. Vous vous efforcez de connaître l'éternel courant divin de joie, de faire évoluer votre conscience individuelle jusqu'à l'état de Béatitude infinie. Peut-on saisir l'éternel et bienheureux courant divin par un objet limité ? En adorant une idole, on se tourne vers l'extérieur et on se détourne donc peu à peu de Dieu infini. L'esprit extraverti s'attache à la matière, et cette persistante quête d'un objet extérieur l'écarte peu à peu du subtil [(l'Esprit)].

L'être humain doit se détacher de toute distraction de plaisir ou de douleur pour progresser de ce monde mortel vers l'immortalité, jusqu'à la pierre de touche qu'est la Béatitude absolue. Lorsqu'il l'a at-

---

[1] De la profession, du travail. (ndt)

teint, il a tout atteint. Son mouvement doit l'amener, par l'oubli du tumulte de la vie extérieure, jusqu'à la silencieuse Paix intérieure.

Ce à quoi il ne peut pas arriver en adorant des idoles qu'il peut saisir par ses sens. Car cette pratique le conduit de plus en plus vers la matérialité, l'empêtre dans des liens temporels, le détourne du but ultime d'intériorité que veut l'Évolution. Le jugement obscurci par ses insignifiants désirs, il perd de vue son idéal divin. Pris par l'illusion du jeu, il en oublie le Maître du jeu, [comme un enfant qui] pris par ses jouets[1], en oublie sa mère. Dans le *Purâna du lotus*, Vishnu dit à Shiva : *Svágamaeh kalpitaes tvaḿ ca, janán mad-vimukhán kuru ; Máḿ ca gopaya yena syát, srśt́ir eśottarottará* [2] : « Oh Shiva, tu as éloigné les gens de moi par les textes que tu as créés ; En me dissimulant à leurs yeux, la durée de vie de la Création va s'accroissant. »

L'adoration d'idoles de matière grossière rend les idolâtres eux-mêmes grossiers et stimule leurs sentiments inférieurs. Ce genre d'adoration est comme un amusement d'enfants qui joueraient à la religion. Le *Tantra* le dit ainsi :

> *L'adoration rituelle de la forme (matérielle), des signes caractéristiques (de l'idole), etc. n'est qu'un passe-temps enfantin ; il ne fait aucun doute, seul celui qui met toute son attention en Dieu se libère.*[3] *(Mahánirváńa Tantra)*

Adorer un objet matériel en lieu et place de Dieu *(paramátman)* n'est pas autre chose qu'un amusement d'enfants. On n'atteint au salut qu'en adorant l'Absolu *(Brahma)*.

> *On ne peut atteindre à la libération par les sacrifices rituels et la pénitence, même par des centaines de jeûnes ; l'être incarné se libère quand il atteint à cette prise de conscience : « je suis l'Absolu ».*[4] *(ibidem)*

---

[1] Les objets de ce monde, vus ici comme les jouets qu'une mère donne à son enfant pour le distraire d'elle. (ndt)

[2] *Padma Puráńa, Uttara Khańd́a*, chap. 71 v. 107. (ndt)

[3] *Bála-kriid́ana-vat sarvaḿ rúpa-námádi-kalpanam, Kevalam Brahma-niśt́ho yah sa mukto nátra saḿshayah. (XIV, 117)*

[4] *Na muktir tapanád dhomád, upavása-shataer api ; Brahmaeváham iti jiṋátvá, mukto bhavati deha-bhrt. (XIV, v. 115)*

En faisant des pénitences, du jeûne, du onzième jour[1] *(ekádashii)* ou de la pleine lune *(púrńimá)* par exemple, ou par des sacrifices rituels, on ne peut pas connaître Dieu *(Brahma)*. Seule la vraie connaissance [intérieure, du Soi/de Dieu] peut permettre à l'être humain d'atteindre au salut. Or la vraie connaissance ne reconnaît pas ces rites et rituels superficiels pour des moyens d'arriver à Dieu. Si l'on jeûne pour sa santé, c'est efficace bien sûr, mais certainement pas en tant que moyen de connaître Dieu.

[Quant à] l'idole que l'on adore n'est-elle pas entièrement l'expression de la fantaisie de l'imagination de l'idolâtre ? Ce qui est une pure création humaine – qui doit sa forme à l'art d'un potier ou d'un sculpteur – n'est pas autre chose qu'un objet matériel. Quelles que soient les subtiles significations émotionnelles qu'elle porte, son fondement est la matière. Elle se décatit sous nos yeux mêmes, se déforme et se défait. Comment cet objet vulnérable, né de notre imagination, pourrait-il nous octroyer le salut ?

> *Si l'idole imaginée par l'esprit humain pouvait accorder le salut, les hommes seraient alors, par leur royaume obtenu en rêve, des rois.*[2] *(Mahánirváńa Tantra)*

Dans ce monde de réalité, la forme de Dieu que l'on imagine n'a pas d'existence et donc aucune capacité d'action. Si quelqu'un hérite d'un royaume en rêve, devient-il réellement roi ?

> *La pratique de ceux qui confinent Dieu à une idole d'argile, de pierre, de métal, de bois ou autre, les conduit aux tourments. Sans la Connaissance [de soi, de Dieu], ils n'atteignent pas au salut.*[3] *(ibidem)*

Pouvez-vous limiter Dieu à une statue de terre, de pierre, de métal, lui infuser vie en psalmodiant des prières *(mantra)* à l'attention de la galerie ? La statue n'est qu'un petit objet [dans] le temple qui, lui,

---

[1] Après la pleine ou la nouvelle lune. (ndt)

[2] *Manasá kalpitá múrtir ńrńáḿ cen mokśa-sádhanii ; Svapna-labdhena rájyena, rájáno mánavás tadá. (XIV, v. 118)*

[3] *Mrc-chilá-dhátu-dárv-ádi-múrtáv Iishvara-buddhayah, Klishyantas tapasá jiṋánaḿ viná mokśam na yánti te. (XIV, v. 119)*

est beaucoup plus grand. Pourtant Dieu *(Brahma)* est bien plus grand que le temple, il n'a ni commencement ni fin. La statue est, comme le temple, en Dieu. Dieu peut-il se limiter à une forme matérielle ?! Cette idolâtrie vous conduira à des souffrances. Tant que vous ne pratiquerez pas [le culte intérieur] pour atteindre à la science spirituelle/intuitive, vos souffrances/difficultés ne cesseront pas.

Si on regarde aussi dans les *Purânas*[1], ils ne reconnaissent pas non plus l'idolâtrie comme une excellente voie d'adoration, ils y sont de préférence opposés.

Certaines personnes disent qu'ils vont, dans un premier temps, adorer une représentation pour travailler leur concentration, et qu'ils renonceront à cette pratique peu à peu par la suite. Ce n'est pas une bonne approche parce qu'ils finissent par s'attacher à cette représentation et qu'il leur est ensuite très difficile de se libérer de cet attachement. Vous avez dû remarquer, à la maison, combien vous vous attachez à vos chats et chiens après les avoir quelque temps comme animaux de compagnie. Imaginez alors combien il vous sera difficile de renoncer à la représentation que vous aurez adorée de tout votre cœur comme votre Seigneur bien-aimé. Il est donc préférable de s'abstenir de recourir à l'idolâtrie dès le commencement. Même après avoir appris l'adoration intérieure de Dieu *(Brahma)* et être devenu capable d'atteindre la transe sans objet [l'union spirituelle sans participation mentale] *(nirvikalpa samádhi)*, le dévoué idolâtre trouve terriblement difficile de se libérer de l'attachement *(saḿskára)* qui – tout comme la marque qu'une crue laisse sur la berge derrière elle – découle de son adoration. Vous trouverez cela dans la biographie d'un récent grand pratiquant spirituel *(sádhaka)* qui a dû faire face à une difficulté de ce genre[2]. On devrait prévenir cette mauvaise situation dès le départ.

Il ne suffit pourtant pas de s'opposer à l'idolâtrie. Il vous faut adorer Dieu *(Brahma)* avec assiduité si vous ne voulez pas le regretter plus tard et pleurer, à votre dernière heure, la futilité de votre vie de toutes les larmes de votre corps. Que votre pratique spirituelle *(sádhaná)*

---

[1] Par exemple à la suite du passage précédemment cité. (ndt)
[2] L'auteur fait référence à Rámakrśńa. (ndt)

fasse que votre vie ait été digne d'être vécue. Combien vos amis et parents mortels peuvent-ils faire pour vous ? À votre mort, vos parents pourront demander combien d'argent vous avez laissé. Vos amis pourront aller à votre enterrement et évoquer quelques souvenirs flatteurs de vous. Votre mari ou votre femme pleurera peut-être une dizaine ou douzaine de jours puis retrouvera son équilibre habituel. Votre sort se résumera à un profond soupir, un souvenir de la futilité et de la frustration de votre vie. Ne perdez donc pas votre temps de peur de le regretter plus tard.

> *J'ai, hélas, passé ma vie en vaines activités. N'ayant pas adoré le Seigneur miséricordieux, j'ai négligé le plus précieux des trésors. Quel malheur ! je n'ai pas goûté, même une goutte, au nectar d'immortalité de son divin Amour.*[1]
>
> Vidyâpati, poète maithili

Certains peuvent se dire : « Nous sommes des personnes ordinaires, si nous restons constamment absorbés dans la pensée de Dieu *(Brahma)*, pourrons-nous remplir comme il le faut nos tâches temporelles ? »

À ceci, je réponds : « Bien sûr vous le pourrez et plus admirablement encore. » La pratique spirituelle *(Brahma sádhaná)* comprend une méthode qui permet d'accomplir chaque tâche temporelle avec calme et perfection. Penser à Dieu *(Brahma)* ne nécessite pas de se faire moine. Allez simplement de l'avant en vous conduisant, envers chaque manifestation de Dieu dans cet univers, de façon juste et droite : face à quelqu'un qui se conduit mal, punissez-le pour corriger son trouble mental ou faites-lui prendre le chemin de la réforme, efforcez-vous de soigner les malades et fournissez-leur une alimentation thérapeutique. Rappelez-vous d'une seule chose : vous devez vous conduire bien et de façon juste avec tout et tous dans ce monde. Soyez particulièrement attentif au mot « juste ». Par « de façon juste » je veux dire : où il n'y a ni colère ni jalousie, ni attrait ni aversion.

---

[1] *Vrthá janma goṋáyaluṋ, hena Prabhu ná bhajaluṋ, Khoyáyaluṋ soha guńanidhi, Hamár karama manda, námilala eka bunda, Premasindhu rasaka avadhi.*

Votre existence baigne dans un océan sans limite de vibrations *(rasa)*. Une onde de manifestation sans fin se répand, rayonnant en vous et à l'extérieur de vous, dans toutes les directions : manifestations vibratoires indescriptibles transmettant sans interruption l'idée de petit ou de grand, d'intense ou de faible. Conduisez-vous envers chacune de ces manifestations, chacune de ces expressions de la pensée de Dieu, avec justesse, tout en gardant toujours à l'esprit Celui qui est la source de toutes ces différentes manifestations vibratoires. Formez-vous à l'idéal du lys d'eau qui fleurit dans [la nuit et] la boue, et qui doit, jour après jour, se battre pour son existence. Bien que faisant face à la force des tempêtes, aux rafales du vent et autres vicissitudes du sort, s'en protégeant et combattant les eaux boueuses, il n'oublie pas la lune. Il garde son amour pour elle toujours vivant. On le croirait une plante toute ordinaire, il n'a rien d'extraordinaire. Pourtant, cette petite fleur si ordinaire a un lien romantique avec la lune. Elle a concentré tous ses désirs sur la belle grande Lune. Pareillement, peut-être n'êtes-vous qu'une créature ordinaire – peut-être devez-vous passer vos jours dans les hauts et les bas de cette existence terrestre – n'oubliez cependant pas l'Être suprême ! Gardez tous vos désirs dirigés vers lui. Maintenez toujours votre pensée sur lui. Enfoncez-vous profondément dans cet Amour infini. Vos activités n'en seront aucunement entravées.

> *Tout comme le lys d'eau qui place son amour dans la lointaine lune, la bienheureuse Rádhá contemple son Krishna tout en s'activant.*[1]

Quelles que soient les circonstances dans lesquelles vous vous trouvez, ne perdez jamais de vue l'Être infini. Celui qui a choisi l'Être suprême comme idéal de sa vie ne peut pas dégénérer. Céder à de basses pensées engendre des ondes grossières dans la psyché *(citta)*, cela a pour conséquence la nécessité de renaître dans des espèces inférieures pour permettre aux réactions latentes *(saḿskára)* engendrées par ces ondes grossières de s'actualiser. Vous devez donc éveiller des vibrations plus élevées dans votre esprit *(citta)*. Même un homme de la

---

[1] *Kumud candramá dúrete rahiyá yemati rákhaye priiti, temati shrii Rádhá Kánu páne cáhi grha kare niti.*

stature du roi Bharata dut renaître sous la forme d'un daim parce qu'au moment de sa mort, il était profondément soucieux de son faon[1]. Par conséquent, que ce soit à présent ou à l'avenir, ne vous écartez même pas un peu de l'idéal qu'est Dieu. Ne faites même pas un pas hors de la voie qui conduit à la Béatitude suprême. Que le chemin vers la Béatitude divine soit votre chemin.

> *Qu'importe, Seigneur, que je renaisse encore et encore, tant que tu maintiens mon esprit en ta compagnie, que je sois humain, quadrupède, oiseau ou insecte selon mes vertus ou selon mes vices.*[2] Vidyâpati

Le poète Chandîdâsa, lui, disait :

> *Ô dis-moi, mon Bien-aimé, que vie après vie, et même dans la mort, tu resteras le Seigneur de ma vie, le Seigneur de mon cœur !*[3]

Quelles que soient les conséquences de vos actes passés, si votre ardeur à connaître Dieu *(Brahma)* reste inébranlable, votre élévation spirituelle est assurée. Ne regardez pas en arrière, regardez devant. Ne prenez pas un objet limité à adorer, prenez pour objet de votre contemplation l'Immense *(Brhat)* [(Dieu)]. Si votre amour pour lui est sincère, vous demeurerez pour toujours dans une divine allégresse. Douleur comme bonheur ne signifieront plus rien pour vous. Lorsqu'on dirige son mouvement vers Dieu *(Brhat)*, qu'on met tout son amour *(rága)* en lui, on appelle cela l'Amour spirituel *(prema)*.

Toute attraction entre deux objets est chromatique, liée à la couleur *(rága)* – le mot *rága* [qui signifie à la fois couleur et amour] dérive de la racine *raiṋj* qui signifie colorer, teindre ; *anurága* [l'amour total], c'est colorer ses pensées, son esprit, de la couleur de l'Être infi-

---

[1] Du faon orphelin qu'il avait recueilli, alors qu'il était devenu ascète dans la forêt ; un récit du *Bhágavata Puráńa V-8*. (ndt)

[2] *Ki e mánuś, pashu, pákhi, ki e janmiye athavá kiíta-patauṋga, karama bipáke gatágati punah-punah, Mati rahe tuyá parasauṋga.*

[3] *Baṋdhu kii ár baliba ámi, Janme janme jiívane marańe, Práńanátha haeo tumi.*

ni. Teindre ses vêtements couleur safran[1] pour la seule apparence n'apporte rien. Teignez-vous intérieurement. Dans certaines sectes religieuses, teindre ses vêtements ou son corps d'une certaine couleur est une partie intégrante du culte, de la pratique spirituelle *(sádhaná)*. Sachez que c'est inutile tant que vous ne vous teignez pas intérieurement. Devient-on manuel parce qu'on s'habille en noir ou intellectuel *(vipra)* parce qu'on porte des vêtements blancs ? Le grand Kabîr aimait à dire :

> *À défaut d'un esprit coloré [de la couleur de Dieu], la couleur [de l'habit] du yogi n'est qu'une tromperie.*[2]

Ô aspirant, colore ton esprit de la couleur de Dieu. Tant que tu ne te seras pas teint dans sa couleur, tu n'obtiendras pas Dieu : rayonner de cette couleur (divine), c'est cela l'Amour spirituel *(prema)*. La différence de couleur est ce qui différencie, sans elle il y a identité. Les signes extérieurs de sainteté *(sádhutá)* ne sont pas nécessaires, c'est intérieurement que vous devez vous sanctifier *(sádhu)*. L'étalage de vertu de nombreux prétendus saints hommes/moines[3] *(sádhu)* n'est rien d'autre qu'hypocrite. Préservez la vraie dignité du mot *sádhu*. L'habit ne fait pas le moine.

C'est pourquoi je dis qu'il faut que vous ameniez un changement révolutionnaire dans le fonctionnement de votre jugement et de votre pensée. Vous verrez qu'après que vous aurez surmonté votre fascination pour l'apparence – la « couleur » – extérieure, votre esprit s'imprègnera de la glorieuse « couleur » de Dieu.

Dans l'enseignement spirituel *(sádhaná)* d'Ánanda Márga, nous appelons « union par le recueillement » *(pratyáhára yoga)* et « offrande des couleurs » *(varńárghyadána)* la pratique consistant à retirer sa pensée de son mouvement vers les objets matériels et à l'absorber dans la couleur divine. Tout le monde a pour une chose ou une autre

---

[1] L'orange, qui représente en Inde le sacrifice. Cette couleur du feu sacrificiel antique qui fait monter au « ciel » les offrandes est celle des habits des yogis et religieux. (ndt)

[2] *Mana ná ráuṋgáile, ráuṋgáile yogii kápaŕá.*

[3] Le terme *sádhu* (saint homme/femme) désigne aussi les membres d'un des principaux ordres religieux indiens, autrement dit des moines. (ndt)

une attirance particulière, et dès que cet attrait opère, on est mentalement coloré par l'objet en question. Retirer sa pensée de la « couleur » de cet objet et la teindre de la couleur divine en offrant à Dieu la captivante couleur de l'objet qui nous a séduit : voilà ce qu'est véritablement la pratique yoguique du recueillement *(pratyáhára yoga*[1]*)*. Le mot *pratyáhára* signifie retirer, ôter : ôter l'esprit de son objet.

Le but principal de la fête [des couleurs] du printemps *(vasantotsava)* n'est pas de jouer avec les couleurs extérieures, elle est destinée à offrir à Dieu les couleurs des différents objets ayant coloré notre esprit. Lorsque cette pratique d'offrir [à Dieu] ses propres couleurs – ses attachements – devient naturelle et facile, on se fond en lui. On n'a plus besoin de « couleurs » et l'on devient sans couleur : on se retrouve au-delà de toute couleur. Notre moi individuel s'unit au Moi universel. Partout où l'on regarde, l'on ne voit que Dieu dans sa Gloire omniprésente. Il n'y a plus ni « je » ni « tu ». Par un pacte mutuel éternel, le rideau final tombe sur tout conflit de « moi » et « toi ». À cette étape, si l'on appelle Dieu suprême *(parama Brahma)* « moi », on a raison de l'appeler ainsi ; si on l'appelle « il », on a également raison ; si on l'appelle « tu », on a aussi raison. Notre degré d'acquisition de Dieu est proportionnel à notre abandon de nous-même.

Gardez à l'esprit que l'on doit offrir son propre je, et pas de l'argent, du riz, des fruits ou autres biens matériels. L'échange de choses temporelles n'est rien d'autre que du commerce. Si l'on veut connaître la béatitude divine, l'on doit s'offrir. Si l'on veut obtenir le grand « Je », l'on doit offrir son petit « je ». L'on doit se donner entièrement. Se donner à quatre-vingt-quinze pour cent en retenant cinq pour cent pour soi ne fait pas l'affaire, il faut s'abandonner totalement. Pour atteindre à l'Être infini grâce à sa force mentale et sa concentration, l'on doit renoncer à soi-même. Mais sachez que le renoncement à soi-même n'est pas un suicide. Il permet au contraire à l'âme de se manifester dans toute sa dimension, notre être spirituel ne se contracte pas car la contraction est, par nature, du côté de la matière/du temporel. C'est pourquoi, dans l'effort *(sádhaná)* d'abandon de soi, le je s'étend,

---

[1] Littéralement l'« union par le retrait », le *pratyáhára* est plus amplement détaillé chap. 5, à la suite du verset VI,10 de l'oupanishad *(upaniśad)*. (ndt)

il ne se contracte pas. Dans le *Mahâbhârata*, lorsque Duhshâsana tente d'arracher la robe de Draopadii, celle-ci la retient fermement d'une main et de l'autre implore Krishna : « Ô Seigneur, sauve-moi ! » Pourtant le Seigneur ne vient pas, alors, la sauver de la honte. Lorsque Draopadii se voit sans secours, elle relâche sa prise sur ses vêtements et prie le Seigneur tout à fait piteusement, ses deux mains tendues vers lui, pleurant : « Ô Seigneur, je m'abandonne toute entière à toi, fais ce qu'il te semble le mieux ! » Le Seigneur la secourt alors immédiatement. Je dis donc que vous allez devoir vous mettre totalement et sans réserve à ses pieds. Vous gagnerez en divinité proportionnellement à l'étendue de votre abandon de vous-même. Finalement, après avoir uni en lui cette divinité que vous aurez acquise, vous connaîtrez la béatitude éternelle.

Soyez bénis !

Grand rassemblement spirituel *(DMC)*
pleine lune de février-mars *(phálguna)* 1956

Le Bien et le plaisir

(Shreya et *preya)*

Le sujet de mon discours d'aujourd'hui sera la science spirituelle *(brahma vijiṋána)* du *Krśńa*[1] *Yajur Véda.* Ce Véda comporte, dans la *Kaťha Oupanishad (kaťhopaniśad)*, une histoire éducative. Je vais vous commenter un extrait de cette histoire qui débat essentiellement du supérieur *(pará)* et de l'inférieur *(apará)*, du bien/ce qui conduit au salut *(shreya)* et du plaisir/l'agréable/le plus plaisant *(preya).*

Natchikétâ, fils du roi Vâdjashravas, était venu voir Yama, le souverain de la Mort, pour qu'il lui enseigne la connaissance de Dieu *(brahma vijiṋána)*. Le roi Yama ne voulut pas tout d'abord lui apprendre la connaissance spirituelle mais, peu à peu, impressionné par son ardente ferveur, il se mit à la lui révéler. S'efforçant d'expliquer les différences entre ce qui est de l'ordre du supérieur et ce qui est de l'ordre de l'inférieur ainsi qu'entre Bien ultime *(shreya)* et plaisir terrestre *(preya)*, Yama lui dit :

Anyac chreyo 'nyad utaeva preyas te ubhe nánárthe puruśaḿ siniitah,
Tayoh shreya ádadánasya sádhu bhavati hiiyate 'rthád ya u preyo vrńiite. [*Kaťhopaniśad II, 1.*

Le Bien et le plaisir sont en vérité exactement opposés. Leur double influence embarrasse l'être humain. Celui qui se voue au Bien atteint son but tandis que celui qui choisit le plaisir s'en détourne.]

Le Bien et le plaisir/plus agréable sont totalement opposés en principe. Malgré cette divergence, on peut parfois discerner leurs deux influences simultanément sur la psyché humaine. Ces deux influences agitent en même temps la psyché et celui qui n'a pas discerné les im-

---

[1] « Noir » (obscur/confus) en opposition à la version dite *shukla* (claire/blanche) du *Yajur Véda.* (ndt)

plications de cette agitation tombe dans la course au plaisir temporel, il se détourne du but suprême *(paramártha)*.

La souffrance cesse avec l'obtention du but/objet recherché *(artha)*. Cette cessation peut être de nature permanente ou momentanée. Si elle est de cette dernière nature, le retour de la souffrance n'est pas exclu : il suffit que disparaisse ce qui entraîne cet arrêt provisoire de la souffrance pour que celle-ci revienne. On appelle *artha* ce qui cause une interruption temporaire de la souffrance, et *paramártha* ce qui la fait cesser de façon permanente : qui la suprime à la racine, en détruit tout germe. On obtient de ce qui est le plus agréable/du plaisir un soulagement momentané, mais cela maintient loin du but absolu *(paramártha)*. Le bien/préférable, au contraire, est la bienveillance même car il supprime la douleur à jamais. C'est pourquoi on le qualifie de but *(artha)* suprême *(parama)*.

L'agréable *(preya)* est ce qui certes apporte une satisfaction mentale, mais cela ne permet pas l'expansion de l'âme. Supposons que vous ayez soif, boire vous permet d'apaiser momentanément votre soif, mais celle-ci est-elle pour autant satisfaite à jamais ? Non, les quelques boissons que vous avez bues aujourd'hui ont peut-être calmé votre soif mais demain celle-ci se manifestera à nouveau. Donnez une certaine somme d'argent à quelqu'un qui a soif d'argent. [Cela appaise momentanément sa soif d'argent mais] sa cupidité cesse-t-elle pour autant ? Non, elle n'est que temporairement satisfaite et la personne continue à entretenir ce désir.

Les médicaments allopathiques fonctionnent de manière identique : le patient n'est que soulagé, guéri temporairement et non définitivement. Il y a néanmoins, bien sûr, quelques maladies qui ne reviennent pas une fois guéries.

Vous voyez donc que le plaisir ne consiste qu'en choses qui ne procurent qu'un bonheur apparent. Malgré cela, même les gens avisés, sachant que ce plaisir n'est que temporaire, fugitif, persistent à lui courir après, car l'être humain ne voit généralement pas à long terme, il ne se préoccupe que de l'avenir proche. Tout en ayant le pressentiment d'un malheur dans un avenir lointain, il préfère s'absorber dans l'oubli que lui offrent le présent et les rêves du futur proche. Telle est la nature de l'être humain : il préfère saisir tout ce qui croise son chemin, bon ou mauvais, en abandonnant les conséquences à l'avenir, plutôt que d'avancer fermement et assidûment en vue d'un but qui porte loin.

Prenez les fonctionnaires par exemple : s'ils accomplissent honnêtement leur fonction, leur promotion est assurée. Leurs actions bénéficient ainsi non seulement à eux-mêmes mais également au gouvernement et aux masses. Malheureusement, sous l'emprise de la cupidité et par manque d'une juste éducation et d'une juste force morale, de nombreux fonctionnaires cèdent à la tentation et se laissent corrompre. S'attachant à assouvir un plaisir temporaire, ils ne voient pas [les conséquences sur] leur bonne réputation et leur prospérité futures qu'ils traitent comme quelque chose de lointain. Au lieu de cela, ils s'efforcent de nuire aux honnêtes et consciencieux travailleurs, les considérant comme des imbéciles et des ennemis.

Ceux qui courent après le bonheur immédiat ont très peur d'éventuelles souffrances : ce sont les gens faibles qui adoptent la voie du plaisir/du plus agréable *(preya)* sous l'effet de leur couardise. Cette peur d'affronter les souffrances est la racine de tous les maux, la seule pierre d'achoppement sur le chemin du progrès. Si vous essayez de donner du margousier [un purgatif amer] à un enfant souffrant de vers, il refusera de le prendre. Même sachant que cela le délivrerait de ses vers, il refuse par dégoût, à cause de son amertume ; il accepterait pourtant volontiers du sucre car celui-ci lui procure un plaisir instantané. Le sucre est ce qui lui est le plus agréable/son plaisir immédiat. Il ne se préoccupe pas de ce que le sucre va aggraver son mal. La route du plaisir immédiat *(preya)* est aisée et c'est pourquoi l'être humain la suit avidement, étendant ses mains pleines de convoitise pour le saisir plus facilement. Mais ce plaisir temporel/ce qui a été le plus agréable à un moment donné, obtenu sans ou presque sans difficulté, se retourne un jour contre lui, aussi dévastateur que les dards d'un millier de scorpions.

La calomnie est une maladie de l'esprit. Savez-vous pourquoi ceux qui souffrent de ce mal s'y laissent aller ? Visiblement parce qu'ils en retirent du plaisir. Les mauvaises langues sont généralement des personnes paresseuses : elles n'ont pas l'occasion de ressentir la joie de travailler, elles-mêmes ne travaillant pas. C'est pourquoi elles comblent, dans une certaine mesure, le vide de leur esprit en calomniant autrui. Ce sont les championnes du plaisir immédiat car elles redoutent la moindre difficulté que la recherche de ce qui est [réellement] préférable, la recherche d'un bonheur permanent *(shreya)* comporte. Ce que font ces lâches, c'est simplement déballer leurs propres prétentions intellectuelles devant leur public, glosant dans le langage coloré de la calomnie sur leurs propres défauts cachés. Ils atteignent le sommet de leur couardise lorsqu'on leur demande : « Avez-vous dit cela ? » Ils répondent sans la moindre hésitation : « Pas moi, quelqu'un d'autre l'a dit, je ne me rappelle pas qui. » Ici également, la seule raison à leur mensonge est la peur que leur rôle dans la calomnie soit révélé et qu'ils aient à souffrir de conséquences désagréables. C'est simplement par peur qu'ils cachent leurs mauvaises actions derrière l'écran du mensonge.

Une personne vraiment intelligente ne cède jamais à la bassesse du plaisir immédiat car celui-ci, après avoir donné un bonheur momentané, ne devient plus que la source de milliers de problèmes. Dans le plaisir immédiat, la souffrance n'est que momentanément repoussée, non définitivement – c'est comme demander les services d'un médecin, matin et soir, tout au long de l'année pour traiter un mal chronique – comme oublier momentanément les tribulations de la vie sous l'influence enivrante du vin – comme oublier les dures réalités de ce monde dans l'engourdissement et la somnolence de l'opium. Une personne sage recherchera la libération finale des douleurs et des peines, qui est le résultat ultime de la recherche du Bien *(shreya)* et non du plaisir *(preya)*.

Shreyash ca preyash ca manuśyam etas tao sampariitya vivinakti dhiirah ; Shreyo hi dhiiro 'bhi preyaso vrńiite, preyo mando yogakśemád vrńiite. *[Kat́ha Upaniśad II, 2.*

Le Bien et le plaisir se présentant à l'être humain, le sage délibère et discerne ainsi l'un de l'autre. Le sage choisit le Bien au plaisir, le sot choisit le plaisir issu de la possession.]

Que font les gens avisés ? Ils commencent par décider en eux-mêmes, à tête reposée, ce qui est bien ultime *(shreya)* et ce qui est plaisir temporaire *(preya)*. Délibérer/juger, c'est distinguer le bien de l'agréable par l'examen et la compréhension de leurs caractéristiques réciproques. L'être humain n'est pas un être stupide mais un être intelligent. Il se caractérise par sa capacité de jugement, qui est la manifestation de son intelligence. Une conduite humaine ne consiste pas à se précipiter tête baissée sans se soucier que ce soit vers le bien ou vers le plaisir immédiat. La marque de l'intelligence doit pouvoir se reconnaître sur chaque action humaine.

L'être humain fait la preuve par les faits, dans ses activités quotidiennes que l'intelligence prévaut en lui, que de ce point de vue il est le plus élevé des êtres vivants. Un chien ou un chat revient mendier de la nourriture dès qu'il aperçoit quelques miettes, même si l'on vient de le battre. Mais insultez un homme et vous aurez beaucoup de mal à le calmer, quels que soient le nombre et la délicatesse des plats que vous lui proposerez ; car si l'être humain est un organisme vivant, ce n'est certainement pas un animal.

Des personnes ayant peu de jugement, n'arrivant pas à bien utiliser leur intelligence, se conduisent dans une certaine mesure comme des animaux : elles courent après le plaisir immédiat au lieu de rechercher le Bien, véritable chemin de la vertu.

Un homme pense que sa femme et ses enfants, ses richesses et ses biens sont ses seuls objectifs, l'essence de sa vie. Il s'ensuit que non seulement lui-même endure, du fait de sa recherche du plaisir temporel, des souffrances indescriptibles, mais il devient également l'instrument responsable des souffrances d'autrui. Femme, mari et enfants ne sont pas tout dans la vie. Celui qui vise au plaisir terrestre refuse de le comprendre mais celui qui recherche le Bien suprême s'en rend véritablement compte.

Yama, Seigneur des morts, dit à Natchikétâ : « Tu es véritablement sage, car tu as préféré le bien à l'agréable. Tu as refusé de gaspiller le potentiel de ta vie. » Yama dit :

Sa tvaṁ priyán priya-rúpáṁsh ca kámán abhidhyáyan Naciketo 'tyasrákśiih, Naetáṁ sruṇkáṁ vitta-mayiim avápto yasyám majjanti bahavo manuśyáh. [*Kat́ha Upaniśad II, 3.*

Ô Natchikétâ, après réflexion, tu as renoncé aux objets du désir, aux objets chers comme aux objets à l'apparence agréable. Tu[1] n'as pas couru après cette ribambelle de possessions dans laquelle se perdent beaucoup d'êtres humains.]

C'est ou par un sentiment attirant *(priya bháva)* ou par une apparence agréable *(priya rúpa)* qu'un objet de ce monde nous séduit *(preya)*.

Qu'est-ce qu'un sentiment attirant ? Le billet de banque et la pièce de monnaie d'aujourd'hui exercent la même séduction qu'ils exerçaient lorsque la monnaie était en argent pur. Un fils disgracieux fait naître la même affection chez ses parents qu'un fils beau. Cet attrait pour l'argent ou pour son fils dépend-il de leur aspect extérieur ? Non, cette attirance est sentimentale. Elle n'a rien à voir avec l'apparence.

D'un autre côté, les gens courent souvent après l'apparence des choses sans prendre en compte leur nature même. On remarque que l'on court, en général, plus après des objets charmants et brillants. Cette attirance n'est pas liée à l'idée qu'on en a mais à l'apparence : on court après l'éclat extérieur.

Ces affections, sentimentales ou dues à l'apparence, sont toutes du côté du plaisir et non du bien ultime car elles ne s'attachent pas à l'aspect intrinsèque, le désir pour la paix éternelle n'est pas présent en elles. Ces objets d'attachement, de plaisir, dont jouit la psyché individuelle sont des fragments, des morceaux [du Grand Tout]. Cette attirance pour les objets fragmentaires de plaisir est le désir *(káma)*, l'attirance temporelle, tandis que l'attirance pour Celui qui est le Tout, pour le grand « Je », est l'Amour spirituel *(prema)*.

Le désir se tourne vers des objets extérieurs tandis que l'Amour spirituel est tourné vers l'Âme, vers la paix éternelle. C'est un mouvement d'intériorisation.

---

[1] Natchikétâ a préféré la connaissance spirituelle à la possession de biens temporels que lui offrait à la place, avec beaucoup d'insistance, Yama. (Voir cette partie préambulaire du texte dans le complément § 7 p. 202). (ndt)

Le désir vise la satisfaction des sens, L'Amour vrai la Joie divine. L'objet du désir est le plaisir,
L'Amour vrai est l'intense désir de réjouir Dieu.[1]

Krśńadása Kavirája, *Caetanya-caritámrta*

Les objets que visent les sens sont par nature grossiers et inférieurs. Ceux qui les prennent comme but de la vie deviennent eux aussi grossiers et se dégradent, ils se transforment peu à peu en bêtes. Il est fréquent qu'un homme paraissant être un homme du monde intègre et plein de dignité, soit en réalité un voleur, un menteur et un porc. Bien que son apparence nous le fasse prendre pour un homme, il est en fait une brute dépravée. Vous trouvez une horde de ces spécimens dans la société moderne. Lors d'un rassemblement, un homme fait un discours noble, émouvant, sur l'élévation des masses – tout en ruminant mentalement la perspective de devenir ministre et de gagner une fortune. On rencontre beaucoup de personnes qui ne sont elles-mêmes ni des fermiers ni des ouvriers mais qui pleurent des larmes de crocodile sur les malheurs de ces derniers tout en cachant soigneusement leurs propres motivations. Ces filous qui pleurent ouvertement sur les souffrances des masses populaires les oublient en un clin d'œil lorsqu'ils accèdent à un poste de responsabilité. Ils révèlent alors, hélas, leurs vraies « couleurs ». Ceux qui ont été trompés peuvent, à ce moment-là, aisément comprendre la vilénie de ces gens et le terrible danger que représente leur mentalité. Ce que dit Yama, c'est que de nombreuses personnes de ce monde nourrissent en eux-mêmes de tels désirs bas et grossiers et ne font qu'un avec leur recherche de satisfaction sensuelle.

On parle de désir *(káma)* pour désigner l'attirance qu'engendre la matérialité. On ne désigne pas par là le désir d'un organe particulier. Certains psychologues ont affirmé que le désir sexuel/sensuel est la cause fondamentale de tout type d'attirance et de réalisations en ce monde. Cette affirmation est fausse car si l'attirance est un caractère propre à toute être individuel, cette attirance n'est absolument pas

---

[1] *Átmendriya-priiti-icchá táre bali 'káma', Krśńendriya-priiti-icchá dhare 'prema' náma ; Kámera tátparya nija-sambhoga kevala, Krśńa-sukha-váiṇchá haya premete prabala. (1, 4, 165-166).* (ndt)

toujours sensuelle/sexuelle. Ces psychologues qui donnent au désir sexuel/sensuel une importance indue trahissent par là leur propre mentalité grossière. Comme je viens de le dire, tout désir ou attirance ne vient pas de la poussée des sens. Chaque être individuel est sujet à l'attirance mais celle-ci vient en fait d'un besoin impérieux d'autopréservation. C'est ce désir impérieux pour sa propre survie qui pousse l'être individuel vers des expressions sensorielles, intellectuelles et mentales plus subtiles. Cet instinct de survie naît du désir de bonheur présent en chaque être vivant.

Il est donc clair que derrière l'attirance entre deux entités, attirance que nous appelons désir, se trouve l'aspiration au bonheur. C'est le bonheur, la félicité, qui est le désir fondamental de la vie et non le plaisir des sens. Ce n'est absolument pas une question de désir sexuel ou sensuel.

Celui qui, sous la poussée de cet instinct de conservation, de ce désir de bonheur, se laisse aller au désir temporel et court après les manifestations matérielles, mentales ou psychiques supérieures – en d'autres termes, recherche le plaisir temporel – est un insensé. Aucune de ces manifestations ne peut procurer la paix, le refuge éternel parce que toutes ne sont que fragmentaires. Lorsque, poussé par son instinct de conservation, quelqu'un s'abandonne au plaisir passager, celui-ci ne peut le préserver, et le feu de la passion le réduit finalement en cendres. Ceux qui cherchent la paix spirituelle et un refuge éternel devraient faire leur possible pour atteindre à la perfection spirituelle. Leur ardent désir de conservation, de bonheur, trouvera alors son apogée finale : ils vivront à jamais. Ils seront véritablement immortels, installés qu'ils sont dans l'immortalité. Les particularités rythmiques des manifestations physiques et psychiques, la répétition de la naissance et de la mort, rien de tout cela n'aura plus la moindre importance pour eux. Ils seront établis dans l'État éternel du Suprême Bien *(shreya)*.

Il y a derrière l'attirance ou la sympathie qu'un être exerce sur un autre des causes psychologiques, bien que le fondement de toutes ces causes soit le désir de bonheur et de préservation de soi. Pourquoi y a-t-il autant d'attirance entre les cœurs d'un frère et d'une sœur ? Les raisons en sont : vivre ensemble dans un même environnement pendant longtemps, partager la même sorte de nourriture et le même genre d'éducation en famille, partager les liens de la même affection parentale. De l'absence de l'une de ces causes découle un manque d'affection sincère des enfants pour leurs parents ou l'un pour l'autre. La tendre affection pour ses parents, ou pour ses frères et sœurs, d'un enfant vivant pendant longtemps en pension ou dans un pays loin de ses parents est quelque peu diminuée. C'est parce qu'en ce cas, son désir naturel de bonheur et de préservation de soi n'est pas comblé par son environnement familial. C'est pourquoi des parents intelligents n'aiment généralement pas mettre leurs enfants en pension.

J'ai déjà dit que le désir de bonheur n'est pas seulement lié à un attachement sentimental, une apparence attirante émeut et trouble encore plus les personnes ordinaires. Le discernement ne peut libérer de l'attrait d'une belle apparence aussi facilement qu'il peut se dégager d'un attrait d'ordre affectif. C'est pourquoi l'on révère, dans la société en général [en Inde], de nombreux hypocrites déguisés en ascètes *(sádhu)*. Les gens ne voient pas qu'ils dissimulent leur mentalité animale sous les cendres [dont ils recouvrent leur corps], sous leur chevelure emmêlée, leur peau de tigre et leur bol à aumône. Ils ne veulent pas le voir ni le comprendre, ils souhaitent rester dans l'ignorance. Devant l'habit orange d'un moine *(sannyásii)*, ils sont frappés d'une fascination révérencielle. Nous parlons de l'ignorant, mais même des gens soi-disant raffinés et intelligents en viennent, pris sous le charme de leur apparence, à s'impliquer dans de viles activités antisociales.

Quand on voit l'Être éternel au-delà de l'apparence agréable ou de l'attachement sentimental, alors naît un amour véritable et inaltérable, un amour divin *(prema)*. Dans l'amour divin, on ne ressent pas l'attachement sentimental *(priyabháva)* comme une simple émotion, on en connaît l'essence même. C'est de même la connaissance de la couleur de son essence qui, colorant la psyché du pratiquant *(sádhaka)*, le transporte dans une profonde méditation spirituelle et qui fait le yogi, et non l'apparence attirante d'un vêtement coloré.

Ainsi, le simple plaisir *(preya* ou *káma)* s'obtient d'objets qui ne sont qu'une partie [du Tout]. Le moi qui jouit de ces objets fragmentaires est, c'est certain, le petit moi car on ne peut pas élargir un moi qui s'absorbe ainsi constamment dans des entités limitées. Même des personnes savantes, au rang social élevé – des intellectuels, des scientifiques et des philosophes soi-disant accomplis, constamment préoccupés de se faire hautement respecter – poursuivent des objets des sens, des objets fragmentaires, pour leur gratification personnelle. Peut-être refusent-ils délibérément de se rendre compte qu'avoir pour objectif ces petits buts égoïstes contracte et rétrécit leur esprit, les imprègne mentalement de petitesse, et qu'en conséquence de quoi leurs respect, prestige et statut personnels finiront par être réduits à néant.

Une partie est nécessairement petite et limitée : elle a un début et une fin. Les gens ne comprennent pas qu'une fois qu'ils l'auront obtenue, ils en atteindront bientôt les limites, et que la mémoire passée du plaisir qu'ils en tiraient amplifiera alors au millionième la douleur de leur perte, les consumant dans les tourments de ce malheur. Ceux qui ne s'efforcent pas d'atteindre au Suprême Bien lorsqu'il en est encore temps, finissent par être tellement encerclés par les flammes du plaisir immédiat qu'il leur devient presque impossible d'y échapper.

Le Suprême Bien est lui illimité et éternel, c'est un courant de pure félicité qui s'écoule ininterrompu du sans commencement au sans fin. Ce Suprême Bien est Dieu *(Brahma)* lui-même, l'Essence spirituelle resplendissante, indivisible et immuable. Beaucoup pourraient la voir mais ne la cherchent pas, beaucoup pourraient la connaître pourtant ne le souhaitent pas. Ils désirent rester dans l'oubli de Dieu, dans l'obscurité de l'ignorance/de la matérialité, sans chercher à voir ou à connaître l'Absolu.

Dúram ete vipariite viśúcii avidyá yá ca vidyeti jiṋátá,
Vidyábhiipsinan Naciketasam manye na tvá kámá bahavo 'lolupanta.
[Kat́ha Upaniśad II, 4.

Ce qu'on qualifie d'ignorance et ce qu'on qualifie de connaissance vont dans deux directions complètement opposées. Je comprends que tu t'efforces d'atteindre à la

Connaissance, Natchikétâ, tu ne t'es pas laissé égarer par les nombreux objets du désir.]

Le bien/salutaire et le plus agréable divergent totalement au niveau de leurs principes. L'un est dirigé par la Connaissance *(vidyá)*, l'autre par l'ignorance *(avidyá)*. L'un naît du discernement, l'autre de l'aveuglement, l'un va vers la lumière, l'autre vers les ténèbres.

La connaissance spirituelle qui mène au bien suprême nous conduit à la plénitude, à l'état ultime d'absence totale de manque. L'ignorance spirituelle qui nous dirige vers le plaisir temporel nous conduit au contraire dans les profondeurs de l'obscurité, nous asservit au plus haut point à la matérialité. Alors pourquoi préfère-t-on le plaisir à la béatitude ? Pourquoi choisit-on délibérément d'adorer l'animalité ?

Tout simplement parce que l'évolution, qui nous a permis d'arriver aujourd'hui à l'état d'être humain, s'est faite progressivement à partir de la vie animale. Et bien que l'être humain ait atteint à ce statut présent, il a encore toujours, présentes en lui, les impressions *(saḿskára)* de ces vies animales passées. Celles-ci stimulent en lui de façon répétée des tendances mentales animales. Les vibrations de ces impressions psychiques poussent l'être humain vers des propensions animales, vers ce qui est le plus plaisant. L'irrésistible attrait des satisfactions grossières l'égare. Il révèle constamment son animalité dans son corps, ses pensées et ses actes. L'animal n'est pas une créature réfléchie, l'esprit ne se manifeste pas clairement en lui. Étant irrationnel, il ne peut pas discriminer et choisir entre spiritualité *(vidyá)* et matérialité *(avidyá)*. L'expérience qu'il a accumulée jusqu'à présent, par sa vie animale consacrée aux sens, est celle du plaisir et non de la félicité spirituelle – celle de la matérialité et non de la spiritualité. L'être humain comprend ce qu'est le plaisir empiriquement, par la connaissance tirée de ses vies animales passées. La félicité spirituelle *(shreya)* lui est, par contre, complètement inconnue. Les personnes à l'esprit faible préfèrent naturellement s'accrocher à leur façon de vivre familière, elles ne veulent pas courir le risque de s'embarquer sur un chemin inhabituel. C'est ainsi que même ceux qui savent ce qui est préférable choisissent très souvent ce qui est le plus agréable, par faiblesse mentale. La route du plaisir temporaire leur paraît tranquille et facile : une route goudronnée par les perceptions sensorielles.

Ceux qui ont choisi le salutaire doivent naturellement combattre leurs tendances aux satisfactions immédiates héritées de leur passé [animal]. Ils doivent contrôler leurs propensions grossières à la cupidité, à la recherche de renom, à afficher une façade de vertu, à rechercher des louanges par de fausses déclarations et des mensonges. C'est pourquoi Yama, le souverain du Royaume de la mort, dit : « Ô Natchikétâ, tu aspires véritablement à la connaissance, de sorte que tu n'es pas attiré par les objets du désir. Tu es digne d'apprendre la science de la conversion de la matière en l'Esprit[1] *(madhu-vidyá)* et la science spirituelle *(Brahma vidyá)*. »

Avidyáyám antare vartamánáh, svayandhiiráh pańd́itam-manyamánáh ; Dandramyamáńáh pariyanti múd́há andhenaeva niiyamáná yathándháh. *[Kat́ha Upaniśad II, 5.*

Ceux dans l'ignorance spirituelle se prétendent intelligents, croient avoir la connaissance alors que ce sont des égarés qui tournent en rond, errant comme des aveugles conduits par un aveugle !]

Connaissance ou ignorance spirituelles : choisissez l'une, et l'autre est sûre de se mettre en travers. Je vais vous expliquer cela plus clairement. Dès qu'on agit, un conflit naît entre deux forces antagonistes [: la force d'action et la force d'inertie]. Lorsque la force active gagne, l'action se matérialise. Mais pourquoi est-on fatigué et doit-on se reposer après une longue marche ? Parce que notre combat contre la force d'inertie a affaibli notre capacité d'action. De même, chez ceux dont les désirs, l'inclination, se tourne vers la spiritualité *(vidyá)*, naît, dans les recoins de leur esprit, une tendance hostile contre laquelle ils doivent se battre : c'est la force de l'ignorance, la force de la matérialité *(avidyá)* qui leur déclare la guerre. À la maison, le mari, la femme ou les autres membres de la famille se montrent mécontents d'eux et

---

[1] Présentée dans *Sublime Spiritualité*, le premier volume de la série, du même auteur ; voir aussi p. 134. La méthode psychique est enseignée dans la deuxième leçon du yoga *sahaja* de l'école Ánanda Márga. (ndt)

créent divers obstacles. Au cours de leurs activités, des occasions de dépravation, de bassesse, d'acceptation de pots-de-vin, etc. se présentent et ils doivent persévérer dans leur contrôle d'eux-mêmes. Les sauterelles des désirs viennent en masse pour détruire la jeune pousse de leur discipline spirituelle. Il leur faut donc soigneusement éviter ces tentations pour leur propre salut. Ceux qui se dirigent véritablement vers la connaissance spirituelle, qui sont déterminés à suivre le chemin de la spiritualité en s'y sacrifiant totalement, finissent par être immunisés contre tout obstacle. Quelle que soit la quantité de raillerie, d'attaques et de moquerie, elle ne peut arrêter leur progression fulgurante. Ils ressortent victorieux, surmontant et défiant tout orage pour finalement se tenir fermes et droits comme l'Himalaya. Les tempêtes et les grains repartent désappointés car une pousse ne reste pas éternellement une simple pousse, n'est-ce pas ?

Lorsque le pratiquant *(sádhaka)* se tient libre et résolu, armé du courage de sa conviction et de sa confiance en soi, tous les écueils et les dangers s'évanouissent, s'effacent timidement de son chemin. C'est pourquoi le pratiquant doit proclamer avec tonitruance aux obstacles et aux dangers : « Faites votre travail, je ferai le mien. Je n'ai pas de route derrière moi pour rebrousser chemin. » Que peuvent craindre de perdre ceux qui ont tout sacrifié à la réussite de leur lutte ? Quelle menace peut les arrêter ?

Mets savoureux ou pain sec, une fois qu'on s'est
consacré [à Dieu], que déplorer ? [1]

Les obstacles font partie intégrante du chemin spirituel : ils sont un bon signe. Ils permettent aux pratiquants spirituels de comprendre que leur pratique est sur la bonne voie. La connaissance spirituelle ne commence à apparaître qu'une fois que le pratiquant, combattant les obstacles/la résistance de la force de l'ignorance, s'établit dans un état tourné vers Dieu/l'Absolu, vers la Connaissance *(Brahma, vidyá)*, après avoir vaincu, par son propre discernement, tous les désirs inférieurs dus à la force de l'ignorance.

---

[1] *Rukhá-shukhá gamká dáná loná aor aloná kyá ? Sar diyá to roná kyá ?*

Je disais qu'il n'y a pas d'action sans obstacle. La matérialisation d'une action est la victoire de la force activante sur les obstacles rencontrés. Ces obstacles ne sont pas seulement le lot des pratiquants sur le chemin de la connaissance. Ceux qui suivent la voie de la dégénérescence ou de l'ignorance spirituelle, et qui courent après le plaisir immédiat, doivent aussi faire face à des obstacles. Ce sont ceux que la force de la Vertu engendre en tant qu'avertissement pour qu'ils renoncent à ces viles activités. Ceux qui volent pour la première fois ont les mains qui tremblent et des visions cauchemardesques, même après leur vol. Pourquoi ? Parce que la force de la vertu persiste à leur dire et à leur répéter intérieurement que l'acte qu'ils s'apprêtent à faire ou qu'ils ont fait est extrêmement vil et bas, et que ses conséquences seront désastreuses. Par la suite, cependant, lorsque la pratique constante du mal a solidement enraciné celui-ci en eux, ils répriment les obstacles créés par la force du bien dans leurs tout premiers stades. C'est ainsi qu'après quelque temps, les mains et les pieds des voleurs expérimentés ne tremblent plus, et qu'ils ne font plus d'épouvantables cauchemars sur les terribles conséquences de leurs actes. L'état intermédiaire entre un voleur novice et un voleur expérimenté est exactement opposé en nature à l'état intermédiaire entre un aspirant spirituel en pleine bataille et celui qui a atteint le but divin.

Ceux qui suivent la voie du plaisir immédiat développent tout un réseau de rationalisations pour justifier leurs activités. C'est dans cet état d'esprit, qu'ils dissimulent sous leurs grands discours, qu'ils engendrent leur philosophie matérialiste.

La poursuite constante de la matérialité rend insensible à l'influence de la force spirituelle *(vidyá)*, à l'inverse, la constante pratique d'intériorisation de l'aspirant spirituel l'immunise contre l'influence de la force matérialiste *(avidyá)*. Ceux qui ont été élevés dès le berceau dans un milieu matérialiste se sentent tout d'abord intimidés ou gênés de s'asseoir en méditation devant autrui. Sous l'influence de la force de l'ignorance, ils se disent, accablés : « Les gens pensent peut-être que moi, un garçon, ou une fille, ultramoderne suis le mode de culte préhistorique ! » Il y en a beaucoup qui s'efforcent de cacher leur foi à autrui et beaucoup qui s'efforcent de conforter leur position parmi leurs amis en feignant le scepticisme – tout en implorant mentalement le pardon de Dieu. En dépit de cette attitude de honte, quelques jours de pratique régulière leur permettent d'acquérir la force de surmonter l'influence de la force de l'ignorance. Ils peuvent finalement, mettant de côté tous leurs caprices de honte et de timidité, exprimer librement leur sincère amour de Dieu.

Vous pouvez vous demander : « Pourquoi quelques personnes semblent-elles échapper à cet écueil dès le tout début de leur pratique ? » Cela provient soit d'une pression extérieure soit d'un pressant besoin intérieur. Supposons que le fils, le mari, la femme ou le parent le plus proche d'une personne meure soudainement, ou qu'il, ou elle, ait perdu une grosse fortune ou ait miraculeusement échappé à un dangereux accident ou catastrophe. Cette personne, sans se préoccuper de ce que les autres disent ou pensent, rejette toute considération de honte, de peur, de prestige ou d'affront aux quatre vents et se transforme en un pratiquant spirituel *(shreya sádhaka)* puissamment volontaire en un temps très court.

Il y a également à cela un pendant négatif. Supposons que quelqu'un soit confronté à la famine. Sous la pression du besoin, il se met à voler ouvertement, sans se préoccuper des conséquences, et se réfugie sans vergogne dans le mal. Si ceux qui commettent ce genre de délit, que ce soit ou non dans cette intention, en retirent d'abondants biens de consommation, ils [ont tendance à] se transformer en chercheurs sans vergogne de plaisir immédiat comme le voleur mentionné ci-dessus. Le corpus de la philosophie matérialiste hédoniste de Cárváka[1] et d'autres philosophies matérialistes est composé de l'ensemble des pensées et des désirs de ce genre de chercheur sans honte de plaisirs de ce monde. Pour masquer leur faiblesse, ces personnes qualifient les gens pieux et religieux de faibles ou de malades mentaux.

Incidemment, notons qu'être religieux et craindre Dieu n'est pas la même chose. La religiosité est sous-tendue par un enthousiasme qui vient de l'éveil de l'âme, un zèle ardent de connaître sa véritable nature. Tandis qu'à l'origine de la crainte de Dieu est un effort poltron d'échapper aux souffrances résultant de ses mauvaises actions, à moin-

---

[1] Philosophe matérialiste de l'Inde ancienne. (ndt)

dres frais. La crainte de Dieu est néanmoins supérieure à l'athéisme car elle empêche au moins de mal agir.

Le plus grand avantage du croyant est qu'il ne souffre pas de conflit intérieur. Car aussi haut et fort qu'un sceptique affirme sa croyance, aussi pertinents que soient les arguments qu'il trouve à opposer dans une controverse, il y a toujours un conflit en cours dans son esprit. Qu'il lise quelques pages ou assiste à quelque conférence éloquente, il s'efforce de renier sa propre nature. Il tente de combattre Dieu indivisible avec son savoir extérieur fragmentaire, partiel. Se retrouvant à bout d'arguments, il finit par dire : « Si Dieu existe, pourquoi ne pouvons-nous pas le trouver ? » Durant tout ce temps, son être intérieur se lamente :

> *Le savoir nie ton existence Seigneur, pourtant mon cœur insiste : tu es !* [1]

C'est que la chape d'illusion de la connaissance fragmentaire entrave le développement de ses facultés psychiques. Arrivée là, la personne athée s'efforce constamment de masquer les manifestations irrationnelles et contradictoires de sa pensée. Par ses paroles grandiloquentes, elle se fait passer pour savante dans le but de dissimuler sa faiblesse. Nous entendons souvent parler dans notre entourage de personnes instruites qui professent l'athéisme ou le matérialisme. Il y a également les lettrés, les prétendus pandits dont regorge l'Inde moderne, mais les appeler « pandits » est un emploi abusif du terme [car] : *Le pandit est celui qui a atteint en ce monde la conscience : « Je suis Dieu. »* [2]

On appelle *« pańd́á »* la prise de conscience « Je suis Dieu », et celui qui obtenu cette connaissance, cette conscience, est le pandit *(pańd́ita)*. Appeler pandit un athée est donc absurde. Les Védas disent que ces apostats matérialistes ne suivent jamais une voie droite. Comment le pourraient-ils ? C'est seulement si l'on a une pratique spirituelle *(sádhaná)* sincère et consacrée qu'on peut arriver à vivre une vie droite. Les athées de ce genre entretiennent en eux un conflit constant

---

[1] *Man bale tumi ácha Bhagaván, jiṋána hale tumi nái.*
[2] *Aham Brahmásmiiti buddhitám itah práptah pańd́itah.*

entre le bien et le mal d'où le mal sort toujours victorieux car ils ne se complaisent pas dans le bien. Il est fréquent que, pour satisfaire leurs désirs matériels, ils se prétendent pieux. Il leur faut également faire miroiter au peuple des espérances consolatrices de confort et de bonne chère tandis qu'ils attirent l'attention sur les fautes d'autrui, sinon personne ne tomberait dans leurs filets. Cette inculcation constante de tendances opposées engendre en eux une vilaine déformation mentale. Le manque d'harmonie entre leurs expressions intérieures et extérieures finit par les transformer en animaux grossiers. Ils font des pieds et des mains et se bagarrent entre eux pour avoir la direction dans différents domaines de la vie et considèrent la capacité à diriger comme leur seul monopole. Ceux qu'ils font tomber dans le filet de leurs beaux discours se dirigent de ténèbres en ténèbres car comment des aveugles pourraient-ils montrer le chemin à d'autres aveugles ? Comment un esprit borné et dans l'obscurité pourrait-il éveiller la conscience d'autrui ?

*Na sámparáyah pratibháti bálam, pramádyantaḿ vitta-mohena múd́ham ; Ayaḿ loko n**á**sti para iti mánii, punah punar vasham ápadyate me.* *[Kaťha Upaniśad II, 6.*

La mort ne semble pas un passage dans l'autre monde à l'idiot, égaré par l'illusion des possessions, qui est dans la jouissance. Pensant qu'il n'y a pas d'au-delà de ce monde, il tombe sous ma domination encore et encore.][dit le Souverain de la mort]

Chacun devrait clairement comprendre ce que sont bien ultime et plaisir, ce qui est connaissance et ce qui est ignorance. Sans cela, on court à sa perte. Avec cette compréhension, au contraire, on progresse, avec l'aide d'une juste pratique spirituelle.

La bienveillante et douce inspiration de l'âme se trouve derrière les désirs de l'être humain, et le conduit vers une plus grande conscience, et non vers la matérialité. C'est pourquoi les personnes intelligentes s'efforcent de développer leur sagesse/leur intelligence encore et encore. Personne ne veut rester idiot, même un simple d'esprit ne veut pas être traité d'imbécile. On acquiert la vraie intelligence en utilisant son discernement. Le discernement consiste à délibérer de ce qui est bien ou mal. L'intelligence est la mise en pratique de ce jugement. Les personnes ayant du discernement choisissent Dieu *(Brahma)*, le niveau le plus élevé des états de conscience, comme but. Mais ceux qui n'utilisent pas leur discernement et recherchent les plaisirs matériels, égarés par l'illusion du plaisir immédiat, finissent par devenir eux-mêmes stupides.

Yama, le souverain du royaume des morts, dit qu'absorbés par la jouissance des objets, ces sots ne comprennent pas ou ne veulent pas comprendre Dieu. Ils ne peuvent même pas imaginer un monde plus subtil au-delà de ce monde physique. C'est pourquoi ils le nient complètement. Ceux qui choisissent la matière pour but, doivent venir prendre corps, encore et encore, dans ce monde physique, pour en jouir et en souffrir. Lentement, à force de traîner sur ce chemin obscur, ils se transforment peu à peu en pierres. « Ils viennent sous ma domination encore et encore » continue Yama, c'est-à-dire qu'ils ne peuvent s'extraire du cycle de la naissance et de la mort.

Le plus grand inconvénient de la pensée matérialiste est que les matérialistes pensent que l'apparence présente des objets, c'est-à-dire ce monde visible tout autour, est la réalité suprême. Ils refusent délibérément de comprendre que l'existence [des objets] n'est que transitoire, étant soumise au temps, au lieu et à l'individualité. Ils ne sont pas prêts à tourner leur regard vers l'entité source, qui fait naître tout en ce monde et dans le « corps » de laquelle apparaissent et s'expriment les ondes de transformation.

La matière naît de l'énergie, et l'énergie de la pensée *(bháva)*. Rejetant cette vérité simple et évidente, leurs esprits hébétés ne peuvent pas faire face à tous les problèmes avec courage. Ils deviennent alors des esclaves du transitoire *(avidyá)*, adorant l'éphémère comme s'il était éternel, l'impureté en lieu et place de la pureté, la douleur à la place de la joie et l'ignorance au lieu de la conscience spirituelle[1]. Chaque molécule, atome, électron ou proton, que l'on considère comme le matériau fondamental de ce monde, n'est en vérité qu'une

---

[1] Citation des *Yoga-sûtras* (II, 5), détaillée dans *Nectar de l'Enseignement spirituel*, tome 2, du même auteur. (ndt)

expression de l'énergie : la matière n'est en effet rien d'autre que de l'énergie sous une forme contrainte, contenue[1]. L'énergie non plus n'est pas l'entité première, elle n'est rien d'autre que l'Esprit sous l'emprise de la Force opératrice *(prakrti)*.

Il faut donc, pour comprendre véritablement la nature de la matière, admettre la théorie de Dieu *(Brahma)* formé de l'Esprit *(puruśa)* et de sa puissance opératrice *(prakrti)*, qu'on le considère sous son aspect total ou sous l'un de ces états individuels, puisque son aspect individualisé manifeste, tout comme son état macrocosmique, aussi cette caractéristique.

Yama, la Mort, dit que les matérialistes sont contraints de renaître sans cesse pour satisfaire leurs désirs matériels inassouvis *(sam̐skára)*, qu'ils ne peuvent atteindre à la mort ultime du chercheur spirituel libéré.

La voie vers la Béatitude finale consiste à s'efforcer d'atteindre à la connaissance intérieure, à la félicité spirituelle. L'on doit progresser sur cette voie en adaptant sa conduite à son environnement. Notre pratique ne peut être spirituelle si l'on méprise le monde. Le fait de rejeter le monde qui nous entoure peut nous faire paraître surhumain aux yeux d'autrui, et même acquérir une réputation de sainteté *(sádhu)*, mais cela ne comblera pas notre aspiration intérieure et laissera notre cœur insatisfait.

Pourquoi l'être humain a-t-il peur de la pratique spirituelle ? Pourquoi hésite-t-il à chercher la connaissance de soi ? Laissez-moi vous répondre. La vie humaine est l'aboutissement de l'évolution des espèces à partir de la vie animale. L'énergie est la manifestation d'un conflit entre des forces antagonistes. Ces conflits permettent aux choses prétendument sans âme de ce monde matériel – le sable, le fer, la pierre, etc. – de se transformer en êtres animés comme les protophytes et les protozoaires. Par ces conflits, ils acquièrent la capacité de transmuter leur énergie passive/matérialité en une certaine activité mentale. Cette énergie mentale se manifeste dans certaines plantes et organismes. Lorsque la vie n'est confrontée à aucun obstacle, aucun progrès

---

[1] D'un autre côté, dans son livre sur les microvita (1989), dont certaines formes sont les « briques » élémentaires de la vie, l'auteur contredit cette affirmation. (ndt)

n'intervient. C'est ainsi qu'on rencontre, dans certains lieux, des créatures préhistoriques à l'intelligence non développée qui vivent encore aujourd'hui. Tandis qu'ailleurs, des créatures à l'intelligence développée ont émergé de la poussière de ces mêmes carcasses préhistoriques. L'intelligence d'un singe n'entre pas dans la même catégorie que celle d'un ver de terre.

Ce sont ces conflits qui ont permis à la condition animale de se hisser jusqu'à la condition humaine. C'est l'élan résiduel de notre condition animale – l'actif du bilan comptable de nos luttes préhumaines dans cette condition – qui a fait de nous les propriétaires d'un esprit humain. Cet élan résiduel provenant de l'animalité ne peut comprendre qu'en termes de satisfactions matérielles. Il est étranger à cette joie de l'Esprit qu'il n'a jamais goûté.

La conquête de cette joie trouve son inspiration dans l'âme humaine, le sujet de la psyché humaine. La pensée animale ne peut pas faire un juste usage de cette inspiration, alors que la puissante psyché humaine le peut aisément. C'est, comme je le disais, l'expérience passée de la vie animale qui dirige l'être humain vers les satisfactions matérielles, tandis que l'inspiration plus évoluée de son âme s'efforce de le conduire vers l'Esprit. Il y a ainsi, dans l'esprit humain, une lutte permanente entre le monde des sens et l'âme, entre la spiritualité et la matérialité *(jaŕa* et *cetana*, *vidyá* et *avidyá)*. L'être humain a naturellement peur du combat, il n'est donc guère étonnant que l'être humain matérialiste recule tout d'abord devant lui.

Pouvoir apprendre la pratique ésotérique du culte spirituel *(sádhaná)*, la stratégie secrète de la lutte psychique, est une chance rare. Tant qu'une telle occasion ne se présente pas, la réussite dans cette lutte reste un doux rêve. Yama dit :

Shravaňáyápi bahubhir yo na labhyah, shrńvanto 'pi bahavo yan na vidyuh ; Áshcaryo vaktá kushalo 'sya labdháshcaryo jiṋátá kushalánushiśtah. *[Katha Upaniśad II, 7.*

Ce [Dieu], que même en allant écouter l'enseignement, beaucoup ne rencontrent pas, que même en écoutant l'enseignement, beaucoup ne comprennent pas, rare parmi ceux

qui l'ont obtenu celui l'explique correctement, rare parmi ceux qui ont été bien enseignés celui qui le connaît.]

Supposons qu'ait lieu quelque part un débat religieux. Si vous invitez deux cents personnes à ce débat, vous verrez que seuls soixante invités viendront, tout au plus. Parmi ces participants, environ dix ou douze personnes au plus écouteront avec patience et ferveur les débats. Parmi ces auditeurs, seuls certains comprendront réellement le sujet débattu puis, dans ce petit groupe ayant compris [le débat], seuls très peu retiendront ce qu'ils ont compris. En fin de compte, seules une ou deux personnes de ce dernier groupe mettront peut-être en pratique dans leur vie quotidienne ce qu'elles auront appris et compris. Cela provient simplement du conflit qui court dans la psyché entre spiritualité et matérialité. La matérialité triomphe quand on se soustrait à l'élan d'intériorisation de la spiritualité. La rareté de l'élan d'intériorisation dans la pensée humaine ordinaire provient des empreintes psychiques de l'animalité qui y demeurent. Les désirs sensuels de la matérialité continuent à infiltrer chaque processus de pensée. Cette situation continue pendant longtemps durant la vie d'un aspirant.

Regardez en vous-même et regardez le monde visible. Dès que vous faites quelque chose, vous repoussez une force antagoniste. C'est en repoussant cette force que vous acquérez une plus grande capacité à contrecarrer des forces encore plus résistantes. Vous voyez donc que c'est seulement par le conflit entre deux forces opposées que vous parvenez à devenir plus fort mentalement.

Yama dit que ce ne sont pas seulement les disciples qui sont rares, qu'il y a aussi un manque flagrant d'enseignants compétents pour transmettre la pratique ésotérique du culte spirituel.

La grâce transcendantale ou éloquente d'une personne qui est compétente pour transmettre la Vérité peut éveiller une tendance méditative en chaque être humain. Ce n'est pas seulement la rareté des professeurs compétents qui empêche l'avancement spirituel du monde, il y a aussi parmi les gens un grand manque de véritable aspiration spirituelle.

Na nareńávareńa prokta eśa su-vijiņeyo bahudhá cintya-mánah ;

An-anya-prokte gatir atra násty, ańiiyán hy a-tarkyam ańu-pramáńát. [*Kat́ha Upaniśad II, 8.*

Enseigné par un être humain inférieur, Dieu n'est pas facile à discerner, car pensé diversement. On ne peut y accéder qu'enseigné par une personne autre (que l'humain inférieur) car Dieu est plus subtil que la plus fine des notions, il est au-delà du raisonnement.]

Comment doivent être les professeurs expérimentés et éloquents ayant la connaissance transcendantale qui vont guider autrui et lui apprendre les règles de la pratique spirituelle *(sádhaná)* ? La réponse est très simple : ce sont de véritables êtres humains qui doivent fournir cet enseignement, et non des créatures inférieures, sous-humaines, manifestant l'animalité sous une forme humaine. Mais qu'est-ce qu'un être humain ? Qui pouvons-nous appeler être humain ? Seul celui en qui l'esprit/la conscience prédomine, en qui l'âme s'exprime au plus haut degré est un être humain.

Ceux qui n'ont pas cultivé *(sádhaná)* la conscience spirituelle *(puruśa bháva)* ne sont pas aptes à enseigner à autrui [la spiritualité]. S'ils le font, leurs élèves ne parviennent pas à suivre leurs instructions correctement car leurs paroles ne les touchent pas au cœur. Comment de telles personnes peuvent-elles enseigner ? Leur esprit est dans l'agitation des conflits, ils ne connaissent pas le calme serein du grand Océan [divin]. Certains se querellent sur la corporalité ou l'incorporalité de Dieu, d'autres perdent leur temps en arguments sur la couleur de sa personne, blanche ou noire, d'autres encore présentent une pléthore de divinités, des millions, et s'efforcent, en s'appuyant sur des citations des Écritures, de convaincre autrui de la puissance et du pouvoir de ces différentes divinités, des nombreux bienfaits qu'engendre leur culte et du danger de la malédiction qu'encourt celui qui n'accomplit pas ces rites.

Certains veulent répandre le sang à propos du genre de musique ou de procession que l'on doit effectuer, du type de nourriture que l'on mange ou encore de l'intouchabilité en ce qui concerne l'utilisation de la nourriture. Ils s'efforcent de convaincre autrui que ce sont là les voies véritables de Dieu et de la religion. Ces créatures inférieures, sous-humaines déguisées en êtres humains profitent des sentiments et des faiblesses humaines, et placent toutes sortes d'obstacles sur la voie du progrès humain. Mais leurs paroles ne peuvent et ne doivent toucher personne au fond de son cœur. Avec le manque de vision universelle qui est le leur, elles demeurent extrêmement éloignées de la conscience universelle, de l'Esprit. Elles s'efforcent en permanence de morceler l'Unique, l'Un en de nombreux fragments. C'est pourquoi elles veulent voir l'humanité divisée en nations : britannique, soviétique, indienne, etc. ou en nombreuses croyances : hindoue, musulmane, chrétienne, *árya samáj*. Les paroles d'un Britannique fanatique ne peuvent normalement pas émouvoir le cœur de ceux qui ne sont pas britanniques, de même les paroles de ceux qui pensent aux intérêts hindous ne sonnent certainement pas avec douceur aux oreilles musulmanes.

Lorsque celui qui a atteint la Vérité divine initie quelqu'un, ce dernier s'éveille à l'universalisme. Il cesse de regarder les êtres et les choses de cet univers comme séparés de lui. Chaque objet de ce monde est la manifestation limitée de l'Esprit universel seul et unique. [Alors] qui combattre ? ou qui fuir ? Vous êtes impérissable, éternel, existant de toute éternité. Lorsque vous êtes établi dans votre être véritable, il n'y a plus la moindre opposition ni illusion qu'un être ou objet fragmentaire puisse susciter en vous.

Un individu sous-humain à la vision étroite ne peut pas inculquer à autrui un tel sentiment spirituel d'universalité, un sentiment embrassant tout. Or certaines personnes, combinant la religion avec la politique, le patriotisme ou des spéculations métaphysiques oiseuses, créent des divisions entre les êtres humains. Sous le prétexte de préserver leur religion et d'établir la paix [par sa propagation], ils encouragent le massacre de millions d'innocents au nom d'une « guerre sainte » *(jihad)*. En propageant la discrimination et la discorde au nom de la religion, certains groupes de personnes fainéantes mais intelligentes, exploitent sans pitié, sous l'habit de dirigeants religieux, les masses ignorantes. Il se peut qu'ils maintiennent certaines personnes dans l'aveuglement et la confusion pendant un certain temps, mais ils ne peuvent abuser la majorité du peuple pendant longtemps. Les gens commencent déjà à comprendre la vérité et ils la comprendront encore plus à l'avenir. Ánanda Márga[1] sonne le clairon pour réveiller les dormeurs. Il faut forcer ces imposteurs religieux à se retirer le plus rapidement possible de leur rôle hypocrite d'autorité religieuse. Au moment de leur retrait, leur seul capital en réserve sera la diffamation ou la propagande malveillante : vous savez tous que lorsque le raisonnement échoue, la calomnie se retrouve la seule marchandise en stock. Lorsque vous entendez ces « grenouilles du fond du puits »[2] sortir des insultes, vous pouvez être sûrs que la matière grise de leur cerveau n'est plus fonctionnelle et qu'ils sont réduits à l'impuissance.

Dieu *(Brahma)* est au-delà de tout raisonnement. Il est au-delà de tout raisonnement/toute discussion car on ne peut argumenter que sur quelque chose que la pensée peut saisir dans son champ limité. Votre pensée peut comprendre des qualités comme le foncé, le clair, et vous pouvez alors argumenter sur ces points. Mais en ce qui concerne cette Entité, là où votre pensée s'arrête, vous ne pouvez certainement pas dire si elle est foncée ou claire. On ne peut pas argumenter sur Dieu car il est hors du champ de la pensée. Si quelqu'un affirme que l'Être suprême *(paramátmá)* est venu lui dire face à face : « tu es mon fils bienaimé » ou « tu es ma dernière incarnation *(avatár)* », ces affirmations peuvent imposer le respect aux naïfs mais pour ceux qui ont du discernement, un jugement rationnel, ce n'est pas acceptable car celui qui apparaît en personne a une forme, il entre dans le champ du débat/raisonnement, contrairement à Dieu dont la nature est sans forme *(nirákára)*.

L'homme est un être intelligent. Tant qu'il a quelque autorité sur son fonctionnement mental, il ne doit rien accepter qui soit illogique. Or là où il n'y a plus de pensée, que peut dire Dieu et qui est là pour l'écouter ? On peut saisir un son par l'organe physique ou alors il s'entend dans les ondes intérieures de la Pensée divine. Les sens ne pouvant rien saisir d'immatériel, on ne peut pas entendre la voix de la

---

[1] L'école de pensée de l'auteur, littéralement : « La voie vers la Béatitude divine ». (ndt)

[2] Des gens qui croient tout savoir alors qu'ils ne connaissent qu'un tout petit morceau de la réalité. (ndt)

Pensée divine.

L'état mental divin étant sans dualité, on ne peut y entendre quoi que ce soit d'un autre. C'est pourquoi Bouddha n'a rien dit en ce qui concerne Dieu transcendant *(nirguńa Brahma)* : ni « il est », ni « il n'est pas », ni « bien », ni « mal ». Ces disciples lui ont, bien sûr, demandé s'il existait. Bouddha est resté silencieux. Certaines personnes en ont alors conclu que Bouddha voulait dire que Dieu n'existait pas, en même temps, d'autres en déduisaient qu'il existait. Mais les vrais intuitifs comprirent que Dieu est au-delà de ce qui est concevable : au-delà d'être ou de ne pas être.

> *Ce que saisit la pensée n'est qu'une réalité relative. Les textes saints ne sont qu'empilements de briques. Comment faire saisir ce qui est au-delà du corps, des mots et de la pensée ? Le maître ne peut l'exprimer au disciple. Comment expliquer ce qui est au-delà de l'exprimable ? il a beau faire, c'est une tache difficile : le maître se retrouve muet et le disciple sourd. [Je] Káhńu dit que faire saisir Dieu consiste à communiquer comme le muet au sourd.*[1]
>
> Krishnâchârya[2], *Caryâpada*

Ce qui est accessible à la pensée n'est qu'une vérité relative et non une vérité éternelle, elle ne dure qu'un temps. Les textes saints sont comparables à des empilements de briques c'est-à-dire qu'ils sont certes ordonnés mais leur vérité/leur matière n'a pas de valeur en soi. Comment pourraient-ils décrire ou expliquer cette entité ultime qui est au-delà de la pensée ? Là, le professeur est, comme l'élève, désemparé, car ce sujet, qui est au-delà du champ du moindre discours ou discussion intellectuelle, est tout simplement inexplicable et inexprimable. Tout ce qu'on dit, toute discussion, entre dans le champ de la pensée et est donc une vérité relative, vraie aujourd'hui, fausse demain. C'est

---

[1] *Jo mano goar álá-jálá, Ágama pothi iśt́á-málá. Bhań kaese, sahaj bola vá jáe, Káa vak cia jasu na samáe ; Ále guru úesai shiiś, Vák pathátiita kahiba kiis. Já teṋi boli te tabi t́ál, Guru bob se shiiśá kál, Bhańai Káhńu jina-raan bi kaesá, Káleṋ boba sambohia jaesá.*

[2] Ascète bouddhiste tantrique et poète de langue bengalie, du 10e siècle environ, appelé surtout Káhńa, Káhńu, Kahnapa, etc. Le poème est extrait du fameux *Caryâpada* (poème 40) (voir p. 209). (ndt)

pourquoi le maître devient muet lorsqu'on lui demande d'expliquer la science spirituelle *(Brahma vijiṇána)* et le disciple devient sourd. Ainsi, Krishnacharya dit que la meilleure métaphore pour décrire ce profond mystère est la communication silencieuse entre un sourd et un muet, car cette science spirituelle est si subtile que la pensée ou les sens ne peuvent l'exprimer avec justesse.

Naeśá tarkeńa matir ápaneyá proktányenaeva su-jiṇánáya preśtha ;
Yán tvam ápah satya-dhrtir batási tvá-druṇ no bhúyán Naciketah praśtá. *[Katha Upaniśad II, 9.*

La compréhension [de Dieu] ne s'acquiert pas par le raisonnement, c'est enseignée par l'autre [l'humain supérieur] qu'elle atteint à la vraie connaissance, très cher.
Ô Natchikétâ, l'obtenant, tu restes déterminé à [connaître] la Vérité, que le chercheur [de vérité] soit tel que toi !]

Le Seigneur de la mort (Yama) nous dit que ceux qui ont la chance d'apprendre cette science suprême d'un connaisseur de vérité n'ont pas l'esprit agité par des raisonnements inadaptés car, comme nous l'avons vu, Dieu *(Brahma)* est au-delà de tout raisonnement. Ceux qui ont eu accès, même en partie, à la vraie connaissance, même à un soupçon de la Vérité, ne peuvent pas être trompés par un discours qui n'est que raisonnement. Des arguments ne peuvent les détourner de leur but. Par exemple, ceux qui sont convaincus que les fantômes ne sont qu'un jeu du subconscient n'en ont pas peur, et ne vivent pas non plus d'expériences de transe ou de possession prétendument démoniaque ou divine. Mais des personnes ignorantes, qui croient en l'existence de fantômes ou de diverses « divinités », cultivent en eux-mêmes ce genre d'élan *(saḿskára)* sentimental. À l'occasion d'une concentration intense, d'un moment de relâchement où leur fonctionnement sensoriel s'interrompt, cet élan sentimental se manifeste sur leur écran mental et ils croient voir tel ou tel « esprit » ou « divinité », ou encore que cet « esprit » ou « divinité » leur a parlé directement. Lorsqu'un plan *(kośa)* comparativement subtil de leur psychisme s'est autohypnotisé, ils croient être devenus tel ou tel esprit ou « divinité ». C'est un paroxysme temporaire de « manie », maligne ou divine. Ce genre d'élan *(saṁskára)* superstitieux ne peut venir troubler l'esprit de personnes à la connaissance établie, qui ont compris que les « esprits » ou les « divinités » sont des visions engendrées par l'ignorance et la faiblesse mentale. Ils ne verront donc pas d'esprits, ni ne seront possédés par ces derniers. Ils auront beau entendre de nombreuses histoires de fantômes, ils ne croiront jamais en leur existence. La narration – le langage émouvant du conteur – peut, un moment, les faire frémir et faire se dresser leurs cheveux sur la tête, mais rien de plus. De même, alors que de nombreuses personnes sont terrifiées par les fantômes ou la vue de choses extraordinaires comme un chat ou des os suspendus dans les airs par sorcellerie, par magie noire, ceux qui savent que tout cela n'est qu'un tour qu'on leur joue au niveau supramental n'en sont absolument pas affectés. Ils s'efforcent, au contraire, de démasquer ces malfaiteurs antisociaux pour les conduire à se rectifier. La planche ouija[1] entre aussi dans cette catégorie, elle n'a rien à voir avec les « esprits ».

C'est pourquoi Yama dit : « Quand on atteint à la Vraie Connaissance, on perd toute fascination pour ce qui est de l'ordre de l'ignorance *(avidyá)*. Ô Natchikétâ ! ce que je t'expose est la connaissance suprême. Tu es impatient de t'établir dans la Vérité. Tu es ainsi le plus digne d'écouter cette science suprême, tu sauras atteindre à la Vérité. »

Tout comme il n'y a aucune différence entre le soleil et son rayonnement, il n'y a pas de différence entre Dieu *(Brahma)* et la Vérité *(Satya)* : tous deux sont immuables et éternels.

« Sache cependant Natchikétâ, que mon état n'est pas éternel, il n'est que momentané. »

Comprenez-vous les paroles de Yama ? Yama[2] symbolise la souveraineté. Natchikétâ est lui le chercheur de Vérité, le chercheur de Dieu *(Brahma)* qui représente l'aspirant spirituel modèle. Quant à Yama, il règne en maître sur ce monde manifesté.

---

[1] Instrument dont se servent les adeptes du spiritisme et qui est composé d'une planchette sur laquelle sont gravés les lettres de l'alphabet, les chiffres, quelques mots comme « oui », « non », etc. et sur laquelle on fait naviguer sous sa main un palet fléché supposé être guidé par l'esprit désincarné invoqué. (ndt)

[2] Le mot *yama* signifie « contrôle, maîtrise de soi » ainsi que « règle, loi ». (ndt)

Jánámy aham shevadhir ity a-nityam na hy a-dhruvaeh prápyate hi dhruvan tat ; Tato mayá náciketash cito 'gnir a-nityaer dravyaeh práptaván asmi nityam. [Katha Upaniśad II, 10.

Je sais que moi [Yama, la Mort], que l'on dit trésor inépuisable [issu des mérites et démérites], ne suis pas éternelle, car avec ce qui est impermanent, on n'obtient pas du permanent. C'est en sacrifiant – par le feu nâtchikéta[1] – les biens non éternels que j'obtiens l'éternel.]

Le fruit d'une action *(karmaphala)* n'est pas éternel. En effet, quelle que soit la quantité de bonne ou de mauvaise action que l'on a accomplie, elle ne peut pas être illimitée, on ne peut donc pas jouir ou endurer éternellement sa conséquence, que l'acte ait été vil ou vertueux. D'autre part, l'être individuel qui agit, agit sur quelque chose, et on ne peut pas maintenir l'action sur cette chose particulière éternellement. Aucune action ne peut donc être la cause d'un plaisir, ou d'une douleur, éternel. La recherche de choses impermanentes ne peut ainsi pas nous conduire au bonheur éternel. Dieu *(Brahma)* seul est éternel. On ne peut toutefois pas l'atteindre par une pratique spirituelle réduite à une récitation purement verbale, la pensée absorbée dans des affaires extérieures.

« Sache donc Natchikétâ, que l'état de Yama – tout ce que je n'ai pas atteint par la recherche de l'objet véritable *(sadvastu)* – n'est pas éternel. »

Le domaine d'action de la mort, bien qu'extrêmement étendu et omniprésent, n'est pas éternel parce qu'il est relatif à un objet. Ce qui dépend d'un objet est une vérité relative et, donc, non éternelle. D'un point de vue philosophique, on ne peut l'accepter comme la Vérité. Ce n'est pas une vérité mais presque un mensonge. Si la ville de Patna existe aujourd'hui, elle n'existait pas il y a quelques siècles, et elle n'existera pas non plus dans quelques siècles. L'existence de Patna n'est donc pas une vérité absolue.

---

[1] Ce feu est le feu intérieur de l'ascèse, l'expression de la recherche de la Vérité. Ce feu sacrificiel a été nommé *nâtchikéta* (« de Natchikétâ ») par la Mort (Yama) pour honorer Natchikétâ. (ndt)

Cela s'applique aussi à la Mort (Yama). Quand celle-ci est-elle présente ? Lorsqu'il y a un système régulateur en place. Et même, seulement si certaines choses y sont soumises. Ainsi, si la Mort (Yama) existe, deux autres entités existent aussi : sa loi et les objets qui lui sont soumis. Autrement dit, l'existence de la Mort (Yama) dépend entièrement de ces deux entités. Ce n'est donc pas un état suprême, complètement indépendant. Voilà pourquoi Yama dit : « Natchikétâ, ma situation n'est pas du tout éternelle. »

Kámasyáptiḿ jagatah pratiśťháḿ krator ánantyam abhayasya páram ; Stoma-mahad-urugáyaḿ pratiśťháḿ drśťvá dhrtyá dhiiro Naciketo 'tyasrákśiih. *[Kaťha Upaniśad II, 11.*

Ayant compris la « Vaste Immensité où se meut la multitude »[1], point fixe de l'univers où aboutit le désir, fruit illimité du rite, berge de la sécurité, tu y as, ô Natchikétâ, en sage, fermement renoncé !]

L'être humain agit généralement par désir, et tous ses désirs s'achèvent en Dieu se manifestant *(saguńa Brahma)*. Celui-ci est la seule entité fixe de cet univers. Un nombre illimité d'actions *(karma)* et leurs fruits/conséquences se manifestent et s'accumulent dans son existence mentale. Il est le refuge ultime, la seule entité adorable et désirable de chaque créature de ce monde, et toutes les actions de tous les êtres vivants trouvent leur fin en lui. Ce grand, vaste Dieu se manifestant *(saguńa Brahma* ou *Hirańyagarbha)* est omniprésent, immense lieu plein de mouvement *(gatisampanna karańa)*, il déferle en tout point de ce vaste univers grâce à son élan mental.

« Malgré cela, Natchikétâ, tout en comprenant parfaitement la situation de cette entité divine *(Hirańyagarbha)*, tu as, grâce à ton intelligence, renoncé au désir de t'établir en elle. Tu recherches la connaissance véritable, tu es impatient d'atteindre à l'état de l'entité transcendantale *(nirguńa)* qu'est la Vérité absolue *(Satyasvarúpa)* ! Ô Natchikétâ, tu es béni ! »

Patna, grand rassemblement spirituel *(DMC)*
de la pleine lune de mars-avril *(caetra)* 1956

---

[1] Désigne Dieu manifesté *(saguńa Brahma)*. (ndt)

Au-delà du désir

Le sujet de mon discours aujourd'hui sera la science spirituelle pratique *(Brahma vijiṇána)* telle que la décrit le *Yajur Véda noir*[1].

Ce monde perceptible est formé d'une combinaison de cinq éléments fondamentaux[2]. Le plus subtil de ces éléments est l'éther *(vyoma)*. Son extrême subtilité ne lui permet de prouver son existence qu'à l'aide de l'onde élémentaire *(tanmátra)* du verbe[3]. C'est ainsi que pour saisir cet élément éthérique ou l'onde du verbe qu'il transporte, il faut employer un instrument scientifique. L'élément éther mis à part, vos organes des sens peuvent facilement percevoir les autres éléments.

L'Esprit *(Puruśa)* indivisible, lui, est plus subtil qu'aucune existence ou objet constitué des cinq éléments. Comment les organes des sens pourraient-ils saisir cette entité spirituelle alors qu'ils ne peuvent même pas saisir le subtil élément éther ? L'Esprit est aussi par-delà les domaines mental ou supramental dont l'objet est la matière, les cinq éléments, ou leur reflet [psychique]. Vous ne pouvez donc pas connaître l'Esprit *(parama puruśa)* par la pensée. Celle-ci ne peut que revenir encore et toujours désappointée si vous l'employez pour atteindre Dieu, car celui-ci est hors de portée de votre pensée. Vous ne pouvez parvenir à lui par le savoir ordinaire. Yama dit :

Yato váco nivartante, aprápya manasá saha,
Ánandaḿ brahmańo vidván na bibheti kutash cana.

[Taetiriiya Upaniśad II, 4 ou 9.

---

[1] La *Taetiriiya Oupanishad*, d'où vient le verset cité ci-après, fait aussi partie, comme la *Katha Oupanishad*, du corpus de ce Véda (*Kriśńa Yajurveda* ; *kriśńa* signifie ici « noir », voir note p. 16). (ndt)

[2] L'éther (spatial), l'air (gazeux), le feu (lumineux), l'eau (liquide) et la terre (solide). (ndt)

[3] Ou « du son » ou « de la parole » *(shabda)* » ; ce type d'ondes semble désigner, par convention, les ondes électromagnétiques. Lire la remarque § 6 p. 202. (ndt)

Celui qui connaît la Béatitude de Dieu – [Dieu] où les paroles s'effacent, au-delà de la pensée – ne connaît plus la peur.]

On ne peut atteindre Dieu *(Brahma)* par la pensée ou par les mots. L'une comme les autres ne peuvent que conduire à une déconvenue si l'on s'en sert pour le connaître. Lorsqu'on s'établit dans la béatitude divine, la pensée, l'intelligence, les mots disparaissent parce que Dieu est pure béatitude. On s'établit en lui grâce à la puissance d'attraction de l'Esprit dont la nature est béatitude. Une fois que l'on est installé en Dieu, le psychisme individuel n'existe plus. Les « ennemis » et les « entraves » psychiques[1] *(pásha-ripu)* ne peuvent ainsi plus y demeurer et l'aspirant se retrouve donc libéré de la peur.

Tan dur-darshauṋ gúd́ham anupraviśt́aḿ guhá-hitaḿ gahvareśt́ham puráńam ; Adhyátma-yogádhigamena devaḿ matvá dhiiro harśa-shokao jaháti. *[Kat́ha Upaniśad II, 12.*

Dieu est difficile à voir, secret, présent dans le subtil, il est sis dans le for intérieur, au plus profond, avant toute chose. Celui qui, calme et recueilli, le connaît par la pratique du culte spirituel laisse derrière lui toutes joies et peines.]

Dieu est difficile à voir, c'est-à-dire que les yeux de chair ne peuvent pas le saisir. Les sens ne peuvent saisir ou comprendre un objet extrêmement vaste ou extrêmement subtil. C'est ainsi que les sens de l'être humain ne peuvent pas saisir les molécules et les atomes, trop subtils. Pour les connaître ou les comprendre, il faut utiliser des instruments scientifiques. Dieu est de même difficile à voir, autrement dit il faut se donner du mal pour le voir. Tout comme un regard scientifique et intellectuel est indispensable pour voir les molécules et les atomes, un regard spirituel est nécessaire pour voir la divinité suprême :

---

[1] Le désir, la colère, la cupidité ou avidité, l'engouement, l'orgueil et la jalousie, qui sont les six ennemis *(ripu)*, et la haine, le doute, la peur, la honte, le rejet, [l'orgueil] de son lignage, de sa conduite morale et de son prestige, qui sont les huit entraves *(pâsha)*. L'auteur indique qu'il nous faut non détruire mais maîtriser, réguler les six ennemis, qui sont des faiblesses intrinsèques, tandis qu'il faut combattre de front les huit entraves qui sont une forme transformée de ces six ennemis, transmise par la société. Voir les termes sanscrits § 4 p. 202. (ndt)

seule la connaissance spirituelle permet d'y arriver. C'est ainsi qu'il faut une pratique spirituelle[1] pour atteindre et contempler Dieu.

Le mot *gúḿha* [caché/secret] signifie qu'il est secret/profond. Dieu est secret. Il nous est impossible de le connaître par une intention superficielle. Pour le connaître nous devons nous introvertir, aller à l'intérieur. Un regard extérieur ne fait pas l'affaire : la personne que notre regard extérieur voit comme une personne ordinaire apparaît à notre vue intérieure comme un être profondément spirituel ; l'animal ou l'objet inanimé que voit notre regard extérieur se dévoile à notre vue intérieure comme une entité spirituelle. Je dis donc que, pour voir Dieu, il faut aller profondément en l'objet regardé. Dieu est secret/profond, très profond, et c'est cette profondeur qui fait qu'il réside en tout et en tous sans le moindre changement. C'est également cet état d'identité/de non changement suprême qui fait que dans notre effort de le voir, toutes les distinctions des objets extérieurs s'évanouissent. Toute la pratique spirituelle se résume en fait à expérimenter, en celui qui est un, l'unicité de la multiplicité. La science physique est par nature analytique (et la recherche sur la matière s'effectue de ce fait extérieurement), la spiritualité, elle, se caractérise par la synthèse, de sorte qu'on ne peut, pour la connaître, que faire appel à l'introspection.

L'Esprit pénètre toute chose au plus profond. Pour le voir, l'on doit donc s'établir au plus profond, dans ce qu'il y a de plus subtil. Dans le for intérieur, dans le sentiment même d'existence *(buddhitattva)*, il réside en tant que le témoin de ce for intérieur, de ce sentiment d'existence, et c'est pourquoi il est dit « sis dans le for intérieur ». Pour le connaître, il faut progresser vers le monde intérieur en élevant toujours plus, et avec simplicité, sa pensée vers le subtil.

Lorsqu'on parvient à la connaissance spirituelle, tous nos malheurs et tourments disparaissent. Savez-vous pourquoi ? Parce que c'est le psychisme qui ressent le plaisir et la douleur, et que Dieu *(Brahma)* est au-delà même du [psychisme] supramental. Pour l'atteindre, il nous faut franchir la frontière du psychisme et, ce faisant, abandonner toutes nos déformations mentales de l'ordre du plaisir et de la peine. Dieu est l'« Ancien », [l'avant toute chose,] au-delà du temps.

---

[1] *Upavása, upavása* signifie *upásaná.*

Pour lui, toute réputation spatio-temporo-personnelle est sans valeur car elle n'est qu'une manifestation liée au psychisme. Toute connaissance temporelle dépend du lieu, du moment et de l'objet, ce n'est donc pas votre érudition ou le tampon de vos diplômes et certificats qui vont vous permettre de connaître Dieu : Dieu s'automanifeste, il ne dépend ainsi d'aucune autre entité. Pour connaître cette entité absolue, but suprême de la spiritualité, une pratique spirituelle est absolument nécessaire. C'est votre propre vue qui doit, au plus profond de vous-même, le contempler, pas les yeux d'autrui, pas la vision d'un autre. Il faut progresser vers l'intérieur sous l'impulsion de sa propre inspiration. C'est exactement ainsi qu'une personne calme et recueillie, comme l'est un authentique aspirant spirituel, arrive à Dieu. Celui qui a atteint Dieu se retrouve hors de portée du plaisir et de la douleur, il n'est plus soumis aux déformations mentales que sont la jouissance et la souffrance. Il a atteint l'état de Béatitude.

Etac chrutvá samparigrhya martyah, pravrhya dharmyam ańum etam ápya. Sa modate modaniiyaḿ hi labdhvá, vivrtaḿ sadma Naciketasam manye. [*Kat́ha Upaniśad II, 13.*

Celui qui ayant écouté l'enseignement a parfaitement compris ce qui est mortel, s'en est détaché, a atteint ce qui se caractérise par le subtil (l'Esprit). Il se réjouit car il a obtenu ce qui donne le bonheur. Natchikétâ, je vois que le royaume (divin) s'est ouvert à toi.]

Qu'obtient-on en apprenant cette science spirituelle pratique *(brahma vijiṇ̂ána)* d'un professeur compétent ? Cette connaissance spirituelle nous permet de comprendre parfaitement ce qui est temporel et ce qui est éternel. Les Écritures appellent cette faculté de compréhension « le discernement temporel/éternel »[1] *(nityánitya viveka).* N'acceptez que l'éternel et évitez le temporel. En vertu de cette science spirituelle, on comprend ce qui est mortel et ce qui est immortel, c'est-à-dire ce qui est passible de destruction et ce qui s'inscrit

---

[1] Voir « Les cinq types de discernement spirituel » dans le volume IV de la série qui enchaîne ensuite sur la *Kena Oupanishad* (du même auteur, Éditions Ananda Marga). (ndt)

dans l'indestructibilité. C'est ce discernement temporel/éternel – cette capacité de discerner ce qui mortel de ce qui est immortel – qui met l'être humain sur la juste voie.

Quelle est la nature de l'être humain ? C'est de s'efforcer d'atteindre au bonheur. Mais pourquoi l'être vivant aspire-t-il au bonheur ? Dans le but de se préserver. Vous mangez et buvez pour vous maintenir en vie, pour connaître le bonheur. À partir de cela, vous comprenez bien que votre nature *(dharma)* est d'aimer cette parcelle durable qui est présentement en vous, qui constitue votre essence. Celle-ci vous pousse à garder votre être le plus subtil à l'écart de tout objet transitoire. Votre être éternel croît alors sainement, il se développe de plus en plus sur la voie du progrès. C'est ainsi que les Écritures définissent le vrai culte spirituel comme la voie du développement *(puśti-márga)*. Celui qui ne comprend pas ou ne reconnaît pas cette véritable nature [humaine] considère, en fait, le corps comme le seul élément. Je ne critique pas ces créatures non développées mentalement pour qui le corps est le *summum bonum* de l'existence, mais pour un être humain, penser cela n'est ni plus ni moins méconnaître la pensée. L'ironie là-dedans, c'est que c'est par la pensée qu'une telle personne méprise la pensée.

On rencontre l'exemple de cet état d'esprit dans la philosophie « matérialiste de l'Inde ancienne » *(cárváka)*. Dans ce matérialisme, le corps éphémère est la chose suprême. Les philosophies matérialistes refusent d'accorder à l'état mental la première place. Elles hésitent même parfois à admettre clairement la conscience de soi. Et pourtant les matérialistes se targuent d'être pragmatiques ou comportementalistes. Ils veulent dire par là qu'ils ne sont pas des raisonneurs/logiciens car « ces gens-là font du jour la nuit et de la nuit le jour, disent-ils, nous nous sommes des gens laborieux, simples, nous voulons passer nos jours en paix avec de quoi manger et nous habiller. Notre philosophie est la doctrine qui sous-tend cette simple revendication. » Rien qu'en disant cela, ils s'entortillent dans leurs propres filets.

Au niveau pratique, c'est la réflexion qui nous permet de déterminer l'utilité de quelque chose. C'est elle aussi qui décide de la faisabilité des lois, des règles légales de conduite. Que nous souhaitions « vivre en paix avec de quoi manger et nous habiller » est aussi pour notre satisfaction mentale. Par-dessus tout, quelle que soit l'idéologie proposée, elle est conçue mentalement. Les souffrances psychiques ou métaphysiques ne sont pas toutes inexistantes *(máyáváda*[1]*)*. Une philosophie qui tout en étant spirituelle préserve le lien entre le monde terrestre et l'esprit humain peut se concevoir. Ánanda Márga[2] est une philosophie de ce type.

Parmi ceux qui ont, comparativement, de l'imagination, certains considèrent le niveau sensoriel du psychisme *(kámamaya-kośa)* comme l'âme/l'Esprit. D'autres identifient celle-ci à l'une ou l'autre des couches supérieures du psychisme (supramentale, subliminale ou dorée[3]). Un véritable enseignant spirituel *(ácárya)*, possédant la connaissance de la Vérité divine, de qui vous apprendrez la science divine/spirituelle *(brahma-vidyá)*, lui, vous fera comprendre que l'âme est bien plus subtile que ces niveaux *(kośa)* de la psyché, chacun d'eux étant périssable et passager. L'âme/l'Esprit seul est éternel. Le bonheur que vous connaîtrez en cultivant la connaissance spirituelle sera permanent, on le qualifie donc de félicité spirituelle/de béatitude éternelle *(ánanda)*.

On ne peut obtenir la béatitude éternelle d'objets transitoires. Les objets, les êtres temporels vont et viennent ; ils nous font parfois rire, parfois pleurer. Aussi attachant que soit un objet temporel, un jour, sans aucun doute, il nous fera faux bond, nous laissant affreusement malheureux. [Dieu], lui, ne nous fera jamais gémir. Il est éternel, immuable. Yama dit : « Ô Natchikétâ, l'entrée du royaume divin s'est ouverte devant toi. Celui qui a acquis la pleine connaissance de ce qui est mortel a en vérité acquis la connaissance à la fois de ce qui est périssable et de ce qui ne l'est pas. »

Avec le développement des facultés mentales, tandis qu'on se dirige d'un bonheur passager à un bonheur permanent *(ánanda)*, on s'attache de plus en plus à son bonheur mental plutôt qu'aux joies

---

[1] On fait ici référence à la théorie de l'illusion *(máyá)* qui considère que Dieu seul est réel, tout le reste est illusion. (ndt)

[2] L'école de pensée de l'auteur. (ndt)

[3] *(Atimánasa, vijiṇánamaya, hirańyamaya)* [voir schéma p. 197 (ndt)].

physiques. Pour l'amour de la patrie ou nombre d'autres bonheurs non physiques, une personne n'hésite pas à sacrifier sa vie. Ce sont des signes de la prépondérance de l'esprit en l'être humain. Le bonheur des chiens et des chats est purement physique. Dans ce genre de corps, la joie mentale n'est pas prioritaire. Frappez-les puis proposez-leur de délicieux aliments à manger, ils accourent. Tandis que le moindre affront mental contrarie facilement l'être humain. Une personne qui vous sert sous la pression de ses besoins financiers et qui vous ménage mentalement par sa flagornerie n'est en fait au fond pas très contente de vous. Elle s'efforce constamment d'échapper à la servitude de sa sujétion. On ne peut s'attacher l'esprit humain par la pression pécuniaire.

Grâce à la « pratique des huit ressources »[1] *(aśtáuṋga yoga)* telle que l'expose l'Ánanda Márga, un pratiquant *(sádhaka),* conscient de soi-même et de son corps, peut progressivement éveiller sa force mentale latente jusqu'à finir par s'établir, grâce à elle, dans son être spirituel. Dans cet état spirituel, sa nature véritable, il connaît la vraie béatitude *(ánanda).* C'est pourquoi je dis : apprenez la science spirituelle *(brahma jiṋána)* d'un enseignant compétent. Vous ne pouvez pas l'acquérir de façon empirique. La science spirituelle ne s'apprend pas dans les livres. Pour cela, il faut s'adresser à un enseignant avec de la ferveur spirituelle et du respect. Efforcez-vous d'éveiller votre amour spirituel latent et il viendra à vous si c'est ce que vous souhaitez. Une fois l'amour de Dieu éveillé, vous obtiendrez sans le moindre doute la grâce divine.

> *Une once de Grâce divine ou celle d'une personne élevée... [suffit (pour connaître Dieu)].*[2]
>
> (Nârada, *Bhaktisútra*)

Avec l'obtention de seulement un tout petit peu de grâce divine, le sentiment de je se met à disparaître du corps humain, le discernement

---

[1] Le yoga traditionnel systématisé par Patañjali qui comprend huit parties : la conduite morale *(yama)*, l'attitude spirituelle *(niyama)*, les exercices corporels *(ásana)*, les exercices respiratoires physio-psycho-spirituels *(práńáyáma)*, la méditation-concentration *(dhárańá)*, le recueillement *(pratyáhára)*, la contemplation *(dhyána)* et l'extase qui en découle *(samádhi)*. (ndt)

[2] *Mahat-krpáyaeva Bhagavat-krpá-leshád vá....*

temporel/éternel[1] s'éveille et installe le pratiquant dans la nature divine. N'oubliez pas que la ferveur *(niśt́há)* est l'élément souverain de la pratique spirituelle. Lorsqu'il y a de la ferveur, la grâce divine est présente, elle se doit de l'être.

Il est très difficile de renoncer aux attachements physiques, ils ne meurent pas facilement. L'attachement au corps et sa préservation ne sont pas une seule et même chose. Pourtant, même quand leur préservation physique n'est pas compromise, les gens sont étonnamment attachés à leur corps physique. Au moment d'un tremblement de terre, une mère sort en courant de sa maison, laissant son enfant endormi dans son lit puis, à mi-chemin, la pensée de son enfant lui vient à l'esprit ; elle revient alors en courant le sauver. Plus vite la mère se remémore son enfant, moins grande est son attraction pour son propre corps. Une mère au-dessus de cet attachement pensera d'abord à son enfant et l'emmènera avec elle. On ne peut vaincre ces attachements corporels et autres que par une juste pratique spirituelle. Ceux qui, par la pratique des huit ressources du yoga qu'enseigne l'école Ánanda Márga[2] ont réussi à éveiller la nature au-delà du subtil de leur être, verront, en se libérant de leurs servitudes *(páshas[3])*, se dissiper tous leurs attachements.

*Anyatra dharmád anyatr**á**dharmád anyatr**á**smát krtákrtát,*
Anyatra bhútác ca bhavyác ca yat tat pashyasi tad vada.

[Kat́ha Upaniśad II, 14.

Ce Dieu qui est au-delà de la religion et de l'irréligion, au-delà de la cause et de l'effet, au-delà de ce qui eut lieu ou sera, toi qui le vois, parle-moi de lui !]

Qu'est-ce que ce Dieu suprême *(parama brahma)* ? À quoi ressemble-t-il ? Vous ne l'apprendrez pas des rituels d'une soi-disant religion : ceux pour honorer l'âme des morts, ceux de propitiation des divinités, ceux visant à contrer l'influence des planètes néfastes, les jeûnes rituels, les divers rites des sacrifices *(yajiña)*, les rites populai-

---

[1] Voir p. 80. (ndt)
[2] Voir note 1 p. précédente. (ndt)
[3] Les six *ripus* et huit *páshas* (voir note p. 78). (ndt)

res extravertis où l'on jette des pétales de fleur, des feuilles de bilva *(aegle marmelos)*, de l'eau du Gange, etc. Rien de tout cela ne permet d'atteindre à Dieu, à l'Absolu *(Brahma)*, parce que ces pratiques sont extérieures et ostentatoires. Comment toucher la vie de votre vie, l'âme de votre âme avec tout cet appareil artificiel et plein d'ostentation ? La pratique de ce genre de rituels ne met finalement en avant que trois choses : le rite lui-même, le bénéfice qu'on en espère et les personnes qui l'organisent. Les organisateurs de ces cérémonies prétendument religieuses en espèrent un grossier profit extérieur. On ne devrait pas associer le mot religion *(dharma)* à ces célébrations. La religion est la méditation spirituelle que fait le pratiquant pour atteindre à la source de la béatitude, Dieu manifesté *(saguńa Brahma)*. Mais qu'en est-il de Dieu absolu, Dieu transcendant *(nirguńa Brahma)* ? Bien qu'en langage courant je ne puis qu'appeler religion *(dharma)* l'effort d'atteindre à Dieu absolu, celui-ci n'est-il pas tout de même au-delà de la religion ? Est-il alors dans l'irréligion ? Non plus, il n'est ni dans l'un ni dans l'autre. La religion comme l'irreligion sont des états caractérisés. Tout état caractérisé entre dans le champ de la pensée/ce qui est pensé, il est pris dans les relations de cause et d'effet. Or Dieu transcendant est au-delà de la causalité, il réside au-delà de ce qui est bien comme de ce qui est mal *(dharma adharma)*. Il n'est rien de ce qui est en cours d'être créé, rien de ce qui a jamais été ou sera jamais créé. Tout cela est la manifestation vibratoire de Dieu se manifestant. Tandis qu'en Dieu transcendant, rien n'existe qu'on puisse qualifier de passé ou de futur : rien ne s'accroît, rien ne décline, rien ne stagne non plus. Natchikétâ prie Yama : « Ô Seigneur de la mort ! Je veux m'établir dans cette Réalité absolue *(nirguńa tattva)* qui est au-delà de ce qui est créé et détruit. Dis-moi, s'il te plaît, quelque chose d'elle. » Yama répond :

Sarve vedá yat padam ámananti tapáḿsi sarváńi ca yad vadanti ;
Yad icchanto Brahmacaryaiṋ caranti tat te padaḿ saḿgraheńa
braviimy om ity etat. *[Kat́ha Upaniśad II, 15.*

***Lui, l'état que tous les Védas présentent et que toutes les austérités appellent, en vue duquel [les aspirants] pratiquent une vie sainte, je te le dis en un mot, c'est* Om.]**

« L'état qui, en chaque Véda, est l'objet suprême de contemplation, pour la connaissance duquel les ascètes recourent à la méditation, pour la conquête duquel les aspirants *(brahmacárii)* font le vœu d'une vie sainte *(brahmacarya)*, en référence à cet état surélevé je prononce pour toi le mot *Om* qui le représente. »

La syllabe Oṋm exprime Dieu (Tasya vacakah prańavah[1]) [Patañjali]. Aucun autre mot du langage que la syllabe *Oṋm (oṋḿkára)* ne peut mieux exprimer Dieu *(Brahma)*, car on ne peut pas expliquer l'état transcendantal *(nirguńa)* de Dieu. Bien sûr, on peut s'efforcer d'expliquer son état manifesté *(saguńa)*, mais l'utilisation du mot *Oṋm* permet seule d'expliquer la divine expression première. En tant que signifiant, la syllabe *Oṋm* est une merveilleuse liaison unificatrice entre Dieu manifesté *(saguńa Brahma)* et Dieu transcendant *(nirguńa)*. Dans la représentation graphique [de *Oṋm*[2] : ॐ], le point (˙) représente le Transcendant, la voyelle *om* nue (ओ) symbolise l'expression sonore de Dieu en manifestation *(saguńa Brahma)*, et le signe en croissant de lune (ँ) représente l'intention sur le point de se manifester.

*Etad dhy ev**á**kśaraḿ Brahma, etad evákśaram param,*
*Etad dhy ev**á**kśaraḿ jiṋátvá, yo yad icchati tasya tat.*

[Kat́ha Upaniśad II, 16.

Ce verbe est Dieu lui-même, ce verbe est suprême, celui qui connu ce verbe a tout ce qu'il désire.]

Ce verbe *oṋm (oṋḿkára)* est l'expression première de la Divine Majesté et c'est pourquoi on l'appelle le Dieu-Verbe. Il occupe la plus haute position car les trois sons a, ou et m [qui le composent *(a-u-m)*] sont la cause première de toute création, préservation et destruction. Celui qui connu et entendu cet hymne *oṋm*, phénomène macrosonique dans l'espace, ou microsonique dans son ciel mental, a véritablement recueilli l'essence même de toutes les essences dans le creux de sa main. La syllabe *Oṋm* représente un son, ne l'oubliez pas, la connaître signifie donc l'entendre ou la prononcer. Dans la mesure où la syllabe *oṋm* est prononcée, résonne, dans la vaste Pensée de Dieu, il est dénué

---

[1] *Yoga sútra I, 27* ; *prańavah* désigne la syllabe *Oṋm.* (ndt)
[2] Le *ṋ* indique ici le ँ (qui nasalise le o), voir p. 9 (*oṋm* : on-me). (ndt)

de sens pour le pratiquant de la prononcer dans sa méditation sur le verbe divin. La méditation *(sádhaná)* sur le verbe divin est un effort en vue d'entendre ce son.

C'est pourquoi dans [l'école] Ánanda Márga, le son *oṃm* n'est pas un *mantra* à psalmodier mais à entendre. Entendre ou s'abandonner à ce Verbe divin, qui coïncide avec le Très-Haut *(puruśottama)*, c'est atteindre celui-ci, et l'atteindre signifie n'avoir plus rien à désirer d'autre. Globalement ou individuellement, il est tout. Rien n'est hors de lui. Celui qui le recherche est vraiment sage car arriver à lui signifie tout obtenir.

Le *Râmâyana*[1] raconte une très belle histoire à ce sujet. Pendant leur voyage vers Mithilâ, Râma et son frère Lakshmana traversent le Gange en bateau. L'histoire raconte que, sous les pieds de Râma, le bateau se transforma en or. Lorsque le bateau aborda l'autre rive, la femme du batelier, apprenant le miracle, apporta toutes les bûches et le bois de leur maison, et les fit se transmuter en or en leur faisant toucher les pieds de Râma. Voyant sa femme perdre ainsi la tête, le passeur la conseilla : « Jusqu'à quand vas-tu te conduire ainsi ? Agis avec sagesse. Mets-toi aux pieds de celui qui a de tels pouvoirs miraculeux. Si tu fais cela, tu pourras transformer tout objet de ce monde en or à volonté. »

Se mettre aux pieds de Dieu, c'est immerger son moi de nature égoïste en lui. Pour ceux qui veulent en retirer profit, qui se demandent quel bénéfice ils en retireront, il est difficile d'atteindre à Dieu. Parce que si, tandis qu'on s'efforce de s'abandonner à Dieu, l'on maintient une conscience des profits et des pertes de son petit moi, comment peut-on se vouer à Dieu ? Il y a un ver dans le fruit que l'on veut lui offrir. Il faut s'abandonner à l'inattendu élan/l'inattendu mouvement de la vibration divine, dans un renoncement au moindre désir de plaisir [personnel]. C'est cette consécration totale, cet abandon de soi qui animait la bienheureuse Râddhâ[2], son seul univers.

---

[1] Probablement le *Râma-carita-mânasa* (*Rámáyańa* de Tulsidas).

[2] Râddhâ la bergère, amante mystique de Krishna, symbolise la perfection de l'amour pour Dieu. (ndt)

À la vue de Krishna, dans le cœur des bergères une joie immense, inattendue, jaillit. À la vue des bergères, celle de Krishna surgit, multipliant celle dont elles jouissent.[1]

Krśńadása Kavirája, *Caetanya-caritámrta*

Baigné dans la pureté de l'Amour de Dieu, un adorateur altruiste ne désire rien pour lui-même, il ne veut que Dieu en échange de son propre moi. Au moment de se fondre [en Dieu], il s'identifie à lui et goûte à l'inépuisable béatitude. La félicité qui envahit la Pensée de Dieu lorsque celui-ci retrouve son adorateur dans son propre État de conscience rend encore plus douces les ondes de joie dans la psyché du pratiquant au soi immolé.

Etad álambanaḿ shreśťham etad álambanam param,
Etad álambanaḿ jiṋátvá Brahma-loke mahiiyate.

[Kaťha Upaniśad II, 17.

Ce [Verbe Oṋm] est le meilleur refuge, le refuge suprême, celui qui l'a connu se retrouve magnifié dans le royaume de Dieu.]

Ce verbe *Oṋm* est le meilleur refuge d'un être individuel, l'état suprême du microcosme, il est Dieu *(Brahma)* lui-même. Celui qui a connu ce refuge se retrouve glorieusement installé dans le monde divin.

Ce Dieu qui est verbe *(Oṋḿkára-Brahma)* est « non-né »/il existe de tout temps. On ne peut le perdre en aucune circonstance.

Na jáyate mriyate vá vipashcin náyaḿ kutashcin na babhúva kashcit,
Ajo nityah sháshvato 'yaḿ puráńo na hanyate hanyamáne shariire.

[Kaťha Upaniśad II, 18.

Lui, l'inspiré[2] [l'Esprit], ne meurt ni ne naît. Il ne provient de nulle part ni ne devient personne. Non-né, perpétuel, éternel, il est l'ancien qui ne meurt pas quand le corps meurt.]

---

[1] *Gopiigaḿ kare yabe Krśńa-darshan, Sukha-váiṋchá náhi sukha páy koťiguń. Gopii darshane Krśńer ye ánanda hay, Tadapekśá koťiguń gopii ásváday. (I,4,186-187)*

[2] Le Souffle, l'âme, l'esprit. (ndt)

Ce Dieu Verbe *(Oṃṁkára-Brahma)* ne subit ni naissance ni mort. Son existence est au-delà du champ de la vie et de la mort. Comment une entité supratemporelle pourrait-elle naître : quand naîtrait-elle ? Le lieu, le moment et l'individualité ne sont-ils pas tous trois nécessaires à une naissance ? On ne peut soumettre au temps, au lieu ou à l'individualité ce qui est la Vérité absolue. L'Esprit n'est donc pas soumis à la naissance et à la mort. La mort ne concerne que les êtres relatifs, pas l'Esprit. Quant à la naissance, elle ne se peut pour l'Immuable qui n'a pas d'autre existence. Cette entité parfaite ne peut être que l'Esprit *(átmá)*.

La nature des objets temporels fait que la mort de l'un induit la naissance d'un autre, la répudiation d'une forme engendre la formation d'une autre, la perte de l'un signifie le gain d'un autre. Dans ce processus sans fin de construction et de reconstruction d'ordres successifs, nous qualifions le dernier en date de nouveau, [mais] nous ne pouvons qualifier Dieu *(Brahma)*/[l'Esprit] de nouveau car il n'est pas l'effet d'une cause précédente. Le bras capricieux du temps n'a pas pu l'entraîner dans ce processus de construction et de reconstruction car il est non-né, éternel et perpétuel. Intemporellement ancien, la destruction de ce corps physique ne le détruit ni ne le transforme.

Hantá cen manyate hantuṁ hatash cen manyate hatam.
Ubhao tao vijániito náyaṁ hanti na hanyate.

[Kaťha Upaniśad II, 19.

Quand celui qui tue croit tuer, quand celui qui est tué croit être tué, les deux n'ont pas la vraie connaissance : ni celui qui tue ni celui qui est tué.][1]

Lorsqu'un meurtrier frappe pour tuer, il ne sait pas, il ne comprend pas qu'il n'a pas le pouvoir de tuer qui que ce soit. Le condamné, le mourant aussi pense qu'il est sur le point de mourir mais les deux ont tort. En vérité, personne ne tue personne, tout comme personne ne meurt.

---

[1] Cf. le vers 2,19 bien connu de la *Bhagavad Gîtâ*. (ndt)

Aňor aňiiyán mahato mahiiyán átmásya jantor nihito guháyám,
Tam a-kratuh pashyati viita-shoko dhátu-prasádán mahimánam átmanah. *[Kaťha Upaniśad II, 20.*

L'Esprit, plus minuscule que l'atome, plus immense que l'immensité, réside secrètement au sein de la créature.
S'étant libéré du désir par la tranquillité des sens, délivré de la souffrance, on voit la gloire de l'Esprit.]

Cet Esprit, cette Âme, *(átmá*[1]*)*, qui est indestructible, qui est immortel, est plus petit que l'atome ou la molécule, plus petit que ce qu'il y a de plus minuscule. Sa petitesse ne nous permet pas de le percevoir par nos sens. Si l'on prend le mot atome comme l'équivalent du terme [sanscrit] *aňu*, le langage scientifique reconnaît toute une série de termes qui désignent des entités encore plus petites que l'atome (le proton, le neutron, l'électron, etc.) qui sont toutes trop subtiles pour que nos sens puissent les saisir. Nous ne pouvons le faire que par l'imagination. Si nous persistons à les analyser, notre imagination s'arrête ou se retrouve immergée dans une profonde rêverie.

Au premier chapitre, j'expliquais que la capacité de nos sens à percevoir ce qui est grand ou petit est limitée. Chaque sens ne peut percevoir qu'un certain spectre de longueurs d'ondes, autrement dit d'une certaine fréquence à une autre, ni au-dessus, ni en-dessous. L'Esprit est à la fois plus minuscule que l'atome et plus immense que l'immensité. Étant au-delà des sens, on ne peut le percevoir tel qu'il est : une lumière éclatante éblouit notre vue et nous ne pouvons pas voir tout comme une lumière faible ne nous permet pas de percevoir les choses. L'âme/l'Esprit demeure dans notre sentiment d'existence, dans le firmament de notre esprit, sous une forme témoin, conscient de notre monde mental. Si nous conduisons notre existence mentale vers l'immensité de l'état mental divin, notre existence mentale s'imprègne de la Grandeur divine et en perd sa petitesse. Notre existence n'est plus alors séparée de celle de Dieu. Si nous dirigeons notre existence mentale vers l'état au-delà du minuscule de Dieu, là aussi notre pensée s'interrompt.

---

[1] Lire remarque 2 p. 202. (ndt)

Pour atteindre à Dieu, si l'on nourrit cet espoir, l'on doit se libérer du désir par la maîtrise adroite de l'agitation qu'engendrent l'appropriation et la jouissance par les sens. Le charme qu'exercent sur soi les objets limités s'efface alors, nous laissant inondé(e) du rayonnement de la Divine Grâce. L'on nage dans la paix spirituelle des régions supra-célestes, hors d'atteinte du bonheur et du malheur. Là, on est libre de la souffrance, on connaît l'Esprit dans sa Gloire.

Ásiino dúraḿ vrajati shayáno yáti sarvatah,
Kas tam madámadan devaḿ mad-anyo jiṋátum arhati.
[Katha Upaniśad II, 21.

Assis, il circule au loin, couché, il se rend partout.
Qui à part moi peut connaître ce Dieu qui est à la fois animé et au repos/paisible ? [dit Yama]]

[Dieu/l'Esprit] habite dans notre sentiment d'existence/principe mental *(buddhitattva[1])*, mais reste-t-il immobile, en un même endroit ? Nous nous rendons mentalement à Londres ou en Amérique en un clin d'œil, mais qui y va en fait ? Notre pensée s'objectivant qui est elle-même l'objet de Dieu. Celui-ci est donc, en qualité de témoin, associé à ce voyage aller et retour de notre esprit ! Vous comprenez donc qu'intérieurement et « assis » en lui-même, Dieu traverse des pays toujours plus lointains. Et quand notre pensée est couchée/endormie, c'est-à-dire quand nos sens et notre motricité sont au repos et que toute activité naissant des propensions s'interrompt, reste-t-il couché/endormi dans la psyché ? demeure-t-il en mouvement ? Oui bien sûr il est en activité : lui qui est la Présence omnisciente, la Cause omnisciente se maintient même sans objet. Nous voyons ainsi que nous ne pouvons pas le limiter à une qualité qui aille dans un seul sens. Il intègre des attributs contraires. Nous ne pouvons ressentir simultanément deux qualités contraires : l'éclat du plaisir et l'ombre de la peine par exemple. La pensée de Dieu étant dénuée de toute servitude particulière, elle peut, et elle seule le peut, contenir toutes sortes d'objets opposés. Elle est l'étonnante synthèse de l'animation et du calme. Yama dit : « Personne d'autre que moi ne peut atteindre à Dieu. » Yama

[1] Notre principe mental, qui engendre notre sentiment d'existence. (ndt)

est celui qui a la maîtrise, il représente la maîtrise de soi. On ne peut en vérité atteindre à Dieu sans l'apprentissage de la maîtrise de soi *(yama sádhaná)*.

Celui qui n'est pas maître de lui-même ne peut pas s'élever jusqu'à Dieu. Vous comprendrez certainement le sens de cette remarque après quelque temps de pratique spirituelle. La maîtrise de soi n'implique cependant pas de tout quitter, de renoncer à tout, je vous l'ai déjà dit de nombreuses fois et je le répète. La maîtrise de soi, c'est le bon et le juste usage de chaque chose. L'on peut correctement faire honneur à chaque devoir de la vie domestique mais l'on ne doit jamais perdre la tête. Lorsque la faim animale est là, il faut manger mais on ne doit pas appeler la maladie en mangeant trop par gourmandise.

A-shariiraḿ shariireśv an-avastheśu avasthitam,
Mahántaḿ vibhum átmánaḿ matvá dhiiro na shocati.

[Kaťha Upaniśad II, 22.

Le sage qui connaît le Vaste et Éternel Esprit qui habite, incorporel, dans les corps changeants, ne souffre plus.]

Dieu *(Brahma)*, qui a en lui-même une quantité innombrable d'attributs contraires, est, du fait de son infinitude, une entité incorporelle. Il n'a pas de corps, pas de contenant. Il ne peut en avoir ni n'en a aucunement besoin. Mais qu'en est-il de ces manifestations fragmentaires innombrables ? Elles ont un corps et sont sa manifestation tout en étant à l'intérieur de lui. Voilà comment, alors qu'il est lui-même immatériel, il possède d'innombrables corps. Cet Être spirituel n'est pas soumis aux facteurs spatio-temporo-individuels contrairement aux êtres individuels limités, créés avec la coopération de ces facteurs. L'Être spirituel étant au-delà du domaine spatio-temporo-individuel, il est hors du champ psychique. Il est donc complètement libre de toutes les modifications mentales tels le plaisir et la douleur. C'est pourquoi celui qui s'absorbe en Dieu est lui aussi libre de toute douleur ; sa pensée s'interrompt, entièrement absorbée en Dieu.

Je vois ce Seigneur au-delà de la forme qui manifeste d'innombrables formes ![1]

Ánandamúrti

Ces innombrables formes de Dieu n'ont-elles pas leur utilité ? C'est par leur intermédiaire que Dieu enseigne à l'être humain, pour son bien et son salut. Tout ce qui existe en ce monde a ainsi sa valeur, son utilité autant temporelle que spirituelle. Rien n'est inutile, rien n'est un fardeau pour le monde. Toutes [ces formes] œuvrent, consciemment ou inconsciemment, avec un bel ensemble telle une équipe pour le bien de tous. Toutes rayonnent de la Gloire divine.

Le donateur comprend l'efficacité de la charité parce que le donataire est là ; la personne avancée a l'occasion de rendre service parce que la personne en arrière est là : Dieu a développé ces si nombreuses formes en fonction des besoins. Nous voyons en chacune d'elles les différents contours de son amour. Elles nous donnent l'occasion d'apprendre de nombreuses choses et stimulent en nous l'élan de se diriger vers lui. Le rayonnement divin se réfracte dans les veines et les veinules, les molécules et les atomes de chaque être développé. Pour le bien de ce monde, Dieu prend chaque sentiment et chaque état individuels en tant que son propre objet. Il ressent ainsi à chaque instant la souffrance des afflictions de nos vies, endurant cette souffrance. Ses créatures, ces gracieuses manifestations s'inclinent toutes devant sa Gloire. La prétention des êtres ignorants est réduite au néant devant l'immensité de sa Splendeur. Ce qu'un non-pratiquant considère comme sa fortune, son enfant, son conjoint, etc. ne sont, aux yeux du pratiquant spirituel qui se sent consciemment installé dans l'Océan divin, que les vagues de cet Océan, les manifestations actives qui en surgissent. Il sait que cette Mer au sein de laquelle ces manifestations s'éveillent et s'endorment, cette Mer qui est la Vérité même, rend à chaque instant la beauté de son âme encore plus charmante en l'entourant dans toutes les directions. Dans cet Océan d'Amour, il a déposé sans peur la lourde charge de sa propre existence.

---

[1] *Rúpátiita soi Prabhu lákhrúp dekháala, Ava ham kekará heri.*

Náyam átmá pravacanena labhyo na medhayá na bahuná shrutena,
Yam evaeśa vrńute tena labhyas tasyaeśa átmá vivrńute tanúḿ svám.
[Kat́ha Upaniśad II, 23.

On ne peut connaître l'Esprit par des exposés, grâce à l'intelligence ou par de nombreuses lectures. Seul peut le connaître celui qu'Il entoure/choisit, à lui, l'Esprit se révèle comme son propre soi.]

La pratique, l'acte *(dharma, karma)* suprême qui consiste à se fondre totalement dans l'Entité pleine d'Amour, à comprendre cette douceur divine, ne consiste pas à la simple écoute d'un exposé religieux. Vous avez certainement remarqué en société de nombreuses personnes qui suivent constamment de hautes personnalités religieuses, se hissent jusqu'à elles les sollicitant : « Donnez-nous un conseil [spirituel], parlez-nous de religion. » Ce genre de demande religieuse n'a pas le moindre effet si elle n'est pas nourrie par la pratique. Il est faux de penser que l'on peut connaître Dieu *(Parama Puruśa)* par la simple connaissance ou par l'étude de quelques dizaines de livres de philosophie. Cela engendre, en fait, une plus grande possibilité d'éloignement de la voie spirituelle car dans cette situation, l'orgueil devient la principale caractéristique de notre nature. Ce n'est pas en faisant à la société humaine de grandes propositions religieuses ou d'intéressantes récapitulations sur qui d'entre les grands saints a dit ceci ou cela, sur comment ils vivaient, ou en écrivant des volumes de livres qu'on peut atteindre à Dieu *(Brahma)*. Ne nourrissez pas ce genre d'idée : qu'il vous est possible d'atteindre votre cible à si peu de frais, grâce à votre intellect. On ne peut connaître Dieu *(Brahma)* par ce genre de moyens. Pour arriver à lui, il faut une pratique spirituelle. Vous devez en faire le seul but de votre vie. Cela demande de la ferveur, de la piété, un amour unique et ardent pour lui. On ne peut l'atteindre sans vénération, sans une consécration stoïque et inlassable. Avec l'approfondissement de cette piété, l'amour en vient à s'intensifier jusqu'à une totale et débordante adoration. Lorsque l'Amour atteint sa plénitude – son point de saturation – l'immolation de soi devient simple et facile. C'est dans cet état que vous saisirez l'Être suprême. Là où se trouve votre « je », « Il » n'est pas… là où « Il » est, le « je » n'est pas.

Gardez à l'esprit que la piété est à la base de la pratique spirituelle. En mûrissant, cette piété devient de l'Amour et cet Amour devient Lui : *Cet Indescriptible Seigneur a pour nature l'Amour à son plus haut degré.*[1]

Seul un amour sans réserve peut l'attacher. Quand vous en serez capable, vous verrez que ce que vous avez capturé est la nature même de l'Amour.

C'est par l'amour sincère qu'on peut connaître Krishna :
« À l'amour sincère, Krishna s'enlace, enchaîné par l'Amour ! » dit le Bhágavata[2].[3]

Krśňadása Kavirája, *Caetanya-caritámrtam*

Návirato dush-caritán náshánto násamáhitah,
Náshánta-mánaso vápi, prajiṉánenaenam ápnuyát.

[Katha Upaniśad II, 24.

Celui qui ne renonce pas à son inconduite, qui ne s'est pas assagi, s'éparpille, il n'a pas l'esprit calme, il ne peut connaître Dieu.]

Un esprit mené par ses sens/ses facultés sensorimotrices est un esprit amoindri. Les mouvements des sens vont du dedans au dehors. L'intelligence d'une telle personne est ainsi gaspillée sur des objets extérieurs. L'esprit humain, qui a en lui un désir incontrôlé pour les plaisirs de ce monde, n'est pas en paix. Dans cet état, on ne peut connaître Dieu *(Brahma)*. Si l'on se focalise sur les objets fragmentaires, comment peut-on saisir l'unité du grand Tout ? Si vos pensées sont tournées vers le grossier, vous devenez vous-même peu à peu grossier. Votre esprit saute d'un désir grossier à un autre, court d'un objet à un autre dans une course sauvage. Telle n'est-elle pas la voie du matérialiste ? Tandis qu'un aspirant spirituel, faisant au milieu de tout un juste usage de chaque chose, progresse vers le But suprême. Apprenez la science divine d'un enseignant compétent et avancez en conséquence.

---

[1] *Sa Iishvarah anirvacaniiyah parama-prema-svarúpah.*

[2] Le *Bhágavata Púrana,* texte vishnouïte. (ndt)

[3] *Paripúrňa-Krśňaprapti sei prema haete. Sei preme báṉdhá Krśňa kahe Bhágavate. (Madhya, 8, 88)*

Yasya brahma ca kśatraḿ ca, ubhe bhavata odanam,
Mrtyur yasyopasecanaḿ, ka itthá veda yatra sah.

[Kaṫha Upaniśad II, 25.

Ce [Dieu absolu] pour qui la connaissance et la puissance sont un aliment que la mort rend savoureux, où donc est celui qui le connaît ?]

Ce Dieu transcendant/libre de toute détermination *(nirguńa brahma)* est votre but suprême. Le manifesté/muni de caractéristiques *(saguńa)* lui-même est absorbé par ce Transcendant Absolu. Un aspirant spirituel sait que Dieu se manifestant *(saguńa brahma)*, qui est un état combinant connaissance et action – faculté spirituelle et puissance, autrement dit qui est composé de pur esprit et de faculté opératrice – se transforme à la fin en aliment pour le Transcendant. C'est-à-dire qu'avec la mort du manifesté *(saguńa)*, tous ses états dérisoires disparaissent. La mort sert ainsi de beurre à l'aliment final du Transcendant : tout comme la farine n'est pas à elle seule un aliment savoureux et qu'il faut du beurre pour la rendre mangeable, la mort transforme cette connaissance et cette action en un aliment au goût du Transcendant. Je dis donc que la mort est un système bienveillant[1].

Quand l'existence de la petite portion de Dieu manifesté *(saguńa Brahma)* se dissout en Dieu transcendant *(nirguńa Brahma)*, autrement dit lorsqu'un pratiquant atteint au salut, à l'identité absolue avec la Divine Essence, c'est-à-dire à la libération finale, tout le fardeau de son moi s'allège. La force opératrice divine *(Prakrti)*, source ou cause plastique de la Création, ne peut plus le jeter dans l'enfer du plaisir et de la peine. Alors, pour arriver jusqu'à cette Divinité absolue – que vous ne pouvez, de toute façon, pas atteindre par le savoir temporel – hâtez-vous, redressez-vous, mettez-vous à l'œuvre à l'instant même et trouvez-vous la juste direction d'un enseignant qualifié.

Pleine lune d'avril-mai *(Ánanda Púrńimá)*, 1956

---

[1] C'est la « mort »/la maîtrise (*yama*) de nos émotions et sentiments, autrement dit l'oubli de soi, qui permet à l'Absolu d'absorber nos facultés de connaissance et d'action et qu'ainsi nous nous unifiions à lui. (ndt)

Pensée, raison, sens et motricité
(La métaphore du char)

Je vais vous commenter aujourd'hui un extrait du *Krśńa Yajur Veda*. Le sujet de mon discours sera « Pensée, raison, sens et motricité[1] dans leur rapport à l'être humain ».

Vous avez certainement remarqué qu'on s'efforce généralement d'expliquer un sujet par des comparaisons familières, des exemples ou des métaphores/allégories. Ainsi, là où le riz est l'aliment de base, riz est synonyme de nourriture. De même, là où le blé est l'aliment principal, pain signifie nourriture. Les peuples de la société aryenne antique se battaient souvent entre eux, tout comme ils combattaient les non-Aryens. Entre eux, ils se faisaient la guerre pour la richesse, le prestige et la prédominance du groupe d'un de leurs sages ; et contre les non-Aryens, ils engageaient des croisades culturelles. Le résultat de ces croisades fut finalement la formation de la culture indo-aryenne d'aujourd'hui, une synthèse, un compromis entre les écoles de pensée dravidienne, mongole, austrique, etc.

À l'époque de la composition des Védas, ces conflits culturels et ces expéditions pour la conquête du monde s'enchaînaient sans répit. Les Aryens n'allaient pas dans ces expéditions en anges de paix mais en guerriers transportés par des chars [conduits par un pilote]. C'est pourquoi on utilisait fréquemment, dans les différents domaines de la vie, des exemples de chars pour instruire le peuple.

Le sage compare ici la pensée, le corps et les facultés corporelles à un char et à ses diverses parties :

Átmánaḿ rathinaḿ viddhi, shariiraḿ ratham eva tu ;
Buddhin tu sárathiḿ viddhi, manah pragraham eva ca.

[Kat́ha Upaniśad III, 3.

---

[1] *Mana, buddhi* et *indriya.* (ndt)

Comprend que le corps est comme un char dont l'âme serait la passagère ; comprend que la pensée en est les guides et la raison le pilote.]

Dans cette métaphore, on compare le corps tout entier à un char, l'âme *(átman)* étant le passager du char représentant le corps. Comme le passager de tout autre véhicule, ce passager qu'est l'âme n'a pas non plus à faire quoi que ce soit ; l'âme est simplement la faculté spectatrice/témoin, elle est détachée/indépendante. Ce véhicule qu'est le corps est conduit par un pilote qui est la raison *(buddhi*[1]*)*. C'est elle qui devrait conduire ce véhicule qu'est le corps. À vrai dire, on conduit le véhicule qu'est son corps à un endroit agréable à ses pensées. Le pilote peut conduire son véhicule jusqu'à la demeure de Dieu ou bien jusqu'à un marchand de spiritueux. Le passager retire, en témoin, l'impression objective des choses là où le pilote conduit son véhicule. Il est donc souhaitable que le conducteur soit extrêmement efficace et compétent, et, pour qu'il puisse bien contrôler son véhicule, il lui faut des guides, des rênes. Si le pilote du char n'arrive pas à bien maîtriser ses rênes, il lui devient difficile de bien piloter le char. Ces rênes sont les pensées. Si la raison qui est le pilote ne maîtrise pas bien les pensées qui sont les rênes, ce corps-char va inévitablement au désastre.

Une personne ou un animal *(jiiva)* en rapport avec un objet retire une impression de son apparence et de ses autres caractéristiques sensibles. Les ondes sensibles *(tanmátra)*, par lesquelles les éléments de la matière atteignent les sens, éveillent en nous la sensation d'objets. Supposons que nous suivions notre chemin et que nous nous retrouvions soudain nez à nez avec quelqu'un. Comment nous apercevons-nous de la présence de cette personne ? Sans aucun doute par les ondes lumineuses de son apparence qui frappent notre rétine, les ondes sonores de ses paroles et du bruit de ses pas qui heurtent notre tympan.

Il vous est pourtant certainement déjà arrivé dans votre vie de ne pas remarquer la présence d'une personne en face de vous ou de ne pas l'entendre. Pourquoi cela ? Parce qu'à ce moment-là, votre pensée était

---

[1] Ici *buddhi* ne désigne pas le grand principe *(mahattattva)*, le pur sentiment de je, existentiel, mais désigne la conscience discriminante, capable de jugement.

sur autre chose. Votre raison/intelligence *(buddhi)* ne l'a pas mise en rapport avec la forme ou la voix de cette personne à cet instant. Votre plan psychique en rapport avec la réalité physique est donc resté dans l'ignorance de l'effet de ses paroles sur votre tympan. C'est pourquoi l'on dit que la passagère qu'est l'âme *(átmá)* n'est affectée que par l'objet vers lequel le pilote – la raison *(buddhi)* – a conduit son véhicule qu'est le corps.

Lorsque vous entrez en relation avec les ondes des éléments d'un objet, une onde correspondante se forme instantanément dans vos neurones sensitifs. Cette vibration est alors transmise à votre substrat mental *(citta)*, permettant à votre psychisme de l'identifier à une pensée similaire. C'est le caractère statique *(tamoguńii)* de votre substrat mental qui lui permet de maintenir en lui-même cette onde transmise par les organes sensoriels, les nerfs sensitifs et le cortex cérébral sensoriel. Votre substrat mental est dans un état statique dans la mesure où il est confiné dans des limites spatiales, temporelles et d'objet. Mais c'est la qualité activante *(rajoguńii)* des vibrations (que celles-ci viennent du monde extérieur ou du système nerveux) qui permet au substrat mental d'accepter une [nouvelle] pensée. Cet état activant, qui est la source ponctuelle de l'état statique, dépend lui-même de l'état conscient[1] *(sattvaguńii)*. Celui-ci est la pure existence présente dans les ondes activantes.

Dès qu'une image mentale se forme, à l'aide de la force *(guńa)* statique, dans le substrat mental *(citta-dhatu)*, un modèle *(biija)* de l'image s'y engrange également sous la forme d'une impression latente/réactivable. Les cellules nerveuses aussi conservent pendant un certain temps ce type d'empreintes *(biija)*[2] permettant alors le rappel rapide en mémoire. La représentation mentale qui se forme est, comme la forme latente qui s'engrange, de nature statique, puisque l'inertie est leur principale propriété. La petite partie centrée sur l'activité activante et inertiante, de ce psychisme objectivant qui est de nature vibratoire et

---

[1] Où s'exprime seulement la composante *(guńa)* consciente/conscientisante de la puissance opératrice (voir note 2 p. 18). (ndt)

[2] Après ce temps, on doit faire appel à la mémoire extra-cérébrale. Voir p. 146 et chap. 5 de *La Science sacrée des Védas (I)*. (ndt)

purement abstrait, est dirigée par la partie où domine l'intelligence/la raison *(cit)* ; cette partie est la faculté de jugement, le discernement, appelé ici raison *(buddhi)*.

Indriyáńi hayán áhur, viśayáḿs teśu gocarán ;
Átmendriya-mano-yuktaḿ bhoktety áhur maniiśinah.

[Kat́ha Upaniśad III, 4.

Les sens et les organes moteurs sont les chevaux, leur pâturage, le monde des objets sensibles, nous disent les sages. L'âme en jouit par l'attelage formé des organes sensoriels et moteurs et de la pensée, affirment-ils.]

Nous avons vu que l'âme est la passagère de ce char représentant le corps, que la raison *(buddhi)* est son pilote et les pensées ses rênes. Mais cela ne suffit pas à faire avancer le char ! Il lui faut des chevaux pour lui donner puissance et mouvement. Qui sont ces chevaux ? Les sages disent que les chevaux sont les dix organes sensoriels et moteurs[1]. Le pilote de ce char tiré par dix chevaux est la raison, et le passager, suprême bien de ce char, est l'Esprit incarné, l'âme[2]. Ces chevaux conduisent le char vers les objets sensibles/les jouissances. Courir après les objets sensibles pour en jouir est la marque des sens. Si l'on ne se sert pas de sa raison, les sens vont au hasard comme des chevaux sans cocher. Ce qu'il faut remarquer, c'est que les sens courent sans cesse après les objets dont ils peuvent jouir. Regardez en vous-même, le mouvement débridé de vos sens n'est-il pas toujours dirigé vers une chose ou une autre ? Les sens vont de-ci de-là jusqu'à ce qu'ils se posent sur quelque chose dont ils puissent se repaître pour leur plaisir. À ce moment-là, ils se calment pendant un certain temps, mais c'est un calme que je dirai momentané ou plutôt simplement apparent, car

---

[1] Les cinq sens et les cinq facultés motrices (élocution, préhension, locomotion, procréation et excrétion), soit les oreilles, la peau, les yeux, la langue et le nez, plus les cordes vocales, les mains, les pieds, le sexe et l'anus. (ndt)

[2] L'auteur utilise en fait ici, pour la raison et l'âme, la métaphore de Dasharatha et Râma ; Dasharatha (« dix-char ») est – dans le conte du *Râmayańa* – le père bon et pieux du prince Râma qui, lui, représente la perfection sur terre, l'âme. Le roi Dasharatha, au char capable d'aller dans les dix directions (i.e. dans toutes les directions) est ainsi ici celui qui dirige le char qu'est le corps ; autrement dit, Dasharatha est la raison. (ndt)

même là, ils ne sont pas inactifs : ils sont dans l'acte de jouir de quelque chose. Leur capacité à retirer du plaisir est cependant limitée, il leur faut donc après un certain temps [recommencer à] courir d'un objet à l'autre. C'est cet élan naturel des sens qui est à la source de la motricité du corps car maintenir ce corps physique en mouvement par d'insatiables désirs de plaisir est la caractéristique même des sens. La voie de l'intériorité ou du détachement, qui en est à l'opposé, contrarie cette nature même des sens, les faisant s'absorber dans un plan plus subtil. Les sens ne suivent de ce fait pas facilement la voie du détachement.

Supposons qu'il y ait une discussion philosophique quelque part, alors qu'il y a près de là des chants et des danses. L'esprit humain, poussé par l'élan naturel des sens, aura plus envie de chants et de danses que de discours philosophiques. Si des personnes à la pensée non encore éveillée à la spiritualité par la pratique spirituelle suivent un symposium spirituel pour la façade ou pour dissimuler leurs élans naturels, leur esprit restera sans aucun doute dans la salle de danse. La raison à cela est le penchant naturel des sens au plaisir.

Les *Hadis* racontent une très belle histoire : on offrit un jour une écharpe de soie au grand *Hazarat* Mohammed [Mahomet]. Mais *Hazarat* Mohammed ne garda pas l'écharpe avec lui. Il disait qu'au moment de sa prière, son esprit n'arrêtait pas de se détourner de Dieu pour se tourner vers la splendeur de l'écharpe. La forme attrayante de l'écharpe dirigeait son esprit vers l'extérieur par le biais de son sens visuel, ce qui nuisait à sa pratique spirituelle introvertie. C'est ainsi, les sens courent après les objets à la recherche du contentement, c'est ce qu'ils doivent faire pour préserver leur existence.

Il y a en Dieu *(Brahma)* une parole éternelle de jeunesse, la vibration éternelle de la vie. Dès que l'âme *(átmá)*, passagère de ce véhicule qu'est le corps, se lie au psychisme individuel, elle considère, au cours de l'activité corporelle, l'une ou l'autre des manifestations finies de la vibration du Psychisme divin comme son propre objet. Elle semble être, à première vue, celle qui jouit de cet objet vibratoire. Même si vous n'êtes pas directement investi dans chaque scène que vous rencontrez sur votre chemin, vous n'échappez pas à son influence, vous la subissez. Bien que l'âme soit véritablement inactive, l'impression des actions et des objets se dépose en elle. Elle est à la fois détachée *(asauṉga)*, et, sous l'effet de l'association du psychisme avec les objets, elle semble affectée. Elle est comme un miroir : si vous placez une fleur rouge devant une glace, celle-ci devient également rouge, et si vous placez devant elle une fleur jaune, elle devient jaune. Bien que le miroir ne change pas intrinsèquement, il apparaît ou rouge ou jaune. À proximité des objets, la situation de l'âme *(átmá)* – « colorée » par les pensées, la raison et le corps – est semblable à celle du miroir devant lequel divers objets se trouvent.

Yas tv a-vijiṉánaván bhavaty a-yuktena manasá sadá,
Tasyendriyáńy a-vashyáni duśt́a̱shvá iva sáratheh.

[Kat́ha Upaniśad III, 5.

Si le conducteur est dénué de connaissance spirituelle pratique, si sa pensée n'est pas toujours sous son contrôle, ses sens et organes moteurs indisciplinés sont comme de mauvais chevaux.]

Autrement dit, si une personne n'a pas de connaissance spirituelle pratique *(brahma-vijiṉána)*, que son conducteur qu'est la raison n'arrive pas maîtriser les rênes qui sont ses pensées, le véhicule qu'est son corps ne se déplacera pas comme il faut.

Cette science *(vijiṉána)* spirituelle est la véritable science de la conduite. Le désastre est inévitable si l'on confie la responsabilité de conduire un véhicule à celui qui ignore tout de la science de la conduite.

Si le terme connaissance *(jiṉána)* est un terme général, qui désigne le processus par lequel le sujet *(jiṉátá)* s'identifie entièrement aux caractéristiques d'un objet, le terme connaissance pratique/appliquée/science *(vijiṉána)* désigne un savoir particulier et aussi l'explication théorique d'un aspect pratique. Il y a la connaissance théorique *(jiṉána)* que vous enseigne le livre de chimie fondamentale, qui vous explique ce que sont les éléments et les lois qui gouvernent leurs combinaisons et leur comportement en fonction des diverses conditions, et la connaissance pratique *(vijiṇána)* que vous transmet le manuel de chimie appliquée qui vous permet de faire des expériences au laboratoire.

Ici le sage veut dire que sans connaissance issue de la pratique spirituelle *(sádhaná)*, et si les pensées qui sont les rênes ne sont pas rattachées à la raison, ou si le pilote qu'est la raison n'arrive pas, sur ce véhicule, à bien contrôler les rênes que sont les pensées, ce véhicule qu'est le corps ne peut pas avancer comme il faut.

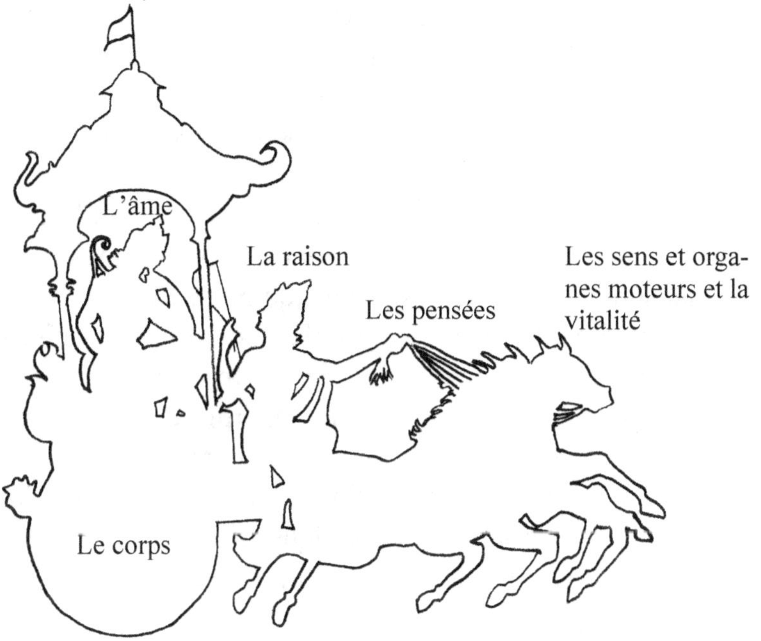

Les sens et les organes moteurs d'une personne dont les rênes, autrement dit les pensées, ne sont pas toujours reliées au pilote (sa raison/conscience) deviennent indisciplinés. Ils suivent leur bon vouloir et poussent cette personne selon leur bon plaisir vers des occupations animales. En l'absence de ce lien avec la faculté de jugement/la raison *(buddhi)*, leurs sens et leurs organes moteurs agissent sans jugement et ne font que se précipiter vers les objets répondant aux désirs des sens. De telles personnes sont sans discernement/sans scrupule *(avivekii)*, leur état est semblable à celui d'un animal. Prenons quelqu'un qui passe devant une boutique en l'absence du commerçant. Si cette personne n'a pas beaucoup de discernement, elle peut se laisser aller à penser à lui voler quelque chose, mais grâce à sa relation avec son jugement, elle se retiendra probablement de passer à l'acte, aiguillonnée par sa conscience ou par peur du châtiment ou de la honte publique. Tandis que quelqu'un qui n'a qu'à peine ou pas du tout de lien avec son discernement *(buddhi)* commettra le vol sans penser aux conséquences, poussé par ses penchants animaux. Son état d'esprit est semblable à celui des vaches et des chèvres qui s'efforcent de s'enfuir les plantes à la bouche en l'absence du propriétaire. De telles personnes sont, en réalité, malgré leurs traits humains, bassement animales. De nombreuses élites sociales, hypocrites bien établis dans les hautes sphères de la vie publique, sont des brutes de cette espèce. Ces gens satisfont leurs désirs égoïstes, personnels ou de groupe, en profitant des faiblesses mentales d'autrui.

Il devient difficile de faire avancer le véhicule qu'est le corps si les chevaux sont turbulents et s'ils sont mal ou à peine dirigés par les rênes que sont les pensées. Il est donc de première importance d'avoir une tenue parfaite des rênes, les pensées, pour qu'elles puissent guider les chevaux comme il faut. Si l'on tient bien les rênes, les chevaux se disciplinent à la suite d'une formation appropriée ; on obtient alors la maîtrise de ses sens et de ses organes moteurs. C'est dans ce but que l'on enseigne les principes de l'éthique yoguique[1] *(yama niyama)*, les postures de yoga *(ásanas)* et la pratique maîtrisée du souffle *(prańáyáma)* dans l'enseignement spirituel de l'Ánanda Márga. Les autres éléments de la pratique *(sádhaná)* permettent d'avoir le contrôle sur son psychisme et son intelligence.

Gardez à l'esprit que maîtriser *(saḿyama)* sa sensorialité ne signifie pas l'annihiler, sa maîtrise ne signifie en aucun cas la tuer ou l'exterminer mais désigne l'utilisation judicieuse de ses élans. Il n'est absolument pas nocif de fortifier ceux que vous voulez maintenir sous votre direction car vos puissants et loyaux sujets vous seront d'une aide immense dans votre progrès sur la voie de l'élévation et du développement. Le pilote du char tient la bride aux chevaux, il ne les tue pas ! Tuer les chevaux immobiliserait le véhicule au bord de la route. Comprendre le sens véritable de ce qu'est la maîtrise permet d'en faire un bon usage. Vous verrez alors que, tandis que vos désirs sensoriels

---

[1] À lire p. 196. (ndt)

se mettent aisément en suspens, naît en vous une puissante vibration d'énergie qui avance avec une force irrésistible vers le monde intérieur, vers l'Être suprême. Le sage dit :

Yas tu vijiņánaván bhavati yuktena manasá sadá,
Tasyendriyáńi vashyáni sad-ashvá iva sáratheh.

[Kat́ha Upaniśad III, 6.

Tandis que celui qui a le savoir spirituel pratique a toujours sa pensée sous son contrôle, ses sens et organes moteurs disciplinés sont comme de bons chevaux pour le conducteur du char.]

Autrement dit, la pensée d'une personne à la conscience éveillée, à la forte capacité de jugement, est toujours en contact avec sa raison : les rênes sont en permanence dirigés par le conducteur et il s'ensuit tout à fait naturellement que les chevaux que sont les facultés sensorielles et motrices restent loyaux vis-à-vis de la raison : ils ne vagabondent pas. Par contre, si les chevaux ne sont pas bien dressés – autrement dit si les sens et les organes moteurs ne répondent pas correctement – le conducteur ne peut pas bien conduire le véhicule. Des chevaux bien dressés sont donc indispensables au bon fonctionnement du char. Un pratiquant spirituel *(sádhaka)* devrait apprendre à ses pensées, à son corps, à sa raison et à ses facultés corporelles à ne se diriger que vers le Suprême Bien *(shreya)*.

Laissez-moi vous expliquer un petit plus en détail ce qui caractérise les facultés corporelles *(indriya)*. Celles-ci regroupent les sens, les facultés motrices et la force vitale *(práńa*[1]*)*.

Les cinq sens ou organes sensoriels *(jiņánendriya)* sont les yeux, les oreilles, le nez, la langue et la peau. Les cinq facultés ou organes moteurs *(karmendriya)* comprennent eux les cordes vocales/la bouche, les mains, les pieds, les organes excréteurs et les organes génitaux.

Quant à la force vitale, on ne la considère généralement pas comme une des facultés corporelles, parce qu'elle est le fonctionnement d'ensemble des dix souffles *(váyu)* [les forces ou énergies vitales]. Ces dix souffles vitaux se divisent en cinq internes et cinq exter-

---

[1] *Práńáh* en sanscrit. (ndt)

nes[1]. Ces dix souffles faisant partie de l'élément air *(marut-tattva)*, on ne considère pas la force vitale, [ensemble des] dix souffles, comme un élément *(tattva)* séparé en ce qui concerne les éléments constituants *(tattva)* [que liste la philosophie *sáḿkhya*[2]].

Les organes sensoriels se caractérisent par le fait de courir après les objets extérieurs. Dès qu'une onde sensible *(tanmátra)* se manifeste à partir d'un objet, les organes des sens reçoivent cette vibration à leurs portes et la transmettent au plan du psychisme *(citta)* qui permet la prise de conscience réfléchie de l'objet : le *sthirabhúmi*, ou plan de retenue. Celui-ci est le réceptacle des impressions mentales engrangées *(saḿskáras)* d'une personne. Le point cardinal d'un organe sensoriel ou moteur est le lieu où il rencontre le plan psychique ; c'est cela[3] qui est vraiment l'organe sensoriel ou moteur.

Les organes moteurs se caractérisent par le fait d'agir : d'établir le contact entre les sens et les objets extérieurs. Les organes moteurs transmettent l'idée venant du plan de retenue *(sthirabhúmi)* du psychisme *(citta)* par les nerfs, pour venir la muer en action.

Le travail des organes sensoriels est lui de révéler. Après avoir informé la psyché *(citta)* de l'existence d'un objet, ils s'arrêtent de fonctionner ou se mettent sous le contrôle des organes moteurs. L'exclusivité de la perception initiale s'émousse considérablement sous l'effet de l'activité motrice ou mentale ou psychique ; c'est ainsi que le plaisir de goûter est plus grand que celui de manger.

Les causes latentes ou prédispositions aux actions *(karmer biija va saḿskára*[4]*)* engrangées [dans le plan de retenue, y] restent immobiles étant de nature statique *(tamoguńii)*. Mais si la force vitale/les souffles vitaux ne fonctionne(nt) pas comme il faut, le plan de retenue se détériore et une agitation anormale s'installe sur le plan mental *(citta-*

---

[1] Internes : *práńa*, *apána*, *samána*, *udána*, et *vyána*, et externes : *nága*, *kúrma*, *krkara*, *devadatta* et *dhanaḿ-jaya* [aux fonctions résumées dans le tableau 5 p. 202].

[2] Le *sáḿkhya* est une des six philosophies traditionnelles *(darshana)* de l'Inde, qu'on associe à celle du yoga. *Sáḿkhya* signifie « énumération ». Le *sáḿkhya* liste vingt-quatre « éléments constituants » ou « principes » *(tattva)*. Lire § **8** p. 202. (ndt)

[3] La zone corticale cérébrale. (ndt)

[4] Les impressions mentales en miroir/réactionnelles, conséquences latentes des actes. Pour l'explication des *saḿskáras*, lire *La Philosophie de l'Ánanda Márga, une récapitulation, vol 1*, du même auteur, et voir note 3 p. 109. (ndt)

bhúmi). L'état du plan de retenue dépend de l'énergie vitale *(práńáh)* ; au seuil de la mort, celle-ci décline et la force vibratoire du plan de retenue du psychisme devient chaotique, lui faisant perdre sa fonctionnalité : les sens ne peuvent plus bien y porter une idée ni les organes moteurs y prendre une idée pour activer le corps.

Plus le contrôle qu'une personne a sur son énergie vitale est grand, plus le plan de retenue de son psychisme est fort et étendu, et plus la capacité d'attention de la personne est grande. La force vitale est de nature statique, à cause de la nature passive de son objet, le substrat mental. De façon correspondante, les organes moteurs[1] sont dominés par la nature *(guńa)* active et les organes des sens, par la nature consciente.

Les organes moteurs mettent, par l'action, l'être individuel au contact de l'objet, les sens l'unissent à l'objet qu'il veut connaître, et la force vitale maintient l'objet sur le plan mental[2]. Lorsque ces objets à maintenir *(dhárya)* sur le plan mental sont mis en rapport avec la force vitale, celle-ci ne peut refléter/maintenir simultanément, dans le substrat mental *(citta)*, tous les objets que plus d'un sens ou organe moteur saisissent à la fois.

Lorsqu'on lit quelque chose à voix haute, les yeux et les cordes vocales fonctionnent en même temps. Les ondes sonores atteignent, par les nerfs auditifs, le psychisme où la force vitale les maintient. Parallèlement, les ondes *(tanmátras)* visuelles des lettres des mots se réfléchissent sur la rétine et atteignent aussi le plan psychique *(citta-bhúmi)* [cette fois-ci] par le nerf optique grâce à la même force vitale. Une seule force vitale ne peut pas être présente à deux endroits en même temps et effectuer deux tâches différentes ; elle doit donc recevoir les ondes sonores et saisir les caractères écrits séparément. Si la force ou énergie vitale se concentre seulement sur la saisie visuelle des mots, les ondes sonores n'atteignent pas bien l'ouïe. La compréhension d'un étudiant est alors moins bonne que sa connaissance de la langue

---

[1] Rappelons que nous venons de voir que l'organe moteur/sensoriel *(indriya)* est en fait principalement la zone corticale cérébrale correspondante. (ndt)

[2] Soit *kárya, jiṇeya* et *dhárya.* (ndt)

ou de l'orthographe. Inversement, s'il concentre son attention sur l'écoute, sa connaissance de la langue et de l'orthographe en souffre.[1]

De façon correspondante, ceux qui donnent plus d'importance à leur système moteur savent moins bien utiliser leurs sens. Les enfants très friands de jeux sont, en général, moins attentifs à leurs études. Leur force vitale, absorbée dans l'application pratique d'idées au moyen de leurs organes moteurs, peut moins bien absorber les idées à l'aide des sens. D'un autre côté, pour réussir dans l'action, la coordination de plus d'un sens ou organe moteur dans la même action est plus que souhaitable. Dans le domaine de la connaissance aussi, la coordination et la coopération entre différents sens et organes moteurs accélère la réussite. Il est donc préférable pour un étudiant de lire les livres vocalement et non silencieusement car deux organes sont ainsi engagés sur un objet ; on se laisse alors moins facilement distraire.

On peut attribuer trois natures aux sens et organes moteurs selon qu'ils sont plus ou moins subtils ou grossiers.

L'organe vocal a une nature plus consciente *(sattvaguńa)*, subtile, et la région génitale, une nature plus statique *(tamoguńa)*, grossière. L'organe vocal et les mains ont tous deux une nature plus consciente/ subtile : la parole exprime extérieurement les idées intérieures, et les mains donnent forme au subtil sentiment intérieur en créant par l'art ou l'artisanat. Les pieds sont mutateurs *(rajoguńii)* par leur nature locomotive, et l'anus et les organes génitaux sont statiques. On détermine ainsi la nature des organes moteurs par leurs différences fonctionnelles : celles de la parole, de l'activité manuelle, de la locomotion, de l'excrétion ou de la procréation.

On différencie de même les organes des sens par leur fonction. Les oreilles recevant le son, la plus subtile des émanations sensibles *(tanmátra)*, ce sont elles qui ont la nature la plus consciente. Le nez est de nature statique au plus haut degré. La peau est, comme les oreilles,

---

[1] Vous avez certainement déjà rencontré des personnes érudites dont chaque ligne d'écriture renferme malgré cela de nombreuses et diverses fautes d'orthographe. Si vous en cherchez la cause, vous verrez que ces personnes avaient et ont toujours pour habitude de lire leurs livres à voix basse. [Il est, en Inde, dans la tradition de lire les textes sacrées à voix haute, d'où sans doute cette particularité. (ndt)]

de nature consciente, les yeux de nature mutatrice, et la langue, comme le nez, statique.

nature *(guńa)*	**organe** sensoriel	moteur	
consciente	oreilles, peau	vocal, mains	plus subtil
mutatrice	yeux	pieds	
statique	langue, nez	anus, génital	plus grossier

Nature plus ou moins subtile des organes des sens et d'action[1]

Du point de vue biologique [ou philogénétique] aussi, moins un être est évolué et plus ses organes sont de nature statique. Dans les organismes extrêmement sous-développés et les unicellulaires, on ne trouve pas de distinction sexuelle : leur extraordinaire puissance sexuelle leur permet de se reproduire par parthénogenèse (par division de leur corps) selon la nécessité, pour la propagation maximum de leur espèce. Puis, au cours de l'Évolution, la puissance des sens et organes moteurs diminue de façon concomitante au progrès mental. Les organismes plus évolués ne peuvent ainsi pas procréer seuls à cause de leur faible capacité sexuelle. La différenciation entre mâle et femelle est devenue chez eux une nécessité.

Je disais précédemment que la force vitale est de nature statique parce qu'en son objet (l'objet maintenu *(dhárya)* sur le plan mental) domine la stabilité. La force/le sens vital ne peut pas avoir plus d'un organe [à la fois] sous elle, elle est donc un ensemble[2] de nature statique. Plus le contrôle que nous avons sur notre énergie vitale est grand, plus notre capacité à accepter ou à rejeter l'expression des élans réactionnels latents[3] est grande. On perçoit intérieurement ces élans réactionnels acceptés ou mis de côté, pendant l'état d'apaisement de l'éner-

[1] Cf. aussi p. 180. (ndt)

[2] Elle est l'ensemble des (dix) souffles vitaux (détaillés § 5 p. 202). (ndt)

[3] *(Saḿskáras)*, les conséquences psychiques de nos actions, présentes sous forme latente dans les couches psychiques supérieures du substrat mental *(citta)* et en attente de se manifester à la faveur de circonstances favorables. (ndt)

gie vitale où ils manifestent leurs qualités. Nous faisons appel à notre force vitale à chaque instant de notre vie. Nous ressentons le chaud ou le froid d'un objet par le toucher *(sparsha)*, mais sa dureté et son moelleux par notre énergie vitale. Prenons du coton et de l'or à la même température. Nous les voyons par la vue, sentons leur température par la peau et apprécions la dureté de l'or ou la douceur du coton par notre sens vital. L'ouïe entend la chanson et la force vitale apprécie sa mélodie. Les oreilles entendent le scandale et le sens vital en apprécie la dureté et la gravité ; écouter devient alors douloureux et pénible. C'est le maintien de l'objet [sur le plan psychique] par la force vitale qui crée la souffrance mentale. Cette capacité de maintien qu'a la force vitale est son noyau central *(marma)*. Nous qualifions une personne de dure ou de douce en nous appuyant sur notre connaissance de la dureté du fer et de la fluidité de l'eau, mais aussi à partir du ressenti de notre force vitale. Un homme dur ne signifie pas un homme dur au toucher. Notre force vitale reçoit une onde de pensée « dure » lorsque notre peau touche quelque chose de dur. Nous qualifions une personne de dure seulement quand ses paroles ou sa conduite produisent, par l'intermédiaire d'un de nos sens, une onde de pensée dure similaire dans notre énergie vitale. De façon équivalente, nous qualifions aussi de nombreuses personnes de douces.

Qu'est-ce que le sens « vital » *(práńa-bodha)* ? Comme nous l'avons vu, l'on ne perçoit un objet que si les nerfs, ou la faculté qui accepte ou rejette les ondes des éléments *(tanmátra)*, mettent, ou met, cet objet en contact avec le plan de retenue du psychisme. Toutes les forces de ce monde se manifestent à nous dans ce plan de retenue *(sthira-bhúmi)* dynamique.

Pour que nous puissions saisir ou rejeter une onde des éléments, la vibration qui nous la transmet ne doit pas être continue, car cette permanence exclurait la possibilité même de percevoir. Si la vue saisissait les ondes de l'apparence de façon ininterrompue, sans variation, ou si ces ondes étaient elles-mêmes continues/ininterrompues, les objets devant être « détenus » par la force vitale ne pourraient pas, à cause de leur manque de séparation, se faire une place sur le plan de retenue du psychisme. Le clignement de nos yeux produit une division dans ces ondes, et leur écoulement aussi est entrecoupé de pauses. L'énergie en mouvement n'est pas continue mais coule en petits sauts précis[1]. C'est pourquoi les Écritures qualifient l'écoulement de pulsatif *(saṁkoca-vikásha)*. Cela s'applique également de même à tout courant d'ondes-des-éléments *(tanmátra)*. L'on reçoit ou saisit ces courants ou écoulements dans le plan de retenue du psychisme *(citta)*, pendant leur moment de contraction, grâce à l'énergie vitale. De ce fait, plus on peut créer de calme dans l'énergie vitale et plus forte et sûre sera notre réceptivité.

Dans un esprit calme associé à un corps et des sens calmes, la capacité réceptrice de l'énergie vitale peut bien s'exprimer, tandis que lors de l'agitation physique ou mentale, la capacité de rétention de la force vitale diminue fortement. C'est ainsi qu'un enfant agité ne peut pas mémoriser ses leçons : il ne peut les garder dans cette force vitale. Un jeune à l'esprit inconstant peut gagner sa vie par un travail pénible mais ne peut pas endosser de sérieuses responsabilités.

Car les choses existent puis n'existent plus, perpétuellement. Au cours de l'agitation mentale, on ne comprend pas ce qui est subtil.[2] *(Bhágavata-Puráṅa[3])*

C'est seulement grâce à cette immobilité intermittente se produisant au cours du mouvement [vibratoire, pulsatif], qu'on peut comprendre quelque chose. Si l'on est agité, on ne peut ressentir un objet dans sa juste perspective. On peut cependant en acquérir au moins un vague savoir grâce au calme relatif qui demeure encore dans l'agitation. Une personne confuse et désorientée est dans cet état. Plus l'immobilité intermittente est courte, plus grande est l'agitation et donc la confusion.

Vous voyez ainsi que toute force, pour qu'elle soit reçue ou refusée, doit être pulsative. Autrement, elle est hors du champ de perception ou de compréhension, et on ne peut pas la saisir par les sens ou la pensée. La période de contraction/pause du mouvement vibratoire, de

---

[1] Autrement dit elle est ondulatoire et corpusculaire. (ndt)

[2] *Nityadá hy auṉga bhútáni bhavanti na bhavanti ca, Kálenálakśya-vegena súkśmatvát tan na drshyate. (Bhágavata-Puráṅa 11.22.43)*

[3] Aussi dit *Sriimad-Bhágavatam*. (ndt)

la pulsation, est le moment opportun pour la réception d'une sensation ou d'une idée. C'est ainsi que plus l'énergie vitale est calme et maîtrisée, plus forte et pénétrante est la réceptivité. Voilà pourquoi les pratiquants se donnent du mal pour garder la maîtrise et le contrôle de leur énergie vitale.

Deux techniques spirituelles contrôlent l'énergie vitale : celle de la pratique maîtrisée du souffle *(práňáyáma)* et celle de la méditation-concentration *(dháraňá)*.

> *Le prânâyâma*[1] *est ce qui soumet l'énergie vitale.*[2]
>
> *Arrivé là, vient le prânâyâma qui est une suspension du mouvement de l'inspiration et de l'expiration.*[3]
>
> (Patañjali, *Yoga sûtra*)

Je vous disais que, dans ce monde, l'activité de chaque force, première ou réactionnelle, est nécessairement vibratoire, pulsative. Dans la fonction respiratoire, la période de contraction (de pause), est l'état final. Lorsque cet état de pause s'affirme comme permanent, les fonctions vitales cessent totalement : c'est la mort. Dans cet état, le psychisme et les autres facultés sont inactifs et l'on ne peut donc rien percevoir ou retenir durant cette longue pause. Le *práňáyáma* [pratique maîtrisée du souffle] commande l'énergie vitale. Il vise par l'agrandissement de la période de pause à optimiser à son maximum la capacité de concentration et de réceptivité. Le souffle du pratiquant du *práňáyáma* est toujours pulsatif, la seule différence est que la période de pause est comparativement plus longue.

Dans la concentration méditative *(dháraňá)* aussi, le maintien de l'objet de la concentration sur le plan de retenue du psychisme oblige la fonction vitale à prolonger progressivement la durée de la pause. Dans cet état, les ondes se manifestant diminuent : lorsqu'on médite avec une attention persévérante sur quelque chose, le mouvement de

---

1 *Práňa* (souffle) + *áyáma* (« retenue » ou « allongement »). (ndt)
2 *Práňán yamayaty eśa práňáyámah.*
3 *Tasmin sati, shvása-prashvásayor gati-vicchedah práňáyámah. (Yoga sûtra, II-49)*

ses énergies vitales s'apaise peu à peu grâce au maintien prolongé (sur le plan mental) de la vibration de l'idée de l'objet.

Il y a aussi des abus de *práńáyáma.* Si pendant la période de contraction (de pause) induite par le *práńáyáma,* l'on se laisse tout simplement aller à l'étalage de sa propre vaine insignifiance au lieu d'utiliser cette force de contraction pour engendrer de façon durable en soi une pensée de Dieu *(brahma-bháva)*, c'est-à-dire si l'on se voue à l'expression de son propre petit moi, on tend progressivement vers le grossier. Même sans pratiquer le *práńáyáma*, si l'on pousse son petit moi avec ardeur vers les plaisirs de ce monde, on fait face au même destin. Le *práńáyáma* est extrêmement nuisible – funeste et dévastateur – pour ceux qui ne sont pas habités par la pensée de Dieu *(brahma-bháva)*.

C'est l'expérience commune, lorsqu'on s'absorbe mentalement dans un travail, de voir sa capacité de contraction [de pause] augmenter et le mouvement de son souffle se stabiliser et se régulariser. Tandis que lorsqu'on se laisse aller à une action sensuelle, grossière, le souffle s'agite et devient irrégulier ; on perd alors sa capacité de jugement, de réflexion ou de compréhension.

L'agitation du corps engendre celle de l'énergie vitale. C'est pourquoi toute technique de concentration doit se pratiquer dans une position immobile *(sthirásana)*, de sorte que la stabilisation de l'énergie vitale *(práńáyáma)* et la contemplation spirituelle *(dhyána)* puissent progresser en synergie. Le mouvement répété du corps pendant la méditation – se coucher, s'asseoir, se lever et ainsi de suite – nuit au plus haut point à la concentration mentale. Une telle pratique va l'encontre même du but de la méditation spirituelle.

Yas tv a-vijiṋánaván bhavaty a-manaskah sadáshucih,
Na sa tat-padam ápnoti saḿsáraḿ cádhigacchati.

[Kat́ha Upaniśad III, 7.

Celui qui n'a pas la connaissance spirituelle appliquée, sans intelligence, est toujours impur. Il n'atteint pas la demeure/l'état divin mais passe dans le cycle des renaissances.]

Celui qui n'est pas établi dans la connaissance spirituelle pratique *(vijiṋána)* – c'est-à-dire qu'il n'a pas été instruit de la véritable pratique ésotérique du culte spirituel *(sádhaná)* –, dont la pensée n'est pas sous le contrôle de sa raison mais se vautre dans le bourbier du péché, ne peut arriver à Dieu *(Brahma)*. Ô pratiquant ! tu dois, à partir du moment où commence ton mouvement sur le chemin de la pratique spirituelle *(sádhaná)*, oublier toutes tes actions passées, toutes tes histoires, glorieuses ou honteuses. Ne regarde pas en arrière : tu n'as pas d'yeux derrière la tête. Tu peux parfois, parce qu'il t'est nécessaire d'être prudent, pour que les tourbillons que tu as créés et qui sont juste derrière toi ne te jettent pas à terre, jeter un coup d'œil derrière toi pour rendre ton voyage vers l'avant sûr, mais pas plus. Ne te laisse pas aller à ce genre de pensées : « Je suis immoral, je suis impur, je suis un pécheur, ô Seigneur sauve-moi ! » car on devient ce que l'on pense. Si vous pensez fréquemment : « je suis impur », « je suis pécheur », ce genre d'ignorance, de complexe d'infériorité, prendra possession de vous, et votre vitalité deviendra, malgré toute sa force et sa puissance, incapable de surmonter cet obstacle et de poursuivre sa voie vers le progrès. C'est pourquoi, je dis que tant que demeure une sorte de complexe d'infériorité, il est impossible d'atteindre à la béatitude finale.

On ne peut pas non plus arriver au salut en se reposant, désœuvré et inactif, pensant que quelqu'un d'autre est son Sauveur, ou encore en récitant des prières comme un perroquet un nombre prescrit de fois, même vingt-quatre heures par jour. Laissez-moi vous le redire : même si votre vie passée était dépravée, à partir de maintenant, de ce moment précis, purgez complètement vos pensées de cette mémoire. Permettez à votre vie de repartir à neuf. Mettez-vous à la pratique spirituelle *(sádhaná)* à partir de ce jour même. Ne la remettez pas à demain car il n'y aura peut-être pas de demain dans votre vie.

Yas tu vijiṋánaván bhavati sa-manaskah sadá shucih ;
Sa tu tat-padam ápnoti yasmád bhúyo na jáyate.

[Kat́ha Upaniśad III, 8.

Alors que celui qui a la connaissance spirituelle pratique, pourvu d'intelligence, est toujours pur ; il atteint la demeure divine d'où l'on ne renaît plus.]

Les gens instruits savent que les conséquences *(karmaphala)* suivent inévitablement les actes, et ils ne perdent pas leur temps à penser inutilement à elles. Fortifiés par le courage et vivifiés par la pensée de Dieu *(brahmabháva)*, ils affrontent bravement toutes les infortunes du châtiment. Ils se considèrent toujours purs car ils ont purgé leur esprit du passé. Ceux qui ont goûté même un peu du gracieux nectar de Dieu *(Brahma)* savent qu'ils ne peuvent jamais être impurs. Cette pensée constante de leur propre pureté favorise grandement l'épuisement de leurs élans réactionnels *(saḿskára)*, permettant à ceux présents dans le plan de retenue de leur énergie vitale, d'être progressivement détruits. Grâce à la pratique spirituelle, la période de conséquences agréables ou douloureuses cesse à la fois intérieurement et extérieurement. Les pratiquants appellent cela la combustion de la forme latente des conséquences *(karmabiija)* dans le feu de la pratique.

Vijiṋána-sárathir yas tu manah-pragrahaván narah,
So 'dhvanah páram ápnoti tad viśńoh paramaḿ padam.

[Kat́ha Upaniśad III, 9.

Ainsi, le conducteur qui a la connaissance spirituelle pratique tient les rênes de sa pensée et atteint le point ultime du chemin qui est la demeure[1] suprême du Seigneur.]

Par la pratique spirituelle, les trois « organes » (moteurs, sensoriels et vital *(práńa)*) atteignent peu à peu à la tranquillité. Lorsque toutes les facultés corporelles/tous les sens et organes moteurs et vital s'apaisent et s'absorbent dans leur relation à l'Être suprême, on arrive à l'état d'absorption, d'union *(samádhi)*. On ne peut connaître l'état d'union sans cet apaisement. Car pour arriver à l'union, il faut s'absorber en contemplation *(dhyána)*, ce qui est impossible sans ce calme. La méditation contemplative *(dhyána)* n'est rien d'autre que le contrôle supérieur des rênes – qui sont la pensée/le psychisme – par un conducteur doté de la connaissance spirituelle pratique.

Dans le corps humain s'expriment environ cinquante propensions [instincts et tendances naturelles] *(vrtti)*. Les sécrétions des différentes

---

[1] /l'état *(pada)*. (ndt)

glandes corporelles en déterminent l'intensité ou la faiblesse. Le fonctionnement mental dépend ainsi des sécrétions glandulaires, de la force de transmission de l'influx nerveux et de celle des neurones à susciter la pensée et les états mentaux. Autrement dit, quand on adopte ou rejette une pensée ou un sentiment, l'esprit et le corps en sont tout deux affectés.

Par exemple, quelqu'un qui pense à des fantômes a tendance à avoir peur parce que l'idée de fantôme est intimement liée à la propension qu'est la peur *(bhaya vrtti)*. C'est sous l'effet de la peur que les gens de l'ancien temps conçurent l'idée de fantôme. À cette époque où l'on était manifestement sans défense, les hommes et les femmes primitifs ne purent se débarrasser de l'idée de fantôme par le raisonnement à cause de leur capacité intellectuelle limitée. Le vestige de cette croyance en les fantômes persiste encore chez les êtres humains d'aujourd'hui. Les aînés créent encore dans l'esprit des enfants, même de ceux qui n'y croient pas spontanément ou dont la peur n'a pas été éveillée même après force persuasion, des repaires de fantômes imaginaires et forcent en eux d'effrayantes illusions. Un fort élan de peur existe dans l'esprit enfantin à cause des expériences de leurs vies animales passées, et leurs aînés s'efforcent de réveiller cet élan de peur. La pensée refoulée de fantômes peut surgir dans l'esprit d'une personne de n'importe quel âge dans des circonstances qui s'y prêtent. C'est pourquoi s'efforcer de faire croire aux fantômes à des personnes qui n'en ont jamais entendu parler ou qui ne croient pas à leur existence est extrêmement déloyal. Il faudrait encourager les gens à s'élever au-dessus de toutes sortes de peurs et fantômes. Cela non seulement leur donnera la maîtrise aisée de leurs propensions mais en fera également des esprits forts.

Vous avez peut-être entendu parler de personnes qui après s'être remariées « voient » les « esprits » de leur défunte femme ou de feu leur mari. Ce n'est en fait que leur psychisme qui se joue d'eux. Après leur remariage, certains hommes à l'esprit faible et qui croient aux fantômes continuent à penser à leur première femme. Ils se mettent à imaginer que celle-ci a mal pris leur remariage, et que son esprit va venir les punir ou punir leur nouvelle femme ; et cette dernière pense souvent de même. Avec cela en tête, ils finissent par voir des esprits imaginaires qu'ils croient être réellement apparus et se mettent à avoir peur. Il leur arrive parfois de s'évanouir ou de répéter en bafouillant les mêmes mots qu'ils s'attendaient à entendre de la part de ces esprits supposés, et leur entourage prend cette « possession par des fantômes » pour argent comptant. Dans cet état, leur sensorialité *(kámamaya-kośa)* étant entièrement ou partiellement [déconnectée du réel]/absorbée dans le plan purement mental *(manomaya-kośa)* de leur psyché, leur conscience de la réalité se détériore. Ce genre de personne exprime alors ouvertement, sans se soucier de ce qui est approprié et du respect qu'elle doit à ses aînés, l'imagination du plan purement mental de sa psyché. Lorsque l'exorciste vient exorciser « l'esprit »/le prétendu fantôme, il fait respirer au patient, pour refaire fonctionner correctement sa psyché, la fumée de divers objets et s'efforce de ramener son plan psychique sensoriel à la normale en l'éveillant par des coups et des insultes qui stimulent dans le système nerveux le sens de la réalité. Pour confondre et distraire l'assistance, il marmonne et murmure quelques prières et incantations.

Vous avez peut-être rencontré un autre type de « possession démoniaque », qui n'affaiblit pas tellement la conscience sensorielle de l'état de veille : elle se manifeste durant le sommeil où cette conscience de la réalité est absente. La personne, couchée sur le dos, voit en cauchemar un fantôme imaginaire assis sur sa poitrine. Le rêve est un acte du plan intellectuel/mental du psychisme. Dans le rêve, le fantôme imaginaire de ce plan purement mental prend magnifiquement forme et lui répète textuellement les mots de son imagination. La personne se retrouve en rêve dans un état de stupéfaction, et cette stupéfaction est si extrême qu'elle se met à émettre des gémissements, des plaintes et des grognements que l'on prend pour une possession démoniaque. Ce genre de cauchemar consiste généralement en la vision d'une personne que le rêveur a par le passé opprimée et que l'oppresseur à l'esprit faible « voit », maintenant que la personne est morte. Vous voyez donc à quel point se laisser aller à la peur est nuisible.

Tout cela se réfère exclusivement à la propension *(vrtti)* qu'est la peur mais cette observation est vraie pour toute propension *(vrtti)*. Pour atteindre à Dieu *(Brahma),* vous devez vous élever au-dessus de toutes les propensions. Sans leur mise en suspens, on ne peut atteindre à Dieu :

> *L'union spirituelle (le yoga) est la mise en suspens des propensions mentales.*[1] Patañjali, *Yoga-sútra*

On peut ici se demander si l'effort d'atteindre à Dieu n'est pas en lui-même une propension ? Non, il ne l'est pas, car la propension est une tendance naturelle qui s'appuie sur la satisfaction égocentrique, qui vise à répondre aux besoins du petit moi, elle s'efforce de tout s'approprier (à cette fin). Tandis que l'effort d'atteindre à Dieu/la pratique spirituelle consiste à vouer son petit moi au Grand Moi ; ce n'est pas de l'ordre d'une propension/du désir *(vrtti)* mais l'expression entière de l'Amour *(prema).*

> *Le désir vise une satisfaction personnelle, l'Amour spirituel vise la Joie divine. Le seul but du désir est le plaisir, l'Amour spirituel, lui, aspire à réjouir Dieu.*[2]
>
> Krśńadása, roi des poètes *(Kavirája)*

La personne dont le véhicule qu'est le corps est conduit par un conducteur à la juste connaissance, connaîtra sans aucun doute la nature véritable de ce Dieu saturé d'Amour. La voie qui conduit à cet état absolu est la voie cultuelle *(sádhaná márga)*, qui est la voie jusqu'au royaume de la Divine Béatitude *(ánanda márga).* Cette nature véritable qui est Amour *(prema)*, cette Entité toute béatitude, toute intense amour, est la demeure/l'état *(pada)* suprême du Seigneur *(Viśńu).* Dans cet état suprême ne demeure plus la moindre propension mentale *(vrtti)* ; c'est un état au-delà du plaisir et de la douleur. Là cessent définitivement toutes les souffrances de l'individu triplement affligé[3]. L'obtention d'un but/objet temporel *(artha)* ne crée qu'une interruption momentanée de la souffrance [un assouvissement temporaire du désir] tandis que la conquête du but spirituel *(paramártha)* éteint dura-

---

[1] *Yogash citta-vrtti-nirodhah. (Yoga-sútra, I- 2)*

[2] *Átmendriya-priiti-icchá táre bali 'káma', Krśńendriya-Priiti-icchá dhare 'prema' náma. Kámera tátparya nija-sambhoga kevala, Kriśńa-sukha-váiṋchá haya premete prabala. (Caetanya-caritámrta 1,4,165-6)*

[3] Sur les trois plans des souffrances humaines : physique, mental et psychique supérieur. (ndt)

blement celle-ci. Seule la connaissance spirituelle, qui ne peut s'obtenir que par la pratique, conduit à la cessation durable de ces trois sortes d'afflictions. C'est donc en s'établissant dans cette connaissance que l'on atteint au but suprême *(paramártha)*, la pratique étant le chemin de la cessation de la souffrance. Le culte spirituel est ainsi, dans la condition humaine, la seule chose de valeur à entreprendre car c'est ce qu'il y a de suprême.

La tendance naturelle des sens est d'être tournés vers le monde extérieur, puisqu'ils se caractérisent par la mise en contact du psychisme avec le monde matériel. Les cinq éléments constitutifs de la matière étant les objets de leur activité, les sens sont nécessairement tournés vers la matière. Nous ne pouvons cependant les placer entièrement dans la catégorie du grossier puisque leur mission est de transmettre les ondes supramatérielles *(tanmátras)* du son, du toucher, de l'apparence, de la saveur et de l'odeur aux royaumes intérieurs de l'être individuel. Si nous considérons l'existence de ces ondes – dont la saisie ne se produit qu'intérieurement – comme purement psychique, nous devons alors désigner les sens, les transporteurs grossiers de ces entités purement psychiques, comme psycho-physiques. Si on les rend [(les sens)] quelque peu conscients, on peut les libérer de la nature grossière de leur état. Quant au psychisme, c'est-à-dire ici le substrat mental *(citta)* et le moi [je agissant] *(ahaḿtattva)*, il est plus subtil que ces ondes perçues *(tanmátra)*, puisque c'est lui qui en détermine l'existence.

Indriyebhyah pará hy arthá arthebhyash ca paraḿ manah,
Manasash ca pará buddhir buddher átmá mahán parah.

[Kat́ha Upaniśad III, 10.

Au-delà des sens, il y a leurs objets [les ondes des éléments], au-delà de ceux-ci la pensée/le psychisme, au-delà de la pensée, la raison/l'intelligence[1] et au-delà de l'intelligence, le Grand Je.]

Les sens sont intro-extérieurs/psycho-physiques. Le physique est donc plus présent en eux que dans les ondes perçues *(tanmátra)* dont la

---

[1] Ici la *buddhi* correspond, de façon élargie, au principe mental individuel *(buddhi-tattva* ou *mahat-tattva)*. (ndt)

vraie nature est psychique[1]. Celles-ci sont ainsi plus subtiles que les sens et au-dessus d'eux. Les ondes perçues *(tanmátra)* se manifestent dans le psychisme *(citta)* qui est donc lui-même au-dessus d'elles. Toute mise en action par le moi *(ahaḿtattva)*, toute saisie ou maintien d'objet qu'effectue le substrat mental *(citta)* dépend entièrement de l'intelligence *(mahattattva)* ; celle-ci est donc au-dessus à la fois du substrat mental et du moi[2] [(agissant)]. Au-dessus de cette intelligence, il y a votre existence supérieure, le Grand Je que vous savez être Dieu se manifestant *(saguńa Brahma)*, Suprême Entité « caractérisée ».

Mahatah param a-vyaktam, a-vyaktát puruśah parah ;
Puruśán na paraḿ kiiṋcit, sá káśt́há sá pará gatih.

[Kat́ha Upaniśad III, 11.

Au-delà du Grand [Je], la Non manifestée, au-delà de la Non-manifestée, l'Esprit, au-delà de l'Esprit, rien, il est le terme, l'état ultime.]

La Puissance divine *(Prakrti)* non manifestée porte en elle la faculté d'attribuer à Dieu se manifestant *(saguńa Brahma)* ses caractéristiques *(guńa)*, elle est donc au-dessus de lui. Autrement dit, l'état muni de caractéristiques *(saguńa)* de Dieu se manifestant dépend entièrement de ce qu'elle se manifeste, sa manifestation consistant en ces caractérisations.

L'Esprit *(Puruśa)* lui est au-dessus de cette Force *(Prakrti)* primordiale. Il est l'état final de tout ce qui a été créé, le sommet ultime de la conscience. Dans cette création qu'est l'univers, nous ne trouvons pas la moindre immobilité, tout va de l'avant. Le mot sanscrit pour univers *(jagat)* est [d'ailleurs] dérivé de la racine verbale « aller vers » *(gam)*, [car] dans ce monde, toute chose ne peut être qu'en mouvement. La mobilité est la nature *(dharma)* même de ce monde. Entraîné par ce mouvement, la vie vibre à son rythme. Où va ce mouvement ?

---

[1] C'est ainsi que l'auteur traduit en anglais *tanmátra* par *inference* (« déduction ») (mais qui, en anglais, renvoit également à *afferent* et *efferent*, termes utilisés en anglais pour désigner les nerfs sensitifs et motors). (ndt)

[2] Qui sont tous deux ce que l'oupanishad appelle le psychisme/la pensée *(manah)*. (ndt)

Vers l'Esprit qui en est la destination finale, le terme des mouvements de chaque individualité, leur but ultime, la fin du flot.

Eśa sarveśu bhúteśu gúḋhátmá na prakáshate,
Drshyate tv agryayá buddhyá súkśmayá súkśma-darshibhih.
[Katha Upaniśad III, 12.

Cette Âme, [l'Esprit], cachée dans tous les êtres, est invisible, mais grâce à une intelligence subtile, très attentive[1], pour ceux à la vision subtile, elle devient visible.]

Tous les mouvements s'achèvent dans l'unification à l'Esprit : toute existence devient immobile et, dans cette immobilité, ne demeure aucun germe d'activation. Mais pour atteindre à l'Esprit, il faut une méthode particulière. On ne peut pas y arriver simplement en étudiant la philosophie, en faisant de grands discours ou en écrivant de longs articles. Pour le connaître, il faut suivre strictement le culte spirituel *(sádhaná)* et acquérir un savoir pratique. Même en l'absence de savoir, un culte *(sádhaná)* pratique qui œuvre à purifier les différents niveaux du psychisme est nécessaire. Il faut avoir à l'esprit que toute la pratique repose sur la purification intérieure, il n'y a pas la moindre place pour une démonstration ostentatoire. Le sage de l'oupanishad dit :

Yacched váun manasi prájinas tad yacchej jinána átmani,
Jinánam átmani mahati niyacchet tad yacchec chánta átmani[2].
[Katha Upaniśad III, 13.

Que l'intelligent transfère l'expression de ses sens et de sa motricité à son psychisme, qu'il absorbe cela dans son je connaissant, puis qu'il unifie cette conscience au Grand Je et le tout à l'Esprit immuable.]

Transfère les forces de tes sens et de ta motricité à ta force de vie, et le potentiel dormant de ta puissance sensorimotrice te rendra plus énergique, plus puissant mentalement. Voilà pourquoi les personnes sages dirigent tous leurs efforts dans ce sens. Unifie graduellement cette force mentale éveillée à ton « intelligence »/ton principe mental

---

[1] Ou « appointée » *(agryá buddhi)*, voir chap. suivant. (ndt)
[2] *Yacchet + shánte + átmani.* (ndt)

(buddhi), ton sentiment subtil de je. Autrement dit, associe ton potentiel sensorimoteur à ton potentiel mental et ce dernier à celui de ton sentiment de je. Puis intègre la force d'ensemble de ton intelligence microcosmique au Grand Je. C'est-à-dire, fusionne tout le potentiel de ton je individuel à celui du Je macrocosmique. Le sage qui absorbe ainsi complètement son potentiel égocentrique dans l'Entité totale, tranquille, non caractérisée, se retrouve finalement délivré de tout souci ou anxiété. Cette intégration de l'être individuel dans l'Être universel, de l'individualité dans l'Entité totale s'achève par la conquête du but ultime, la Suprême Paix de l'état sans attribut de l'Esprit *(Átman)*. Voilà en quoi consiste la pratique spirituelle *(sádhaná)*.

Le seul devoir de celui qui a obtenu un corps humain, en qui le potentiel humain est présent, est de progresser sur la voie de la pratique spirituelle. Personne d'intelligent ne devrait perdre de temps, pas même une seconde. À chaque respiration, votre longévité diminue. Du jour de votre naissance, déjà, nouveau-né, vous filiez vers la tombe. Chaque moment vous rapproche de votre mort. C'est pourquoi je vous le dis : ne perdez pas votre temps inutilement. Le sage conseille :

Uttiśt́hata, jágrata, prápya varán nibodhata,
Kśurasya dhárá nishitá duratyayá durgam pathas tat kavayo vadanti.
[Kat́ha Upaniśad III, 14.

Levez-vous ! Réveillez-vous ! Trouvez le meilleur et apprenez de lui ! Les sages disent que le chemin est une route impraticable/passage étroit, aussi difficile à parcourir que le fil du rasoir.]

« Levez-vous, éveillez-vous ! Cherchez un enseignant *(ácárya)* de la science spirituelle *(brahma vijiṋána)* et faites-vous initier à la voie, à la pratique spirituelle. Les sages ayant contemplé la vérité *(kavi*[1]*)* disent que le chemin est difficilement praticable, qu'il est aussi épineux que le fil du rasoir. » Vous devez donc progresser avec la plus grande attention, tout en avançant très vite sur ce chemin difficile, car vous ne disposez que de très peu de temps. Alors ne vous arrêtez pas, allez de l'avant, ne regardez pas en arrière.

---

[1] *Kavi* signifie [ici] « qui a contemplé la réalité/vérité ».

Rappelez-vous que tout le monde a qualité pour la pratique spirituelle. Ni origine familiale, ni instruction, ni connaissance ni aucun atout n'est nécessaire excepté deux choses : une foi et une sincérité sans réserve. Éveillez ces deux qualités en vous par la force de votre volonté et la victoire sera vôtre, elle ne pourra que venir à vous.

Bhágalpur,
Pleine lune de mai-juin *(jyaeśt́ha púrńimá)* 1956

La matière et l'Esprit

Je vais aujourd'hui m'étendre principalement sur la *Kaťhopaniśad* du *Yajur Veda.* C'est un fait que l'âme/l'Esprit *(Átman)* existe et que Dieu *(Brahma)* existe aussi. Seuls ceux qui n'ont jamais essayé de comprendre quoi que ce soit au-delà du monde sensible peuvent dire : « Si Dieu existe, pourquoi ne pouvons-nous pas le voir ? » Une personne matérialiste peut demander : « Pouvez-vous me montrer Dieu ? » Venant d'une personne simple, cette question peut faire rire une personne instruite, mais cela ne répond pas à la question. Il est donc nécessaire de faire comprendre que la réponse à la question doit se faire selon le mode et dans le langage qui s'accorde à la nature du propos. C'est pourquoi le Seigneur de la mort (Yama) dit à Natchikétâ :

Eśa sarveśu bhúteśu gúďhatmá na prakáshate,
Drshyate tv agryayá buddhyá súkśmayá súkśma-darshibhih.

[Kaťha Upaniśad III, 12.

Cette Âme, l'Esprit, cachée dans tous les êtres est invisible, mais elle se révèle à ceux au regard subtil à l'aide de leur subtile intelligence appointée.]

L'Âme suprême, l'Esprit réside caché profondément en chaque objet. Les sens grossiers ne peuvent voir ni saisir cette Présence profondément enfouie. Prenez l'éther, l'espace [intra et interatomique] par exemple *(ákásha-tattva)*, il est caché dans les molécules et les atomes de chaque objet. Le voyez-vous de vos yeux de chair ou pouvez-vous sentir sa présence par l'un de vos sens ? Une personne sans instruction peut dire à un scientifique : « Vous dites qu'il y a du vide, si c'est le cas, montrez-le moi ! » Il ne sert à rien de rire de l'ignorant. Il faut le guider jusqu'à un état de compréhension de cette existence. Là seulement, il en vient à accepter l'existence de l'espace [intramoléculaire/intra-atomique] *(ákásha)* car sa raison et son intelligence se sont élevées au-dessus de la compréhension ordinaire d'une personne non-scientifique. Le Principe spirituel *(Brahma-tattva)* est une réalité extrêmement subtile. Le connaître ou le comprendre nécessite sans aucun doute une intelligence très subtile et sagace, aussi fine que la pointe d'une aiguille. Les Écritures appellent celle-ci l'« intelligence appointée » *(agryá buddhi)*. Yama nous dit que c'est seulement à l'aide de cette intelligence appointée que l'on peut connaître ce Principe [spirituel]. L'Esprit profondément enfoui, présent en chaque entité, essence même de tout être, ne se manifeste donc pas de façon égale dans toutes les psychés : cette Suprême Entité spirituelle ne se révèle vraiment que lorsqu'on a rendu le miroir mental pur, à l'aide de la pensée appointée.

Cette Réalité absolue est au-delà de ce que peuvent saisir les organes des sens grossiers comme les yeux, etc. La capacité des nerfs optiques, ou de n'importe quel sens, à saisir la vibration des éléments *(tanmátra)* est très limitée. Prenons par exemple une molécule ou un atome de ce monde physique que l'on peut facilement saisir par un petit effort mental mais que les yeux ne peuvent pas voir au moyen des ondes de forme émanées *(tanmátra)*. Pour les voir ou les sentir, il faut faire appel à un instrument spécifique qui requiert pour son utilisateur une formation technique précise.

Il en est de même pour connaître le principe subtil embrassant tout de Dieu *(Brahma)* : vous devez vous concentrer intérieurement selon une certaine méthode. Il vous faut vous-même conduire l'expérience et de façon régulière. On ne peut pas atteindre à Dieu par des discussions et des raisonnements s'appuyant sur les opinions de différents auteurs, ou en ouvrant des cercles d'étude, ou encore par des discours ou des conférences. Vous devez, pour cela, faire se développer votre intelligence appointée par une entière et totale ferveur *(niśthá)*. C'est par cette pensée très attentive *(agryá buddhi)* que vous connaîtrez Dieu de tout votre être. Il ne sera plus alors un objet de votre imagination mais se manifestera à vous comme une entité aussi aisément perceptible que celles de ce monde.

L'intelligence grossière suffit à comprendre des objets grossiers, mais elle ne pénètre pas le domaine subtil ; pour cela, l'intelligence doit être affinée, rendue plus subtile. Pour comprendre l'Entité la plus subtile, il lui faut devenir extrêmement subtile et pénétrante, fine comme la pointe d'une aiguille : tous les désirs et toutes les propensions doivent être centralisés en un point ; c'est ce qu'on appelle l'intelligence appointée *(agryá buddhi)*. Tandis que votre intelligence progresse du grossier au subtil, vous devenez mentalement de plus en plus subtil jusqu'à finir par atteindre à la complète mise en suspens de toute fonction mentale. Dans cet état de mise en suspens mentale, on s'identifie à sa vraie nature.

L'entité qui demeure en tant que témoin de cet état d'interruption mentale – l'âme *(átman)* – est la vraie nature *(svarúpa)* de l'individu. L'âme est la faculté témoin derrière l'état de suspension mentale.

On considère en général les molécules et les atomes comme ce qu'il y a de plus petit. Les scientifiques ont cependant déjà déclaré plusieurs autres objets, en fonction de leurs intelligence et recherches respectives, comme étant les entités [matérielles] les plus subtiles. Et ces mêmes entités prétendues les plus subtiles sont par la suite qualifiées de grossières par le scientifique de la période suivante. Vous savez certainement qu'il fut un temps où l'on considérait la molécule comme la particule la plus petite. Par la suite, la science a montré que l'atome est encore plus petit que la molécule. Aujourd'hui, l'atome lui-même a perdu son statut de plus petite entité. Les recherches scientifiques futures suivront également cette démarche. Les scientifiques continueront à se dresser fièrement pour, en leur temps, réfuter le prétendu savoir du passé, et les gens ordinaires continueront à les respecter comme les plus grands savants de leur époque. Mais leurs découvertes ne dureront pas éternellement, elles ne mériteront même pas d'être reconnues pour vérité pendant deux ou trois siècles.

Les prétendus savoirs ou preuves de tous les scientifiques sont complètement détruits par leurs successeurs. C'est tout à fait naturel en ce qui concerne la physique, car le mouvement de cette science est analytique : ses hauts et ses bas suivent le mouvement de sa construction et de sa déconstruction.

Là réside la différence fondamentale ou morale entre la physique et la philosophie spirituelle, bien que la physique soit, au sens général, une partie de la philosophie. Quand un physicien démontre la fausseté des recherches d'un autre, il ne viole pas la nature de la physique, au contraire, cela lui est tout à fait naturel de le faire. C'est grâce à cela qu'on a pu accomplir de nombreuses réalisations bienveillantes sur la terre. Le côté analytique de la physique est aussi présent en philosophie, dès qu'on s'appuie sur la polémique ou le sophisme. Ce qui différencie la physique de la philosophie des sophistes est que la première a un aspect bienveillant considérable tandis que la deuxième est sombre de bout en bout. La philosophie des sophistes fait parfois tourner son raisonnement autour de la matière, parfois travaille à trouver des rapports entre la pensée et la matière, parfois encore tâtonne à l'aveugle dans le monde de la pensée. On devrait cependant la situer en dessous de la physique au lieu d'entre les sciences matérielles et les philosophies spirituelles, car elle ne satisfait l'appétit ni physique ni psychique ni spirituel de l'être humain. Au lieu de cela, elle crée une confusion mentale, embrumant du brouillard de la logique. Le Tantra[1] dit de ces philosophies : *Loka-vyámoha-kárakáh* c'est-à-dire qu'« elles sèment le trouble dans l'esprit des gens ». La philosophie spirituelle est, quant à elle, synthétique, celui qui a choisi cette voie cherche par son effort *(sádhaná)* à atteindre à l'unité. C'est pourquoi un savant expérimenté sur cette voie ne peut même pas penser à détruire l'éclat d'émeraude durement gagné par l'expérience des autres savants ; au contraire, il accroît la brillance de la philosophie spirituelle en mêlant son propre éclat à celui des autres. C'est une différence fondamentale entre les sciences matérielles et spirituelle.

On peut donner le nom que l'on veut au constituant fondamental de la matière – molécule, atome, etc. – mais la cause première n'est pas autre chose que l'énergie. La matière n'est rien d'autre que de l'énergie contenue. Ce que nous appelons matière est l'état condensé de particules d'énergie. Il n'est en aucune façon juste de considérer la matière comme un ingrédient premier. Pour bien utiliser la matière, il faut comprendre l'énergie. Plus on comprend l'énergie, et en conséquence la matière, plus on acquiert la compétence d'utiliser la matière comme un matériau que l'on peut s'approprier. De telles personnes

[1] *Shiva-Saṁhitá 1, 15.* (ndt)

sont ce que nous appelons des scientifiques ; tandis que l'on appelle les pratiquants spirituels tournés vers la puissance opératrice divine *(shakti*[1]*)* – qui l'ayant compris dirigent leur vie spirituelle dans sa profondeur et son omniprésence – des *mahákaolas*[2] dans le langage de ces pratiquants *(sháktas)*.

Ceux qui pensent que ce monde a émergé d'atomes inertes se trompent complètement. « Ce monde est fait d'atomes, il ne peut donc pas y avoir d'« esprit » en lui »[3]. N'y a-t-il que l'énergie qui agisse dans ce monde matériel ? L'Esprit/pure conscience *(shiva)* n'y a-t-il pas sa place ? Ceux qui considèrent les « atomes d'énergie » *(shaktikańá*[4]*)* comme la manifestation initiale de la puissance opératrice divine *(prakrti)*, et veulent nier l'existence sous-jacente de l'Esprit en eux, devraient savoir que ces prétendus atomes d'énergie dansent en vérité au sein même de l'Esprit.

Les manifestations de cognition *(prajiṋá)*, de conscience/vie *(caetanya)* présentes aujourd'hui notamment en l'être humain, et dans les différents êtres et organismes de notre tout petit monde, ont-elles soudain surgi de rien ? Quelque chose ne peut pas apparaître à partir de rien. Il y a deux milliards d'années environ, alors que le monde venait de naître, il n'y avait aucune trace de végétation ou d'organismes, à part ces prétendus atomes d'énergie. Les possibilités de manifestation de conscience que nous trouvons aujourd'hui en l'être humain, les expressions non développées de conscience que nous notons dans les divers autres organismes et dans les arbres et les plantes, étaient sans aucun doute déjà toutes présentes dans ces prétendus « atomes d'énergie ». Le potentiel de conscience, l'esprit *(shiva)* en sommeil, s'éveilla lentement et constamment sous l'effet de la composante centripète[5]

---

[1] Le terme indien *shakti* désigne à la fois l'énergie « grossière » telle que nous la concevons et la puissance d'action de Dieu, deux concepts bien différents. (ndt)

[2] *Kaola*, adjectif de *kula* ; *kula* représentant ici la base de la colonne vertébrale où réside l'énergie divine (la *kula-kuńd́alinii)*. (ndt)

[3] Ce genre de déclaration dogmatique ne suffit [d'ailleurs] guère à réfuter l'existence d'esprits ou de fantômes. Il est vrai que les fantômes n'existent pas. Malgré tout, pour infirmer leur existence par le raisonnement, une bonne connaissance de la psychologie est indispensable. On ne peut les exclure si facilement d'une telle déclaration laconique.

[4] Littéralement « particule de *shakti* ». (ndt)

[5] C'est-à-dire qui ramène au centre, voir schéma p. 199. (ndt)

[spiritualisante] de la force opératrice divine *(prakrti)*. Nous ne pouvons considérer l'esprit *(shiva)* comme un attribut provenant de la force divine *(shakti)*. Cet Esprit immense est certes difficile à percevoir dans la matière où il se trouve endormi, mais quand il s'éveille, qu'il déploie toute sa force, toutes ses entraves spatio-temporo-individuelles que lui imposait cette puissance divine *(shakti)* se brisent et se fondent dans la pure conscience, l'Esprit. Affirmer que la conscience n'est qu'un attribut de la puissance opératrice *(shakti)* n'est donc rien d'autre qu'une grossière erreur.

Dans le jeu éternel de l'Esprit et de sa Puissance agissante *(shiva* et *shakti, puruśa et prakrti)*, on peut qualifier d'atome d'énergie primordial *(práthamika shakti-kańá)* l'état où l'esprit *(puruśa)* ne peut s'exprimer, ne peut s'affranchir de l'influence de la force opératrice *(prakrti)*. Les atomes d'énergie primordiaux sont identiques à la matière. Que les scientifiques, au cours des époques, appellent cette matière primordiale, cette énergie première par le nom qu'il leur plaît – molécule, atome, électron ou éthéron – n'affecte pas le moins du monde le pratiquant *(sádhaka)* spirituel. Sous l'inspiration et l'action spiritualisante divines, la manifestation de l'esprit commence dans ces atomes d'énergie primordiaux. Elle conduit, par l'éveil de l'esprit, à l'apparition de plantes et d'êtres animés toujours nouveaux, jusqu'à atteindre à l'intelligence humaine, qui progresse pour connaître, grâce à l'ascèse du pratiquant, Dieu.

Le terme *shakti* est peut-être quelque peu inapproprié [dans le vocable « atome de *shakti* » (« atome d'énergie »)]. Lorsqu'on parle à la fois de *shiva* [esprit] et de *shakti*, le mot *shakti* représente la force opératrice divine *(prakrti)*, la puissance naturante *(prákrta shakti)*. Les « atomes d'énergie » *(shakti-kańá)* – que l'on considère généralement comme l'essence fondamentale de ce monde créé – ne sont pas vraiment de la *shakti* [la puissance naturante] mais sont plutôt composés de l'Esprit et de sa puissance naturante[1]. L'univers est, fondamentalement, la création coopérative de ces atomes d'énergie.

Penser que la force opératrice divine *(prakrti)* est la seule cause de l'univers serait illogique. Chacun des innombrables atomes d'énergie

---

[1] *(shivatva* et *prákrta-shakti)*.

de cet univers naît en effet de l'action liante de la force divine sur l'Esprit, conscience pure. Dire que l'univers est créé par d'innombrables « atomes d'énergie » revient à dire qu'il est l'image composée de l'Esprit *(maháshiva)* et de la Puissance agissante *(maháshakti)*. Cette Création, combinaison de conscience et de puissance, est en fait la manifestation de la Pensée de Dieu, sa mystérieuse apparence *(liilá-rúpa)*.

> *Je comprends que cet univers tout entier est composé de Râma (l'Esprit) et de Sîtâ (sa Puissance agissante), je les révère humblement les mains jointes*[1]. Tulsîdâs

La guerre féroce qui a lieu dans les molécules et les atomes avec l'accroissement de la prédominance de la force opératrice sur l'Esprit décroît peu à peu dans les corps, produits par la combinaison de nombreux atomes, des plantes et des organismes animés. Il en résulte que l'éclat de l'Esprit s'accroît, manifestant de plus en plus la grandeur de sa nature *(shivatva)*. Pour élever à l'état spirituel l'état combiné de l'Esprit et de la force opératrice [que constitue la vie] – état qui a pris une forme matérielle sous la prédominance de la force opératrice –, il faut faire se retirer l'emprise de la force opératrice. Mais qui va le faire ? C'est avec une épine qu'on enlève une épine. C'est ainsi par un effort psychique répété – et c'est cela qu'on appelle la pratique spirituelle *(sádhaná)* – qu'on se libère des servitudes psychiques, s'installant dans l'état spirituel. Dans cette tâche, l'Esprit nous inspire. Sous l'effet de cette inspiration, la pensée *(mana)* devient plus consciente *(sattva-guńii)*, elle contemple la Vérité et, s'aidant de son intelligence appointée, s'efforce de s'unifier à l'Esprit sublime. Les Écritures appellent cette intelligence appointée *agryá buddhi*. Nous disons d'une personne qu'elle a l'esprit obtus ou qu'elle manque de perspicacité, et d'une autre qu'elle a l'esprit pénétrant, en fonction du niveau de développement de cette intelligence appointée. Ceux qui sont incapables d'arrêter le mouvement vers l'extérieur de leurs sens et de leurs orga-

---

[1] *Râma-carita-mânasa* – qui est une version (hindi) du Râmâyana – *1,7,1.* Le poète Tulsîdâs, 16-17e siècle, est de langue *awadhii* (ancien dialecte hindi), nord-nord-est de l'Inde ; *(Siyá-Rámamaya sab jaga jáni, Karau prańám jońi yugapáńi)*. (ndt)

nes d'action ont l'esprit obtus. Leur pensée constamment préoccupée par des activités extérieures, objectives, physiques, ne peut pas tout entière s'absorber dans la béatitude suprême de l'Esprit *(caetanya samádhi)*. Il s'ensuit qu'ils sont en permanence soumis aux triples afflictions [physiques, mentales et psychiques supérieures] du plaisir et de la peine. C'est pourquoi les personnes avisées devraient diriger leurs pensées vers la Présence spirituelle suprême : retirer leurs pensées des objets et s'établir dans leur nature originelle après avoir introverti tous leurs élans *(vrtti)*. Être établi dans cet état originel est l'accomplissement suprême de l'être humain.

Paráiṉci kháni vyatrńat Svayambhús, tasmát paráuṉ pashyati nántarátman, Kash-cid dhiirah pratyag átmánam aekśad ávrtta-cakśur amrtatvam icchan. *[Kat́ha Upaniśad IV, 1.*

Dieu[1] ayant percé les ouvertures du corps ([les sens)] vers le monde extérieur, on voit le monde extérieur et non l'âme, intérieure. Le sage souhaitant l'immortalité doit, retournant sa vue, regarder l'âme intérieure.]

Ce qui caractérise les sens est de courir après le monde extérieur en y entraînant l'être individuel. Les sens s'appuient sur les objets pour subsister et il leur est donc naturel de rechercher ceux-ci. Tout être désire préserver son existence, il désire préserver son existence pour atteindre au bonheur. On ne veut pas mourir parce qu'on sait qu'on ne peut pas conquérir le bonheur après la mort. Voilà la principale cause derrière la peur de la mort. Par conséquent, vous remarquerez que ceux qui ne trouvent aucun plaisir dans la vie, et qui ne voient même pas la lointaine possibilité du moindre bonheur, se lassent de la vie et se suicident, voyant leur vie comme un fardeau. C'est parce qu'ils ne considèrent plus leur vie comme un moyen d'accéder au bonheur qu'ils la détruisent. Ceux qui se suicident le font pour la même raison que ceux qui, dans des circonstances ordinaires, cherchent à se débarrasser de ce qui nuit à leur bonheur. Les sens se ruent sur les objets matériels car ceux-ci sont la source de leur existence. Ce que les sens reçoivent de

---

[1] Littéralement « Celui qui existe par soi-même » *(Svayambhúh)*, un des noms de Dieu *(Brahman)*. (ndt)

l'objet n'en est cependant qu'un aspect parce qu'ils saisissent tout par l'intermédiaire du système nerveux. Et le pouvoir réceptif du système nerveux est restreint à une étroite bande sur l'échelle des longueurs d'ondes : il ne peut saisir quelque chose de très grand ou de très petit. [Les sens] ne peuvent de ce fait, aussi fort qu'ils s'y efforcent, comprendre l'âme/l'Esprit *(átman)* car celui-ci est au-delà de ce qu'on peut percevoir grâce à eux. On peut percevoir grâce à eux une lumière ordinaire mais pas une lumière extrêmement brillante. On peut entendre un son ordinaire mais on devient complètement sourd à l'écoute d'un son très intense. Pareillement, toute chose extrêmement intense ou extrêmement fine est hors d'atteinte de leur saisie. Les sens s'appuyant sur le système nerveux, ils ne peuvent pas saisir l'Âme/l'Esprit dont la profondeur et l'éclat sont incommensurables. Celui qui, recherchant les plaisirs, est complètement asservi à ses sens, ne peut donc pas saisir l'Esprit. Il s'efforce de s'en consoler en niant son existence, et prétend vaniteusement devant autrui être savant en cachant la faiblesse de ses penchants.

Donc, les *sádhus*, ces bonnes et honnêtes personnes qui souhaitent connaître l'Âme/l'Esprit, qui veulent s'établir dans l'immortalité, doivent introvertir leurs facultés sensorimotrices et s'unifier à la plus subtile des entités. Ils ne doivent pas laisser ces facultés se diriger vers l'extérieur, mais les tourner vers l'intérieur, dit, voyant comment fonctionnent les organes des sens, le sage[1] *(rśi)*.

Le Créateur ne serait pas particulièrement satisfait des facultés sensorielles et en désirerait la disparition ? Non, car unifier complètement les sens au psychisme ne signifie ni leur anéantissement ni la destruction des penchants naturels *(vrtti)*. La signification sous-jacente est d'engendrer un changement de but dans leur application, un changement d'horizon.

Parácah kámán anuyanti bálás te mrtyor yanti vitatasya pásham ;

---

[1] Auteur de l'oupanishad (ou tout au moins de ce verset) ; les *rśi* sont les sages ou poètes inspirés, auteurs des textes sacrés. Le mot sage dans la traduction du verset traduit *dhiira* (« sage, intelligent », mais aussi « calme, recueilli ») que l'auteur du commentaire assimile ici aux *sádhus*. (ndt)

Atha dhiirá amrtatvaṁ viditvá dhruvam a-dhruveśv iha na prárthayante. *[Kaťha Upaniśad IV, 2.*

Les idiots recherchent les objets de désir extérieurs, et tombent dans le piège tendu de la mort. Tandis que les sages, sachant ce qu'est l'immortalité, ne recherchent pas le permanent dans les choses transitoires de ce monde.]

Que résulte-t-il d'un mouvement dirigé vers la matière ? Les matérialistes peuvent dire que le mouvement naturel de la psyché est de se tourner vers ce qui est matériel, mais cette affirmation contredit le principe même du mouvement car tout objet dont le mouvement semble naturel a un mouvement opposé tout aussi naturel.

Chaque mouvement vient d'un élan interne ou d'une attraction extérieure ou des deux à la fois. Un objet en l'air vient tomber sur le sol et l'on pense que c'est son mouvement naturel, mais est-ce vrai ? C'est en réalité l'attraction gravitationnelle de la Terre qui cause son mouvement. Si l'objet s'échappe au-delà de l'attraction de la Terre, retomber vers le sol n'est plus son mouvement naturel. Pareillement, le mouvement des sens vers un objet extérieur peut sembler à certains naturel car nos sens sont à la fois sensibles à l'attrait de l'objet et poussés par le désir mental d'en jouir. Mais si la psyché ne se laisse pas aller à désirer l'objet, qu'elle le regarde avec détachement, le mouvement s'inverse en dépit de l'attrait que peut exercer l'objet. Au début, bien sûr, il faut forcer un peu pour s'opposer à l'attrait physique des objets, au moins tant qu'on n'a pas été transformé par la force de son idéal. Mais l'inversion de ce mouvement finit par devenir naturelle.

Les désirs des sens ne peuvent pas s'identifier aussi facilement et rapidement aux subtiles choses intérieures qu'aux objets physiques extérieurs. De plus, les élans réactionnels des expériences passées viennent également, dans une certaine mesure, s'interposer. Malgré tous ces obstacles, l'effort assidu finit par vaincre cette période car pratique et persévérance viennent à bout de tout empêchement. Prenons l'exemple d'un alcoolique. Il doit commencer par se forcer pour aller à l'encontre de son désir de vin s'il veut se débarrasser de son alcoolisme. C'est-à-dire qu'il doit diriger son pressant désir dans une direction différente pour libérer ses désirs sensuels de l'attrait qu'exerce sur lui le vin. Si, malgré ses vigoureux efforts, il se retrouve en contact avec du vin, dans la plupart des cas l'attrait qu'exerce sur lui le vin le submergera, à cause de l'importance de la poussée de son désir intérieur. Il faut donc, au stade initial, faire d'énergiques efforts pour changer le regard précédent sur les objets extérieurs ; par la suite, les choses deviennent peu à peu naturelles et normales. Les voleurs aussi peuvent dire que voler est une occupation naturelle. Ils pensent spontanément à voler, c'est pourquoi ils volent. L'affirmation des matérialistes que le mouvement des sens est toujours dirigé vers les objets extérieurs est du même type.

Certains peuvent dire qu'introvertir les élans des sens peut les priver de vie et qu'on ne doit donc pas le faire. C'est tout aussi dénué de sens. En réalité, lorsqu'on jouit d'un objet, les sens finissent par devenir inertes, nous ne disons cependant pas qu'ils sont morts. De même, si l'on dirige le mouvement de ses sens vers la profondeur de la conscience/l'Esprit, ils atteignent à cet état spirituel. Nous ne pouvons appeler cela, leur mort. Cela fait plutôt progressivement se révéler la pureté de leur nature.

Il est donc complètement dénué de sens de qualifier le mouvement des sens vers l'extérieur de naturel et leur mouvement vers l'intérieur de contre-nature. Il est toutefois absolument nécessaire, pour préserver correctement notre existence physique en ce monde, de garder l'équilibre entre intérieur et extérieur. Ne se tourner que vers le matériel/physique détruit cet équilibre mais l'on ne doit pas non plus s'absorber complètement dans la méditation spirituelle en reniant le prétendu grossier/la matière, négligeant ses tâches dans le monde physique. La seule façon d'équilibrer avec justesse matière et esprit, ainsi qu'intériorité et extériorité, est de percevoir la manifestation – contrainte par la force opératrice – de l'Esprit, que l'on voit en tant qu'objet physique, comme une forme particulière de l'entité spirituelle[1].

L'être humain est un être chez qui prédomine le psychique. C'est cela qui le caractérise le plus par rapport aux autres mammifères. Si on lui accorde de rester oisif, de dormir et manger quand il veut, sans lui permettre de lire, parler, chanter, danser et s'ébattre selon ses désirs, il

---

[1] On parle alors de « douce connaissance » *(madhu-vidyá)*, voir note 1 p. 59. (ndt)

est physiquement satisfait mais mentalement insatisfait. Il s'étiole prématurément comme un bourgeon rongé par le ver. Personne ne voudrait être une belle couverte de bijoux et bien nourrie d'un harem mais préférerait plutôt être une pauvre épouse avec une certaine marge de liberté. Les gens veulent un ciel ouvert au-dessus de leur tête, une vaste et abondante terre sous leurs pieds et, entre les deux, l'esprit libre de se réjouir. Ils sont prêts à reconnaître leurs fautes et à accepter des suggestions pour les corriger. Ils souhaitent avancer main dans la main avec tous, acceptent tout sauf les tourments de la répression au nom d'un « idéal ». Ceux qui croient que simplement en apaisant la faim physique et en fournissant les choses indispensables au maintien de la vie ils répondent à tout ce qui concerne l'être humain se trompent complètement.

L'être humain se distingue des animaux par sa prédominance mentale ; il possède la faculté de discriminer. Pourquoi alors tourne-t-il ses sens vers l'extérieur ? À cause des élans réactionnels de ses vies animales et des expériences acquises par ses psychés animales antérieures. Que les expériences passées aient été heureuses ou malheureuses, la psyché ne craint pas tant ces objets antérieurs que l'éventuelle sévérité des choses à venir. Les êtres humains n'ont aucune expérience de la divinité car dans le passé ils étaient sous l'emprise de l'animalité. C'est pourquoi leurs sens se tournent spontanément vers l'animalité familière et qu'ils courent après les objets extérieurs. Par leur pratique spirituelle, ils comprennent le caractère vain de l'animalité et s'élèvent psychiquement vers l'Esprit. Lorsque, par la Grâce divine, la conscience de leur identité animale les quitte, ils saisissent au plus profond de leur cœur la futilité du but de leurs vies passées, et deviennent impatients de faire connaître cela à autrui.

En observant le système des religieux mendiants *(sannyásin)*, de nombreuses personnes pensent qu'une pratique visant à Dieu pourrait conduire à négliger les devoirs terrestres. Certains pensent même qu'on ne peut pas avoir de pratique spirituelle sans partir s'isoler et vivre en ermite, quittant famille et foyer. Toutes ces idées sont fausses. Le succès de la pratique spirituelle de l'être humain (qui est un mélange de divinité et d'animalité) réside dans la réduction de son animalité et l'épanouissement de sa nature divine. Les humains sont des êtres de discernement. La pratique spirituelle accroît leur capacité de jugement, développe leur conscience, et absorbe en l'état spirituel *(shivatva)* les différences d'apparence du monde de la matière. En d'autres termes, la pratique spirituelle consiste à s'établir dans la conscience divine *(shivatva)* par une lutte contre la matérialité, à convertir le désir en amour accompli. Ceux qui vivent pour la satisfaction de leurs désirs, dont le but est de jouir des objets fragmentaires, dirigent consciemment tous leurs penchants *(vrttis)* vers la matérialité, les objets extérieurs. Comme ils n'utilisent pas leur pensée comme une bride pour garder la maîtrise de leurs sens, leur pensée perd peu à peu son caractère subtil, engendrant sa dégradation jusqu'à un état non pas animal mais aussi inerte que la brique, le bois ou la pierre. Ils ne peuvent plus alors, avec le dernier reste, subtil, de leur esprit humain, se prétendre d'illustres êtres humains ! C'est pourquoi le sage *(rśi)* a désigné ces gens comme des idiots.

Les personnes de ce genre qui, tout en affichant un air docte[1], recherchent en fait les plaisirs de ce monde sont bien inférieures aux animaux comme les ânes[2], etc. Ces gens renaissent continuellement et ne cessent de mettre en place les liens de leur asservissement, ils ne peuvent atteindre au salut. Leurs pensées grossières les font renaître sous la forme d'animaux, de végétaux, de minéraux, etc. Grâce à l'action spiritualisante/centripète[3] *(pratisaiṋcara)* de la Force divine *(pará-prakrti)*, ils retrouvent un corps humain mais s'impliquant à nouveau dans des activités vilainement grossières, ils se retrouvent dans des corps sous-humains. Ils sont alors contraints de parcourir encore et encore le cycle de la vie et de la mort, ils tombent encore et encore dans la fosse terrifiante de la mort, devant survivre plus morts que vifs dans la crainte de la mort à chaque instant de leur vie. Tel est leur sort. Cette sorte de bête humaine est véritablement inférieure aux animaux.

---

[1] En Inde, l'intellectuel (brâhmane, pandit, etc.) est hautement respecté. (ndt)

[2] Une comparaison traditionnelle du tantra (*Mokśopaya (Yoga-vasistha) 1,13,12*, *Kulárňava-tantram 2-65*). (ndt)

[3] Qui ramène vers l'Esprit (centre spirituel de cet univers), voir schéma p. 199. (ndt)

Chez les animaux, que la loi de la nature maintient en vie au moyen de leurs instincts, celle-ci, force opératrice *(prakrti)*, fait naître peu à peu dans leurs tendances naturelles des manifestations de conscience de plus en plus grandes, grâce à l'action et à la réaction. Elle les transforme ainsi en des êtres plus élevés, au développement mental plus important. Leur faible conscience et développement mental ne permet pas aux animaux d'agir indépendamment, que ce soit pour progresser ou pour régresser. C'est donc grâce à l'action spiritualisante de la force divine qu'ils se développent peu à peu, sans la moindre possibilité de régression.

Les « bêtes » humaines, quant à elles, négligent leurs qualités propres plus élevées et sont par conséquent inférieures aux animaux. En faisant offense aux qualités que l'on possède, l'on se rend inférieur à celui qui en est dépourvu. Un être humain intelligent comprend clairement ses vraies responsabilités et agit en fonction. Il avance vers la perfection en utilisant comme il faut ses dons et ses ressources morales et mentales. Un fois que l'on a compris par la raison où se situe l'immortalité, simplement s'assoir d'un air suffisant ne nous permet pas de l'atteindre. Pour s'établir dans l'immortalité, il faut suivre la voie du Tout, non celle de la partie, s'employer à une pratique intérieure et non s'absorber dans le monde extérieur. Une description théorique de l'immortalité ne fait pas l'affaire, celle-ci demande à être comprise intérieurement, dans son cœur. Tant que l'appel de Dieu/l'Immense ne nous touche pas au cœur *(marma)*, la pratique spirituelle reste sans vie, elle demeure inerte à l'instar du culte de la matière/du grossier. Pour transmettre l'appel de Dieu à son cœur, il faut, de toute sa douceur et de toute sa piété, diriger lentement et progressivement toutes ses expressions mentales et physiques vers son monde intérieur. Plus cette introversion grandit, plus on comprend profondément l'immensité de son but comparé aux choses et aux êtres temporels, et on ne cherche pas en vain l'entité éternelle *(dhruva)* dans le monde physique transitoire. Les diverses entités temporelles *(adhruva)* se fondent progressivement continuellement dans l'Immense Entité divine éternelle, et c'est cela qui fait naître en elles un très profond désir pour cette Immuable Suprême Essence éternelle.

Ce monde de phénomènes est passager *(adhruva)*, toujours changeant. Chaque manifestation de ce monde passe par des changements incessants car tout est l'expression ou centrifuge ou centripète d'un moment particulier du jeu de l'insondable pensée divine. Rien ne dure éternellement. Le garçon d'aujourd'hui sera demain un jeune homme et ce même jeune homme sera un vieillard quelque temps plus tard. Aucune des formes, aucun des traits du garçon n'est éternel *(dhruva)*. À chaque instant, chaque objet de ce monde subit des changements parce que le changement caractérise ce monde. La Terre que nous connaissons aujourd'hui est-elle la même que lorsqu'elle s'est séparée du soleil ? Le monde d'aujourd'hui a atteint l'état présent en passant par les formes variées des différentes ères : archéenne, protérozoïque, tertiaire, crétacée, pliocène, etc. Chacune de ces formes naquit, dura un temps puis disparut. Le nom même de monde, en sanscrit – *jagat* –, souligne sa nature changeante car il signifie « qui est en mouvement »[1]. Ce qui se transforme est impermanent *(adhruva)*. Chaque être ou objet impermanent a une manifestation extérieure, et rechercher de tels êtres ou objets dirige vers le grossier/physique *(jaŕa)*.

Je vous disais au chapitre précédent que les transformations continuelles des objets impermanents sont toujours pulsatives *(saḿkoca-vikáshii)*. C'est-à-dire qu'il y a un temps de contraction[2] et un temps de manifestation[3]. Prenez, par exemple, un être impermanent comme votre fils ; il progresse constamment par des changements et vous aussi. Aucune de vos deux existences ne dure éternellement. Si vous considérez votre fils comme le seul soutien dans votre vie, cela n'est certainement pas sage. Il peut, en effet, quitter ce monde à tout instant, vous laissant en pleurs, ou vous-même pouvez disparaître, le faisant orphelin. Cela s'applique de même à la richesse, au pouvoir, etc. Vous n'avez aucun droit d'en jouir de façon permanente car tous ces objets progressent à différentes vitesses en fonction de leurs caractéristiques animées ou inanimées respectives et leurs différents niveaux de maté-

---

[1] *Jagat* = GAM + *kvip* [le mot *jagat* est formé de la racine verbale *gam* [aller, passer] à laquelle on a appliqué l'opérateur suffixal *kvip* ; *kvip* crée un signifié dont la nature propre est caractéristique du verbe.]

[2] Dit *dhárya* [« qui est tenu »].

[3] Dit *kárya* [« qui est en action »] ou *jiņeya* [« qui se perçoit »].

rialité et de subtilité. La vitesse de l'un n'est jamais la même que celle de l'autre. Un tamarinier ([un très grand arbre]) pousse au moins mille fois plus lentement qu'un plant de gourde. Tout en progressant au rythme de son propre mouvement, la proximité d'un objet avec un autre détermine leur relation mutuelle durant cette période ; on se réfère alors à un objet comme son « ceci » ou sa « cela ». Tant qu'ils sont proches, ces objets semblent profiter l'un de l'autre. Puis, l'un avance et, à cause de leur différence de vitesse, l'autre reste en arrière ; l'un finit alors par ne plus trouver l'autre. Sortis d'un royaume invisible, ils sont venus à la rencontre l'un de l'autre puis se perdent à nouveau l'un l'autre dans un monde invisible.

> *Venu du Royaume invisible et retourné à l'Invisible, il n'était pas tien, tu n'étais pas sien. Quelle vaine lamentation peux-tu formuler ?*[1] *(Mahâbhârata)*

Avant votre naissance, votre mère bien-aimée appartenait à un monde invisible en ce qui vous concerne. Aujourd'hui, vous la connaissez, c'est votre mère et une douce et affectueuse relation d'amour, de dévouement et de respect vous unit. Un jour viendra où vous serez privés de la possibilité de vous mouvoir ensemble : vous mourrez ou elle mourra, devenant alors un objet du monde invisible. La chemise de coton que vous portez n'existait auparavant qu'en puissance, latente dans la terre. Elle était, pour vous, à l'état invisible. Elle apparut ensuite sous la forme d'un liquide coulant dans la racine du plant de coton, prit la forme d'une fleur puis d'un fruit qui finalement s'ouvrit – bien qu'à ce stade vous ne l'auriez pas reconnu comme l'état précédent de votre chemise. De ce coton, on a fait du fil et du tissu que l'on a transformé, pour finir, en chemise dans l'échoppe d'un tailleur. C'est seulement à ce moment-là qu'elle est entrée dans votre champ de vision et maintenant vous dites : « C'est ma chemise. » Vous l'avez aujourd'hui avec vous mais un jour vous vous éloignerez d'elle. Votre proximité avec elle décroîtra après quelque temps. La chemise sera usée et vous la jetterez à la poubelle. Elle pourrira lentement et rede-

---

[1] *Adarshanád ápatitah, punash cádarshanaṁ gatah ;*
Násao tava na tasya tvaṁ, vrthá ká paridevaná. (11, 2, 8)

viendra de la terre. Vous voyez donc que tout ce que vous croyez vôtre émerge d'un monde invisible et retourne à ce monde invisible. L'état intermédiaire de proximité est l'intervalle où cela devient visible. Par conséquent, durant cette courte période, est-il sage de considérer une chose comme sienne ou de se considérer comme appartenant à quelque chose ? Le monde changeant n'est destiné qu'à l'observation et à la compréhension, pas à la possession durable. Voilà pourquoi les personnes avisées ne perdent pas leur temps sur des choses non durables, elles ne vénèrent que l'éternel, le permanent.

Comment les objets impermanents apparaissent-ils ? Ce monde physique naît de l'action des liens caractérisants *(guńa)* de la force opératrice *(prakrti)* sur l'Esprit, et sa diversité s'explique par la multiplicité des niveaux d'emprise de ces liens. Jouir de cet Esprit *(Puruśa)* éternel – qui demeure derrière ce monde varié et changeant/impermanent – et non de sa forme limitée, réclame donc des efforts. Pour comprendre cette nature éternelle de l'Être spirituel, il faut s'établir en l'Esprit non affecté par les liens caractérisants de la force opératrice. Cet Esprit, qui est tout simplement la conscience témoin dans son état originel, est votre propre âme. C'est pour cela que le sage ne s'absorbe pas dans l'éclat et la fascination des objets passagers de ce monde. Il concentre toute la ferveur de son cœur sur l'Essence éternelle qui est la cause originelle derrière ces choses inconstantes. Cette Présence suprême, présente au plus profond de tout, derrière chaque changement, contemplant chaque entité, chaque être, chaque objet transitoire, est tout ce que le véritable sage doit contempler et adorer.

Svapnántaḿ jágaritántaiṇ cobhao yenánupashyati,
Mahántaḿ vibhum átmánaḿ matvá dhiiro na shocati.

[Kaťha Upaniśad IV, 4.

Le sage qui a connu le Vaste et Omniprésent Esprit par qui l'on voit les états de rêve et de veille, ne s'afflige plus.]

Esprit suprême *(parama puruśa)*, le Très-Haut *(puruśottama)* se tient présent comme le témoin de vos trois états, de veille, de rêve et de sommeil profond[1]. Ceux qui l'ont connu ont tout connu et ceux qui l'ont atteint ont tout atteint.

Il est le témoin suprême de tous les rôles qui se jouent dans le monde mental intérieur, dans les deux états distincts que sont la veille et le rêve. Sans la présence témoin de cette Entité consciente, rien n'établirait l'existence des objets. Il en est de même lorsqu'on est inconscient, lorsqu'on est profondément endormi, c'est-à-dire quand le sens des objets n'existe pas explicitement. Là encore il demeure comme témoin. Il voit tous les rôles joués sur la scène mentale. En contemplant chaque attitude et disposition d'esprit, sa simplicité ou sa duplicité, le témoin suprême donne une réalité à l'existence de cet état psychique. Même quand aucune scène ne se joue, durant le sommeil profond, il contemple encore et toujours, et confirme l'état de non-fonctionnement. Il est le témoin de tous les états – actifs ou non actifs[2].

> *Je peux voir, j'entends, je sens, je goûte et je touche parce qu'Il resplendit partout, comme le lustre dans la salle de spectacle.*[3]
>
> (Vidyárańya[4], *Paiṋcadashii)*

Il est comme le lustre dans une salle de ballet. Le lustre reste le témoin de toutes les interprétations des danseurs sur la scène. Il en est non seulement témoin mais c'est grâce à lui que les spectateurs peuvent voir et comprendre la scène et la chorégraphie de la danse. Même quand les danseurs ne dansent pas, le lustre continue d'être le témoin de la scène et en maintient ainsi l'existence.

Bien que l'Esprit *(átmá)*, vaste, pénétrant tout et rayonnant, manifeste toute perte ou gain physique ou mental, il en demeure pourtant distant et non affecté. Les personnes intelligentes qui l'ont connu et atteint restent elles aussi inaffectées par ce qu'elles perçoivent *(tanmátras)*, que ce soit agréable ou désagréable. Elles restent au-delà du

---

[1] Considérés notamment dans le volume précédent *(La Science sacrée des Védas 1)*, du même auteur, où il commente plusieurs oupanishads (voir p. 210). (ndt)

[2] Consulter *La Science sacrée des Védas (vol. 1)* pour une présentation des quatre états à travers les oupanishads. (ndt)

[3] *Iikśye shrńomi jighrámi svádayámi sprshámy aham, Iti bhásate sarvań nrtyashálástha-diipavat. (v. 10-10)*. [D'autres versions disent *bhásayate :* « …puisqu'Il [le Témoin] fait tout apparaître ». (ndt)]

[4] 1297-1386, philosophe de l'école non-dualiste de Shankara. (ndt)

plaisir et de la peine. Les objets transitoires vont et viennent mais ces personnes intelligentes n'en sont pas affectées. Comme le sage roi *(rájarśi)* Janaka, souverain de Mithilâ, qui disait :

Mithiláyám pradagdháyáṁ na me nashyati kiṁcana :
Je ne perds rien, [même] si mon royaume de Mithilâ périt dans les flammes. *(Mahâbhârata*[1]*)*

Ya imam madhv-adaṁ veda átmánaṁ jiivam antikát,
Iishánam bhúta-bhavyasya na tato vijugupsate.
[Katha Upaniśad IV, 5.
Celui qui connaît cet Esprit, maître du passé et de l'avenir,
au plus proche de l'être vivant buvant le doux comme l'amer,
ne souhaite plus se cacher.]

Les organismes vivent dans le plaisir et la douleur, sans organisme, il n'y a ni plaisir ni douleur. Le vaste Esprit est le témoin de l'existence du microcosme, de ses actes et de leurs conséquences *(karma, karmaphala)*. Sous son regard témoin omniprésent, les ondes de la Pensée divine ont prescrit au psychisme individuel des conséquences à ses actions sous la forme de plaisirs et de douleurs.

Le temps, la nature, le destin, le hasard, ce monde ou toute manifestation de la force opératrice *(prakrti)* à laquelle nous pourrions penser[2], ne pourrait pas exister sans la présence-témoin de l'Esprit, et le cycle de l'action [et de la réaction], résultant de l'expression de la conséquence [karmique] de l'action, n'existerait donc pas non plus. C'est la présence témoin de l'Esprit, conscience collective/universelle *(samaśti)*, qui permet à l'Universelle Pensée divine, entité agissante, d'attribuer à l'être individuel du plaisir ou de la peine, en tant que réaction à ses actions passées.

Quel qu'en soit le type, ce retour de l'action ne se vit que mentalement, non par le corps, car celui-ci ne peut pas saisir les subtiles ondes de l'action et de la réaction. On ne peut les saisir que mentale-

---

[1] *Livre 12.* (ndt)

[2] Une énumération qui fait écho au deuxième verset de la *Shwetâshwatara Oupanishad* (cf. le volume suivant : *L'Enseignement philosophique et spirituel de la Shwetâshwatara Oupanishad*). (ndt)

ment ; et c'est d'ailleurs cette aptitude mentale qui permet la compréhension et la cognition, dont le corps est dénué. Il est vrai que le corps subit des changements liés à l'état mental selon que celui-ci est grossier ou subtil. Les nerfs d'une personne aux penchants criminels, par exemple, deviennent solides, et ses cheveux, épais et raides. Le criminel n'est ainsi pas trop affecté physiquement ou mentalement par les chocs et les coups qu'il est sûr de subir. Tandis qu'une personne aux tendances spirituelles s'adoucit physiquement et mentalement. Sa peau devient fine et son corps délicat, sa sensibilité physique et psychique ainsi que sa capacité de compréhension et de conception s'accroissent considérablement. Ces phénomènes entrent dans les champs de la physiologie et de la psychologie.

Le ressenti (mental) du plaisir et de la douleur est-il identique [chez tous] ? Non, le psychisme ressent différemment selon le développement de la conscience. Dans l'état d'inertie la plus totale où il n'y a aucune manifestation psychique, il n'y a ni plaisir, ni douleur[1], et dans l'état de conscience sans pareille où l'expression mentale est aussi inexistante, la sensation de plaisir et de douleur est également inexistante[2]. L'être qui ressent, par le psychisme, le plaisir et la douleur ne pourrait toutefois pas les connaître s'il était dénué de conscience/d'âme. C'est ainsi l'Âme/l'Esprit *(átman)*, pure conscience, qui fait la preuve de l'existence de chaque organisme et lui confère le sens du plaisir et de la douleur. En vérité, quoi que puissent être le passé et l'avenir, tout naît de l'inspiration de l'Esprit, tout prend place dans sa sphère psychique et continuera à le faire pour tout temps à venir. Du point de vue subtil de la philosophie, cet Esprit est le maître *(Iishána)*, le régent *(niyantraká)* de ce monde.

Celui qui s'est établi en lui perd non seulement son sens corporel mais aussi son sens psychique : sa fonction agissante et l'état d'auteur de l'action de son psychisme, ses antagonismes et ses différenciations, ses secrets, sa réalité psychique ne sont plus.

Il devient ici nécessaire d'expliquer certaines choses à propos du corps et du psychisme. Beaucoup de personnes croient, à l'instar des

---

1 L'état des minéraux par exemple. (ndt)
2 L'état au-delà du psychisme que recherche l'aspirant. (ndt)

philosophes matérialistes *(cárvákás)*, que le psychisme est un attribut du corps, qu'il naît avec le corps et meurt avec lui. Ces personnes pensent également que le psychisme et l'âme sont une seule et même chose.

Cârvâka[1] nous dit : *Caturbhyah khalu bhútebhyash caetanyam upajáyate, Kiṅvádibhyah sametebhyo dravyebhyo mada-shaktivat :*

« La combinaison des quatre éléments crée une cinquième substance – l'âme/la conscience –, tout comme de l'alcool naît d'une préparation d'ingrédients tels du moût, des levures, etc. »[2]

Cette affirmation de Cârvâka n'est absolument pas juste. La juste compréhension est que le potentiel de cette substance produite était inhérent aux ingrédients qui l'ont créée en se combinant. Le potentiel du figuier banian est contenu dans la graine de banian et s'exprime à l'aide de l'eau, de la terre, de l'air et de la lumière. La combinaison chimique du sodium et du chlore, non comestibles, produit du chlorure de sodium (le sel de cuisine) qui est nécessaire à l'alimentation humaine. Il n'y a pas de raison convaincante permettant de le qualifier d'élément additionnel, car du chlorure de sodium était potentiellement inhérent au mélange de sodium et de chlore si toxiques, et a pu s'exprimer à la faveur de circonstances favorables.

De même, ce que nous appelons l'Esprit/la conscience *(caetanya)* n'est pas quelque chose d'étrange qui émerge de nulle part et qui est différent de quelque chose d'autre ; il existe sous une forme non exprimée dans le moindre atome de chaque chose. Ce qui se manifeste, c'est la force naturante, la force opératrice *(prákrtashakti, Prakrti)*. Dans des conditions favorables, grâce aux divers chocs et frictions, l'Esprit dormant s'éveille progressivement au cours des étapes que parcourt la force agissante *(shakti)* spiritualisante de la Psyché divine. L'Esprit *(Shiva)* inerte sous l'emprise de la Force naturante[3] *(Shakti)*

---

[1] (Prononcé tcharvaka), le fameux philosophe matérialiste de l'Inde ancienne. (ndt)

[2] Cârvâka ne reconnaissait pas le [5e] élément qu'est l'espace/l'éther *(ákáshabhúta)* parce qu'il n'est pas visible à l'œil. Il ne savait pas qu'on pouvait le connaître autrement.

[3] L'auteur utilise en fait ici l'imagerie traditionnelle indienne, où Shiva, qui représente l'Esprit, git inanimé et Shakti, son épouse, représentant la Force matérialisante/naturante, danse sur son corps endormi. (ndt)

s'éveille progressivement. Cet éveil de l'Esprit rend la Force matérialisante plus rythmique. Partout où la Force, abandonnant son irrégularité, manifeste un comportement rythmique, prend une forme ordonnée, là, dans la même mesure, l'entité psychique se manifeste. Nous devons reconnaître celle-ci, la différencier de la matière prétendument inerte. Cette entité psychique est faite, comme la matière, d'Esprit, mais la force liante a moins d'influence sur elle que sur la matière à cause de son constant rayonnement de la splendeur reflétée de l'Esprit.

C'est l'organe psychique qui ressent le plaisir et la douleur. Nous appelons bonheur les ondes que nous sentons en accord avec celles de nos propensions, et douleur le ressenti qui s'oppose à ces dernières. Ce vécu mental est une activité psychique qui s'effectue à l'aide du cerveau. Le psychisme est une entité entièrement indépendante, constituée d'une substance plus subtile encore que l'éther/l'élément espace. Le cerveau est, lui, un objet matériel, essentiellement le résultat d'une combinaison de quelques éléments fondamentaux de la matière tels l'hydrogène, le carbone, etc. Certains sont solides, d'autres liquides ou encore lumineux, gazeux ou éthériques. On peut comparer le psychisme au conducteur d'une machine que serait le cerveau. Le conducteur effectue différents travaux à l'aide des différentes parties de la machine. De la même façon, le psychisme s'exprime dans différentes parties du cerveau par toutes sortes de fonctions sensorielles ou mentales.

On aurait tort de penser que la mémoire est un attribut cérébral. La mémoire réside dans le psychisme object/le substrat mental *(citta)*, sous une forme latente réactivable *(saḿskára)*, et ne se manifeste que lorsque l'imagination se met en action à l'aide des neurones cérébraux.

Aussi grande que soit sa puissance mentale, on ne peut rien faire mentalement sans l'aide du cerveau. En effet, l'existence distincte d'un microcosme[1] est déterminée par ses élans réactionnels[2] *(saḿskára)* et ceux-ci ne peuvent pas se manifester sans l'aide du cerveau. C'est pourquoi l'âme *(átman)* désincarnée ne peut absolument pas agir en

---

[1] Distincte de celle du Macrocosme. (ndt)

[2] Les impressions psychiques en miroir des actes passés, qui cherchent à s'actualiser dès que les circonstances s'y prêtent (voir notes 4 p. 106 et 3 p. 109). (ndt)

l'absence de cerveau, que ce soit matériellement ou psychiquement, en dépit du fait qu'elle existe en tant que témoin des élans réactionnels accumulés. Que l'âme vienne, sous la forme d'un « esprit », accepter les offrandes mortuaires telles les friandises funéraires ou l'eau aux graines de sésame est donc complètement impossible et contraire à la raison.

Le psychisme individuel accède à la sensation par l'intermédiaire des cellules nerveuses. Les impressions vibratoires récemment ressenties sont de ce fait présentes dans certains neurones. Il y a différentes sortes de neurones cérébraux adaptées à la réception des différentes vibrations. Chaque espèce a un certain type de sensibilité ou d'activité. La raison interne pour laquelle l'on n'a pas de difficulté particulière à remanier au niveau mental des idées nouvellement créées ou nouvellement acquises est que la vibration neuronale se maintient quasiment inaltérée pendant un certain temps. Il y a aussi bien sûr une cause externe : les causes [extérieures] de ces idées nouvellement créées ou acquises restent à peu près en place pendant un certain temps, et favorisent par cela même leur réapparition dans la mémoire. Avec le temps, les empreintes des ressentis s'effacent des cellules nerveuses, et les positions relatives des agents à la source des événements changent aussi dans le monde extérieur. Lorsque cela se produit, le réveil de ces souvenirs dans la mémoire devient une fonction mentale et non plus cérébrale.

Le cerveau est bien évidemment un instrument à transmettre des idées. Si vous voyez là, maintenant, une vache, il vous est facile, cinq minutes après, de dire quelle était sa couleur. En effet, la sensation de la vache dont l'image s'était imprimée dans vos neurones est encore tout à fait claire en vous. Votre esprit et votre cerveau n'ont donc pas du tout de mal à faire fonctionner votre mémoire, qui reproduit alors les ondes mentales correspondant à cette sensation à partir de l'empreinte cérébrale. Mais quelques jours plus tard, si l'on vous questionne sur cette vache, vous ne pourrez pas répondre si facilement. C'est parce que l'empreinte de sa sensation sur vos cellules nerveuses se sera estompée. Il faudra alors, à votre pensée, extraire, avec beaucoup de difficulté, l'idée de la vache de vos impressions mentales *(saḿskára)* accumulées, une opération qui dépend essentiellement de votre puissance mentale.

Pour accomplir diverses fonctions mentales – mémoriser, penser, percevoir, être en rapport avec les propensions corporelles et se remémorer des événements lointains – un outil physique est nécessaire. Cet outil est le cerveau, qui assiste le psychisme de diverses façons. Il serait faux de dire que le cerveau garde de façon permanente en mémoire chaque ressenti humain, ou son bref résumé, dans l'une ou l'autre de ses parties. Si c'était vrai, il faudrait un très grand cerveau et que de nouvelles cellules nerveuses naissent en permanence pour répondre aux demandes en constante progression des expériences vécues. Nous devons donc admettre que la demeure finale des expériences vécues est le psychisme et non le cerveau. Même en l'absence d'empreintes [résiduelles] dans les cellules nerveuses, le psychisme peut faire revibrer, dans les neurones, des impressions passées *(saḿskára)* autant de fois qu'il le désire grâce à sa force propre, et il peut également créer des empreintes analogues dans les cellules nerveuses. Tant que ces engrammes, engendrés mentalement, demeurent inaltérés, le souvenir est aisé. Si l'on vous demande ce que vous avez mangé aujourd'hui, il se peut que vous répondiez instantanément. Mais que l'on vous demande ce que vous avez mangé avant-hier, cela vous prend un certain temps pour répondre. Pourtant, une fois que vous avez répondu, si l'on vous redemande un peu plus tard : « Qu'avez-vous mangé avant-hier ? », vous pouvez répondre très vite.

Le psychisme et le cerveau peuvent être, l'un comme l'autre, malades. Si le cerveau souffre d'une malformation ou d'une anomalie, consécutive à une chute ou une blessure par exemple, même un psychisme sain ne peut pas fonctionner correctement. Dans notre société, de nombreuses personnes qualifiées de malades mentaux sont [en fait] des victimes de maladies cérébrales. De même, quelques jours de maladie suffisent à altérer les facultés mentales : lorsque la force vitale baisse, le cerveau se ralentit et même une personne extrêmement sage et instruite n'arrive plus à penser profondément sur un sujet quel qu'il soit.

Nous sommes ravis quand l'objet avec lequel nous sommes en contact est agréable à nos aspirations mentales réactionnelles *(saḿskára)*, inversement certains objets engendrent en nous de la répulsion. Un certain air musical, une sensation tactile particulière, une couleur ou un certain goût piquant ou amer peut susciter en nous du déplaisir. Une autre personne n'aura pourtant pas les mêmes réactions, et nous-même, d'ailleurs, n'avons pas toujours les mêmes sentiments. L'odeur du *ngapi*[1] peut sembler intolérable aux Indiens mais pour les Birmans elle est délicieuse. On ne peut pas dire qu'ils la supportent simplement parce que leur système nerveux y est habitué, ils aiment le *ngapi* car celui-ci est pour eux source de plaisir, ils ont cet élan *(saḿskára)* mental en eux.

Aimer ou ne pas aimer est psychologique et non cérébral. La répulsion instinctive que l'on voit chez un hindou à la vue de bœuf ou chez un musulman à la vue de porc est véritablement mentale. Un hindou ou un musulman qui a atteint le stade de la démence [de la maladie d'Alzheimer par exemple] mangera facilement cette viande condamnée car son cerveau déficient ne lui permettra pas de rappeler à sa mémoire cette réaction instinctive. De même, mille et un exemples d'aberration ou de perversion mentales existent au sein des sociétés humaines comme animales.

Si le je individuel n'a pas de cerveau attitré, d'un subtil point de vue philosophique il n'a alors pas non plus de psychisme [car] le sentiment de moi présent dans le psychisme naît d'une vibration particulière émanant des neurones. En l'absence de ces neurones, le sentiment de je individuel, n'ayant rien sur quoi s'appuyer, perd son existence séparée. Le je est une expression, un sentiment psychique qui est soit personnel soit impersonnel [(universel)] : celui d'un psychisme individuel associé à un cerveau ou celui du Psychisme universel, dénué de cerveau.

Quant à l'Esprit *(Átman)*, subtile entité macrocosmique *(Bhúmá)*, au-delà du psychisme, il ne dépend en aucune façon du système ner-

---

[1] Une pâte longuement fermentée de poisson, crevettes ou parfois graines de soja. (ndt)

veux. Il réfléchit simplement les ondes mentales du psychisme et, sous l'effet de cette réflexion d'ondes, il paraît coloré par ces idées ou états mentaux ; il n'est pourtant, par nature, pas affecté par quoi que ce soit.

Toute compréhension *(bodha)* du je psychique s'appuie sur cette réponse *(pratisaḿvedana)* de nature cognitive. C'est cette réponse cognitive qui permet le ressenti mental. Dans l'état non-exprimé du psychisme[1], l'absence d'expression psychique/de vécu mental *(saḿvedana)* engendre l'absence de reflet/réponse. Si la fonction cardiaque et l'activité des nerfs s'interrompent, c'est la mort corporelle. Si le fonctionnement cérébral s'arrête et, avec lui, l'expression/la sensibilité psychique – cognitive, activante et sensible –, c'est la mort psychique. L'expression *(saḿvedana)* psychique s'arrêtant, la réaction/sensibilité en retour *(pratisaḿvedana)* s'arrête aussi, et nous ne parlons plus alors d'âme incarnée *(jiivátman)* [pour désigner l'être individuel] mais d'âme incorporelle *(videha)*. Cependant, comme l'âme conserve son rôle de témoin des élans réactionnels *(saḿskára)* ou du psychisme [« corps » subtil,] tant que celui-ci demeure, l'âme n'est pas vraiment « incorporelle » du point de vue philosophique, du moment que les élans réactionnels ou le psychisme ne sont pas totalement résorbés et le salut [de ce fait] obtenu[2].

J'ai déjà dit que le cerveau n'était nécessaire qu'au microcosme *(ańu)* et non au Macrocosme *(Bhúmá)*. On peut se demander comment le Macrocosme/Dieu active les fonctions psychiques et pourquoi il n'a pas besoin de cerveau. Un cerveau est nécessaire pour délimiter le sentiment de moi ainsi que pour diriger les élans des sens et des organes moteurs. Toutefois, répondre aux nécessités de celui dont le moi embrasse un domaine infini est au-delà des capacités du moindre cerveau physique fini fait des cinq éléments. D'autre part, les cinq éléments qui composent le cerveau sont créés à partir de la substance mentale de ce même Grand Moi, aucun de ces cinq éléments « maté-

---

[1] Dans la mort ou dans l'état *avikalpa* (« au-delà de toute participation psychique », autrement dit, en l'absence de « je ») que vit le pratiquant qui, s'étant affranchi du psychisme, a fusionné son être à l'Esprit. (ndt)

[2] Les élans réactionnels sont, dans la mort, abrités dans la couche supérieure du réceptacle/« corps » *(deha)* subtil *(súkśma)* qu'est la couche psychique dorée ; voir schémas p. 201 puis p. 197. (ndt).

riels » ne peut donc servir de réceptacle au Psychisme macrocosmique. Il y a de ce fait absence de cerveau.

S'il en est ainsi, comment fonctionne ce Psychisme divin ? C'est l'Esprit *(Puruśa)* lui-même qui, à l'aide de la Force opératrice *(Prakrti)*, se manifeste pleinement en tant que Psychisme. Ce que nous appelons l'imagination *(kalpana)* divine est la forme psychique, abstraite que la Force opératrice a, sans commencement ni fin, depuis toujours et à jamais, fait prendre à l'Esprit. En cette imagination résident les possibilités de l'Esprit d'exprimer son Dessein. Dans l'état d'« union avec participation mentale » *(savikalpa samádhi)*, le yogi laisse dériver son propre psychisme sur ces ondes mentales de l'Esprit.

Ce monde manifesté, divin puisqu'il est créé dans l'Esprit originel sous l'action de la Puissance opératrice primordiale, est, nous l'avons dit, la manifestation psychique de Dieu. Celle-ci, bien que passant par de nombreuses formes diversifiées et que chaque forme soit elle-même périssable[1], est intrinsèquement impérissable.

Il y a une autre raison à ce que Dieu n'ait pas de cerveau. Si l'on doit recevoir des idées de l'extérieur, et projeter des idées intérieures vers l'extérieur, un cerveau est nécessaire. Or la question de projeter quelque chose de l'intérieur vers l'extérieur ou de prendre en soi quelque chose d'extérieur ne se pose pas pour celui en dehors duquel rien n'existe. Les fonctions psychiques de cet Être suprême s'effectuent à l'intérieur même de ses propres vibrations psychiques intérieures.

Je viens de vous dire que la réaction cognitive *(pratisaḿvedana)* de l'âme/l'Esprit *(átmá)* ne se produit pas en l'absence d'expression/de sensibilité psychique, et c'est pourquoi nous parlons de mort lorsque le psychisme porteur de l'identité d'un individu ne réagit plus. Toutefois, un simple mauvais fonctionnement des souffles vitaux peut interrompre le contrôle des nerfs sur le corps. Dans ce cas, les neurones n'étant pas complètement inertes, le psychisme fonctionne toujours au niveau « causal » [(inconscient)]. En présence de ce psychisme causal *(kárańamanah)*, la sensibilité répondante *(pratisaḿveditva)* de l'âme *(átmá)* reste aussi active qu'auparavant. Un médecin peut, à l'examen clini-

[1] Le volume un de *La Philosophie de l'Ánanda Márga, une récapitulation* détaille le phénomène de la création. (ndt)

que, déclarer cette personne morte. Dans la société hindoue, on pratique la crémation, il n'y a donc pas moyen de savoir si la personne était vraiment morte ou était encore vivante dans le psychisme causal [quand on l'a brûlée]. Car on brûle pour morts des gens qui ne le sont qu'à moitié ! Mais dans les pays où l'on enterre les morts, on a parfois trouvé, après avoir ouvert le cercueil, que la personne était revenue à la vie, puis, après s'être vaillamment battue pour rester en vie, avait fini par mourir dans le désespoir absolu de l'obscurité de sa propre tombe. Car, dès qu'il y a la moindre expression psychique, l'âme à la sensibilité répondante se doit d'être là et, par sa présence, permet que toutes sortes d'activités physiques et psychiques se produisent.

Le psychisme est supérieur au corps et l'âme est supérieure au psychisme. Bien que l'âme ne soit pas directement active, dans la mesure où sa présence est le facteur déterminant derrière les actions, il n'est pas du tout exagéré de la qualifier de maître/souverain *(Iishána)*. C'est grâce à la présence de l'âme/l'Esprit *(átmá)* que chaque action corporelle ou psychique s'effectue. Il est ainsi le maître souverain de cette demeure qu'est le corps. Il est présent en tant que maître de tous sans se mettre en action. C'est à cause de sa présence que son « épouse », la Puissance opératrice *(Prakrti)*, s'organise pour avoir des serviteurs et les dirige selon les besoins. L'Esprit n'a rien à faire mais sans lui toute la structure se briserait en morceaux et c'est pourquoi il est le maître *(iishána)*. Quelle que soit l'activité, l'événement ou la manifestation spatio-temporo-individuelle, elle se produit en lui. Il est le maître de tout, passé, présent et à venir ; tout est à ses ordres.

Chaque réalité relative est en fait créée, par l'action de la force opératrice *(prakrti)*, dans l'Existence *(deha)* divine même où elle demeure et se dissout. Si l'on juge sans passion, on ne peut reconnaître aucune de ces [réalités relatives] comme absolue, quelque particulière que soit sa situation. Chaque mot que je prononce à présent cesse, dès son émission, d'être du présent pour devenir du passé, et pour la personne à distance, pour qui le véhicule ondulatoire de l'air ou de l'éther n'a pas encore transmis ces paroles, elles ne sont encore que futures. Pour celui qui entend mes paroles à cinq mètres, elles sont présentes, pour celui qui est à dix mètres, elles sont futures, et pour moi elles sont passées. Tout ce qui est passé, présent et futur pour l'être individuel est, pour l'Être divin *(Brahma)*, une onde insécable. Cet Être absolu est l'autorité suprême du passé, du présent et de l'avenir, le maître suprême du temps. Ce maître universel est au-delà de l'emprise du temps, il est le Seigneur *(Iishána)*, il est votre propre être, il est vous-même. Vous n'êtes pas une pauvre et pitoyable créature ordinaire. Redressez-vous et libérez-vous de toute faiblesse et impureté. Comme un prince qui, élevé au foyer d'un hors-caste, découvre qu'il n'en est pas un, relevez haut la tête, bombez le torse avec dignité et lancez-vous dans la tâche d'établir votre honneur et votre prestige dans le royaume de votre cœur. Arrachez d'une main de fer toutes les déformations et faiblesses de votre esprit – la peur, la haine, la jalousie, etc. – et installez celui-ci sur votre trône incrusté de joyaux.

Manasaevedam áptavyaḿ neha nánásti kiiṋcana
Mrtyoh sa mrtyuuṋ gacchati ya iha náneva pashyati.
[Kaťha Upaniśad IV, 11.
C'est en pleine conscience que l'on doit saisir que rien ne se différencie [de l'Esprit] en ce monde. Celui qui voit ici-bas la différence va de mort en mort.]

Yama, [le Seigneur de la mort] dit à Natchikétâ : « tu es ce maître universel *(Iishána)* mais le simple fait de dire que tu es le Seigneur *(Iishána)* ne sert à rien. »

Si quelqu'un vous qualifie de millionnaire, l'entendre ne vous rend pas possesseur d'un million de roupies ! Il n'est donc pas suffisant de prononcer le mot millionnaire. Il faut être dans la situation d'être reconnu comme millionnaire. Se vanter en bombant le torse : « Je suis le maître souverain, je suis Dieu *(Brahma)* » ne signifie pas que l'on ait atteint l'état divin. Vous avez certainement entendu raconter l'histoire du chacal védantiste : écoutant les discours des théologiens *(pańďita)*, le chacal se mit lui aussi à prêcher dans sa propre société qu'il n'était pas un chacal mais le Dieu *(Brahma)* vivant que tous doivent révérer et adorer. L'état de ceux qui, après avoir lu quelques pages d'un livre, rêvent de salut sans effectuer la moindre pratique spirituelle *(sádhaná)* est semblable à ce chacal védantiste. Pour tout dire, de simples paroles sont sans effet : ce qui est important c'est de s'établir dans la conscience du Soi divin. Se penser titulaire d'une maîtrise n'est d'aucun effet, ce n'est qu'après d'intenses efforts et avoir finalement réussi l'examen que le sentiment d'avoir ce diplôme s'installe en soi et que s'affirmer titulaire d'une maîtrise se justifie.

Yama dit : « En vérité, l'être individuel est le Seigneur *(Iishána)*, mais tant qu'il n'est pas établi dans cette vérité, qu'il ne la ressent pas, qu'il reste limité à la seule afirmation de cette vérité, celle-ci reste lettre morte. » Alors que doit-on faire, quel est le moyen pour s'établir dans cette vérité ? Yama nous a dit précédemment[1] que celui qui a une ferveur et une piété sincères devrait apprendre le processus du culte spirituel d'un enseignant *(ácárya)* compétent, de sorte à pouvoir connaître cette vérité suprême à son plus haut niveau.

On peut se demander : « Ne peut-on pas atteindre cette Vérité par ses propres moyens, sans faire appel à un enseignant spirituel *(ácárya)* ? » Supposons que vous soyez vraiment assoiffé : s'il y a un plan d'eau à côté, vous pouvez facilement étancher votre soif, à moins que vous ne préfériez creuser votre propre puits à la pelle. Vous n'adopterez certainement pas la deuxième méthode car vous pourriez mourir de soif avant d'avoir fini de creuser le puits. De plus, vous n'arriverez peut-être pas à vous procurer l'équipement nécessaire au creusement du puits. D'ailleurs, même ceux qui peuvent se procurer un tel équipement ne le peuvent qu'en faisant appel à autrui. Bien sûr, on peut trouver du minerai de fer, en extraire le fer et le couler en une pelle. Couper une branche d'arbre, en faire un manche puis creuser un puits. On ne s'est alors pas fait aider mais on prend beaucoup de risques car après avoir creusé le puits on peut s'apercevoir que l'eau est saumâtre et pas du tout potable.

Vous devez donc vous adresser à un enseignant spirituel compétent pour apprendre la science spirituelle *(brahmavidyá)*, et suivre strictement ce que l'enseignant expérimenté vous enseigne. Si vous le désirez, vous pouvez demander à l'enseignant pourquoi vous devez faire ceci et cela, mais ne suivez pas vos propres fantaisies et caprices. Suivez correctement la méthode du culte spirituel *(sádhaná)* et vous

---

[1] Versets II, 8-9 (p. 69 et 73) et III-14 (p. 122). (ndt)

progresserez à coup sûr, vous parviendrez sans aucun doute au résultat souhaité. Après avoir pratiqué la méditation selon les instructions de l'enseignant spirituel, le connaisseur de Vérité, vous sentirez que dans ce monde observable, il n'existe qu'une entité. Vous verrez l'Esprit, un, insécable, rayonnant partout devant vous : une seule entité, pas d'autre. Vous perdrez alors votre vision étroite et fragmentée. Les sots se disputent à propos de la baie du Bengale et de la mer d'Arabie mais le géographe sait que l'une comme l'autre sont les noms régionaux du vaste océan Indien. Celui qui entretient, de jour comme de nuit, en ses [couches psychiques] sensoridésirante, mentale et astrales[1] l'expression pleine de douceur de l'Esprit *(Puruśa)*, seule et unique existence, ne voit que lui en tout. Il transcende l'agitation de ce monde mortel et s'établit dans l'immortalité.

Seul l'Esprit est cette conscience totale/non fragmentaire. Soumis que nous sommes à la Force de manifestation *(Prakrti)*, nous le voyons parfois comme un fils, parfois comme une femme ou un mari, parfois comme la renommée, parfois comme le savoir. En réalité, derrière chacune de ses expressions, l'entité fondamentale est une. Comme l'or des colliers, des boucles d'oreilles et des bracelets : vous regardez chacun d'entre eux différemment et créez une histoire particulière pour chaque. Vous pouvez aussi vous en servir de façon variée : portant l'un au poignet, l'autre au cou, etc. mais quand vous allez à l'atelier de l'orfèvre, celui-ci les voit tous comme seulement de l'or, les pesant selon le barème moins leurs impuretés et alliages. Devenez ce genre d'orfèvre. Apprenez à discerner la véritable substance derrière les noms superficiels. En pratiquant correctement la méthode cultuelle *(sádhaná)* que vous a expliquée l'enseignant spirituel, la capacité de distinguer la substance originelle s'éveillera aussi en vous. Pratiquez le culte spirituel *(sádhaná)* et voyez vous-même, vous défaisant de toutes vos peurs, hontes, doutes et hésitations.

Celui qui regarde les choses d'un regard partiel/fragmentaire, c'est-à-dire pour qui seuls l'apparence et le nom comptent, court après les choses, attaché aux plaisirs sous l'influence de ses propensions sensuelles. Esclave de ses inclinations sensuelles, il doit renaître après

---

[1] Voir schéma p. 201. (ndt)

la mort encore et encore pour satisfaire ses désirs inassouvis, pour épuiser ses élans réactionnels *(saḿskáras)*. La mort finale, la mort porteuse du nectar d'immortalité du Bien éternel, cette mort supérieure, source de vie, ne veut pas venir à lui. La mort d'un véritable pratiquant *(sádhaka)* est cette grande mort et c'est pourquoi il ne la craint pas. Pour lui, elle ne signifie pas la mort mais la vie éternelle en le libérant de toutes les entraves qui le limitaient. C'est ainsi que, dans la mort, le pratiquant unifie son souffle de vie au Grand Souffle/à l'Esprit et atteint à la Béatitude divine. Ce Souffle suprême, qui est Dieu *(Brahma)* lui-même, est celui qui procure l'existence à chaque entité.

Agnir yathaeko bhuvane praviśt́o rúpaḿ rúpaḿ pratirúpo jagáma,
Ekas tathá sarva-bhútántar átmá rúpaḿ rúpaḿ pratirúpo bahish ca.
[Kat́ha Upaniśad V, 9.

Tout comme l'énergie[1] pénétrant ce monde s'adapte à toute forme, l'Esprit unique, intérieur à tout être mais aussi extérieur, s'adapte à toute forme.]

Dans ce monde observable, on remarque partout l'extraordinaire fonctionnement de la force de l'éclair, de la lumière, du son et de la chaleur. Les jeux étranges de cette énergie déroutent sans aucun doute les gens ordinaires mais les scientifiques, conscients de ce qu'il en est, savent que l'énergie n'est qu'une. C'est la même force matérielle, l'énergie, qui se manifeste diversement dans différents états. Cette force matérielle n'est pas seulement active en tant que force pure, elle est aussi l'état dense de la matière. Cette force prétendument matérielle naît de l'action sur l'Esprit *(Puruśa)* de la Puissance opératrice *(Prakrti)* aux trois composantes liantes *(guńa)*. Tout comme l'énergie prend les innombrables formes de cet univers et fonctionne en elles, de même une seule et même Âme, l'Esprit *(Átman)* demeure bien installé en chaque forme, en tant que constituant et aussi témoin. L'Esprit n'est pas seulement présent en tant que composant et témoin dans les formes produites par la force matérialisante, il est aussi présent en tant que

[1] Le « feu ». (ndt)

l'Entité qui voit tout à l'extérieur d'elles : il demeure non seulement dans la Création, mais aussi à l'extérieur d'elle en tant que son Connaisseur ; et là où connaissance, connu et connaisseur se sont unifiés/ne font plus qu'un, il est aussi présent dans cette réalité divine *(brahmatattva)* libre de toute détermination *(nirguńa)*.

Váyur yathaeko bhuvanaḿ praviśťo rúpaḿ rúpaḿ pratirúpo babhúva, Ekas tathá sarva-bhútántar átmá rúpaḿ rúpaḿ pratirúpo bahish ca. *[Kaťha Upaniśad V, 10.*

Tout comme un même souffle pénètre le monde/l'être vivant et s'adapte à toute forme, l'Esprit unique, intérieur à tout être et aussi extérieur, s'adapte à toute forme.]

Prenez le vent, il se caractérise par sa faculté de se déplacer. En vérité, on appelle « souffle »[1] d'un point de vue général, tout ce qui peut transporter ou mettre en mouvement quelque chose. La force vibratoire qui permet au microcosme, au psychisme individuel, de recevoir ou d'émettre des ondes matérielles *(tanmátra)* n'est autre que le souffle *(váyu)*. C'est pourquoi le sens sous-jacent de « souffle » *(váyu)* est *práńa* qui signifie « force » ou « énergie vitale »[2]. C'est à l'aide de cette énergie vitale que vous entendez, goûtez, sentez, marchez ou voyez. Cette même force vitale agit, bien installée dans le corps, effectuant différentes fonctions. C'est elle, manifestation d'ensemble des dix souffles [corporels] à l'activité différenciée[3], qui préserve les diverses formes du monde microcosmique. De manière analogue, le seul et même Esprit, manifesté sous un état différent, permet que se maintiennent les structures des diverses formes de ce monde et, extérieur aux formes, en est le Sujet ultime tout en étant aussi à l'intérieur d'elles.

Súryo yathá sarva-lokasya cakśur ńa lipyate cákśuśaer báhya-dośaeh, Ekas tathá sarva-bhútántar átmá na lipyate loka-duhkena báhyah. *[Kaťha Upaniśad V, 11.*

---

[1] *Váyu* : l'air, le vent et le souffle. (ndt)
[2] En anglais, on peut utiliser au choix les mots *strenght* et *vital energy* au sens de *práńa*.
[3] Détaillée dans le complément 5 p. 202. (ndt)

Tout comme le soleil, œil du monde entier, n'est pas souillé par les défauts extérieurs des yeux, l'Esprit unique, intérieur à tous les êtres, n'est pas souillé par la douleur du monde, il lui est extérieur.]

Dieu/l'Esprit est comme le soleil. Le soleil est l'œil du monde entier. Comment connaît-on un objet extérieur ? Par les ondes lumineuses qui, émanant de l'objet, frappent l'œil. D'où viennent ces ondes lumineuses qui transportent l'information visuelle caractérisant *(tanmátra)* l'objet ? Elles viennent du soleil. Le soleil est la cause apparente de chacune des forces manifestées ou endormies de ce système solaire. Quelle que soit la lumière qui nous permet de voir un objet, elle a sa source première dans le soleil qui est donc le grand œil du système solaire. Nous ne pourrions pas voir quoi que ce soit de nos yeux s'il n'y avait pas les ondes lumineuses (ou tout autre force ondulatoire) créées par le soleil. Sans l'aide de l'œil à la vision totale du soleil, nos yeux terrestres ne peuvent pas du tout fonctionner. Si, à cause d'une maladie des yeux, nous ne pouvons pas voir un objet, pouvons-nous en blâmer le soleil ? Non, en la circonstance, ce sont nos yeux qui sont à blâmer, pas le soleil. Le défaut de nos yeux n'empêche en rien la vision totale du soleil.

Semblablement, bien que Dieu *(Brahma)* soit le directeur ultime de toutes les psychés et celui qui, par sa splendeur sans pareille, se réfléchit sur tous les écrans psychiques, si votre écran mental est défectueux et qu'à cause de cela l'expression divine ne se manifeste pas magnifiquement en vous, la faute est vôtre, pas divine. Tout comme un défaut oculaire n'implique pas le soleil, un défaut mental n'implique pas Dieu. Si vous faites quelque chose de méchant, la méchanceté vient habiter votre esprit. Si vous regardez des choses infâmes, de vils sentiments s'éveillent en vous. Le soleil n'a pourtant rien à voir avec ces défauts, il reste aussi pur que toujours. Il est le père de tous les yeux, pour lui tous les objets restent les mêmes.

Pareillement, nulle faute individuelle ne peut toucher Dieu *(Parama Puruśa)*, Âme de tous les êtres, qui irradie [de sa Lumière] chaque individu. S'il faut blâmer quelqu'un ou quelque chose, c'est le psychisme individuel réflecteur. C'est ce même psychisme individuel qui jouit du plaisir et souffre de la douleur. Dieu n'est donc, bien que très intimement associé aux êtres individuels, en aucune façon souillé par leurs plaisirs ou leurs souffrances. Malgré cela, il a continuellement répandu sa bonté infinie sur les microcosmes sans discrimination ni réserve. Il renferme une miséricorde infinie. Que l'être individuel comprenne ne serait-ce qu'une parcelle de sa Générosité, et toutes les ignominies de son esprit sont immédiatement détruites. Pourtant, l'on n'essaye pas de le comprendre.

Le culte spirituel *(sádhaná)* consiste véritablement à comprendre sa Générosité. Si vous n'avez pas de pratique spirituelle *(sádhaná)*, la faute est vôtre, n'essayez pas d'attribuer à cet Océan de miséricorde, Dieu suprême *(Parama Brahma)*, la responsabilité de vos propres plaisirs et peines.

Eko vashii sarva-bhútántar átmá, ekaḿ rúpaḿ bahudhá yah karoti ;
Tam átmá-sthaḿ ye 'nupashyanti dhiirás, teśáḿ sukhaḿ sháshvataḿ netareśám. *[Kaťha Upaniśad V, 12.*

Il est le Seigneur souverain, l'Esprit intérieur à tous les êtres, l'Unique qui crée les multiples formes à partir de lui-même. Seuls les sages qui le voient habiter en soi ont le bonheur éternel.]

Il est le Seigneur souverain de tous. Cette création, cet univers est complètement sous ses ordres, il le contrôle d'un simple signe. Pas le moindre recoin n'y échappe. Avec un seigneur souverain, sont normalement présents deux autres éléments qui sont une loi et ce qui lui est soumis : sa mystérieuse création, avec tous ses subtils mouvements, qu'est cet univers physique, mental et astral[1]. Dieu continue à créer, en suivant son propre désir, ce monde aux formes si diverses. Bien que le créateur de cette multitude, il est lui-même un, il est unique. Infini, il ne peut être plus d'un sans remettre en question sa nature même. Il est infini et se caractérise par le fait qu'il réside en soi. Si l'âme *(jiivátmá)* est le connaisseur du psychisme individuel, le Créateur est le connaisseur suprême, le témoin suprême de toutes ces âmes. Bien qu'étant la

[1] *(Sthúla-sukśma-káraňa)*, schéma p. 201. (ndt)

Présence omnisciente, il n'est, en réalité, pas complètement accompli spirituellement, parce que les psychismes individuels sont des formes fragmentaires, individualisées, de son vaste Psychisme, et les objets physiques créés sont des manifestations plus grossières de celui-ci. Quant aux âmes *(jiivátmá)*, les âmes à la soi-disant individualité, elles ne sont autres que son reflet sur d'innombrables écrans mentaux individuels. C'est ainsi que son état de Créateur *(kartrbháva)*, le psychisme individuel qui en est le résultat *(karmabháver aṅumánasa)*, le monde observable et les innombrables âmes *(jiivátmá)* ne sont, d'un point de vue spirituel, tous que les différentes manifestations de l'Esprit.

Il réside sans aucun doute en vous, conscient de chacun de vos actes. Il est excessivement proche de vous, il n'y a pas la moindre distance entre vous et lui : votre être est au plus près de lui, aussi indissolublement que l'est l'ombre accolée à la lumière du soleil : « [ils sont tels] l'ombre et le soleil, disent les connaisseurs de Dieu » *(cháyatapao brahma-vido vadanti[1])*. Celui qui, à force de pratique spirituelle *(sádhaná)*, s'est soigneusement intériorisé, le connaîtra sans aucun doute et, atteignant cette mer de Félicité éternelle, jouira d'un bonheur sans fin. Bien sûr, vous vous régalez en mangeant des *rassogolla* (une délicieuse confiserie), mais aussi grande que soit votre réserve, ne vient-il pas un jour où elle s'épuise ? Pour connaître un bonheur éternel grâce à des *rassogollas*, il vous en faudrait un nombre illimité, ce qui est impossible car rien dans ce monde n'est illimité. Dieu seul est sans limite, ce n'est donc qu'en l'atteignant qu'on peut connaître un bonheur éternel. Qu'importe combien l'on jouit de Dieu, il ne peut jamais s'épuiser. Ceux qui ont besoin des objets individuels pour être heureux ne peuvent absolument pas connaître un bonheur sans fin.

Nityo 'nityánáḿ cetanash cetanánám, eko bahúnáḿ yo vidadháti kámán ; Tam átma-stháḿ ye 'nupashyanti dhiirás, teśáḿ shántih shásvatii netareśám. *[Kat́ha Upaniśad V, 13.*

[1] *Kat́ha Upaniśad III, 1.* (ndt)

Lui qui est le permanent des entités impermanentes, la conscience des êtres conscients, l'unique de la multitude, comble leurs désirs. Seuls les sages qui le voient habiter en soi-même ont la Paix éternelle.]

Ce que nous croyons permanent dans ce monde ne l'est pas vraiment. Permanent *(nitya)* désigne ce qui est établi dans sa propre nature, qui n'est pas abaissé par la relativité spatio-temporo-individuelle. C'est l'Esprit *(Puruśa)* qui est la véritable entité permanente à l'intérieur de tous les objets soi-disant constants. Les êtres que nous disons communément « conscients, connaissant » *(cetana)*, ne le sont pas vraiment, n'étant que des manifestations grossières de l'Esprit *(caetanya)*. Cette conscience témoin permanente qu'est l'Esprit *(Puruśa)* se tient derrière ces états extériorisés, manifestés, de lui-même, derrière ces entités apparemment conscientes. Il est la seule et unique Entité véritablement éternelle et connaissante qui réside derrière ces entités transitoires et ignorantes que l'on accepte communément comme constantes et conscientes. Lui qui a fait se développer, par sa propre volonté et conscience, ces divers objets transitoires et ignorants, leur fournit en permanence les nécessités variées que réclament leurs désirs et besoins. Il garde, à tout moment, pour chaque organisme vivant né dans son Corps psychique, les aliments adaptés et autres choses nécessaires à la vie de cet organisme. Dans les temps anciens, arbustes et forêts furent créés avant les oiseaux qui s'y nourrissent. Les bébés ayant besoin de lait, il leur est fourni d'avance, au sein de leur mère. Quel que soit le type d'organisme, Dieu crée une atmosphère et un environnement qui lui est propice bien à l'avance.

Il ne fait rien par caprice. Chacun de ses actes, chacune de ses ondes de pensée, est plein de sens. Dans son monde, pas même une fourmi n'est inutile. Il prend soin de faire toutes les provisions nécessaires à la préservation d'une fourmi, et ces provisions précèdent la venue de la fourmi. Yama dit : « Natchikétâ, efforce-toi de le connaître. Sais-tu qui il est ? Il est toi. Seuls les sages apaisés qui le voient en soi-même atteignent à la Paix éternelle. »

Tad etad iti manyante 'nirdeshyam paramaḿ sukham ;
Kathaḿ nu tad vijániiyáḿ, kim u bháti vibháti vá.
[Kat́ha Upaniśad V, 14.

[Les sages]*[1] *comprennent que tout ceci est Dieu absolu*[2]*, l'Indescriptible Bonheur suprême. Comment puis-je vraiment le connaître ? Est-ce lui qui rayonne ou éclaire-t-il ?]

Comment pouvons-nous connaître ce Dieu *(Brahma)*, réceptacle d'un bonheur illimité ? Natchikétâ demande : « Ce Dieu est-il une entité lumineuse ? Apparaît-il en chaque objet ? Est-ce lui-même qui se manifeste en chaque être vivant ? »

Na tatra súryo bháti na candra-tárakam nemá vidyuto bhánti kuto 'yam agnih, Tam eva bhántam anubháti sarvaḿ tasya bhásá sarvam idaḿ vibháti. [Kat́ha Upaniśad V, 15.

En lui, le soleil, la lune et les étoiles n'ont pas d'éclat, même les éclairs ne brillent pas, encore moins le feu ! Tout ce qui brille rayonne de lui : ce monde resplendit de sa lumière.]

Il est radieux. Savez-vous à quel point ? Son éclat est au-delà de ce que peuvent saisir vos sens, au-delà de ce que vous pouvez concevoir. Vous pouvez difficilement voir un ver luisant les nuits de pleine lune bien qu'il brille car la lune diminue son éclat. Quant à la lune, elle est très brillante, pourtant vous ne pouvez pas bien la voir durant le jour car le soleil la fait pâlir. Le soleil est l'objet le plus brillant du système solaire mais la splendeur de Dieu surpasse même l'éclat du soleil. Le soleil, la lune et les étoiles perdent leur lustre en Dieu. Même l'éblouissante lumière de l'éclair est complètement terne devant sa Splendeur. Ce n'est pas une tâche facile que de saisir son extrême éclat. Pour cela, une pratique spirituelle *(sádhaná)* vigoureuse est indispensable. Imaginez quel rayonnement extraordinaire doit avoir celui devant qui la lune, les étoiles, l'éclair et le feu, tous restent pâles. Si vous ne pouvez contempler le soleil de vos yeux nus, imaginez quelle

---

[1] « Ils ». (ndt)

[2] *(Tad etat)* ; « tout ceci » *(etat)* : ce monde et ses êtres, tout ce qui se présente à nous, est « Dieu absolu » *(tad)*, *Brahma* ; lire remarque 3 p. 202. (ndt)

énorme quantité de pratique spirituelle vous est nécessaire pour contempler Dieu.

C'est de sa Lumière que tout objet rayonne. Aucun objet ne brille de lui-même. La lune réfléchit la lumière du soleil et le soleil brille de Dieu. Le soleil ne rayonne pas sa propre lumière *(jyotisvarúpa)*, seul Dieu est lui-même lumière *(jyotisvarúpa)*. Son rayonnement est intense sans violence, il est doux, sans rudesse. Contemplez son calme éclat dans le firmament de votre cœur/intérieur. Écartant tous les complexes d'infériorité, suivez le chemin de la pratique spirituelle, elle est votre seule raison d'être un être humain. La vie de celui qui n'en a pas passe en vain comme un arbre frappé par la foudre.

> *Pour adorer le Seigneur, sur la terre je vins, pris par*
> *l'illusion du monde, telle une plante/arbre, je devins.*[1]
>
> Narottamdás Thákur

C'est pourquoi je dis : ne perdez pas votre temps. Faites bon usage de votre énergie pendant qu'il en est encore temps. Connaissez et comprenez votre être véritable de crainte que vous ne le déploriez :

> *Las ! j'ai perdu ma vie en vain, sans adorer le Seigneur, négligeant le plus précieux des trésors. Quel malheur ! je n'ai pas goûté à même une goutte du nectar d'immortalité de cet Océan d'amour.*[2]
>
> Vidyâpati (poète maithili)

Ne permettez pas que votre vie s'écoule en vain. Faites bon usage de votre intelligence et de votre esprit. Transformez votre humanité en divinité et unifiez cette divinité gagnée par la pratique spirituelle au divin état éternel.

Muzaffarpur, 1956
Pleine lune de juin-juillet *(áśáďha)*.

---

[1] *Kriśńa bhajibár tare saḿsáre áinu, Miche máyá-baddha haye vrkśa-sama hainu.*

[2] *Vrthá janma goṋâyaluṋ hena Prabhu ná bhajaluṋ, khoyâyaluṋ soha guńanidhi ; Hamár karama m̂anda ńá milala eka bunda premasindhu rasakâ avadhi.*

Le temporel et le transcendantal

Je parlerai aujourd'hui essentiellement de la *Katha Oupanishad (kathopaniśad)*. Les cinq enveloppes/couches psychiques *(kośa)* et les sept sphères d'existence *(loka)* occuperont cependant la majeure partie de mon discours.

Une bonne connaissance de ces plans psychiques et sphères d'existence[1] facilite grandement la pratique spirituelle *(sádhaná)*. Les couches psychiques sensorielle *(káma-maya kośa)* et intellectuelle *(mano-maya kośa)* sont généralement familières à l'être humain, mais celui-ci sait trop peu que le psychisme causal[2] *(káraňa manah)*, qui durant l'éveil et le rêve[3] reste, disons, inexprimé ou apparemment inexprimé, est éveillé dans le sommeil (profond).

L'acte de connaître quelque chose n'est pas un acte de pure connaissance/de conscience spirituelle *(jiṇána)*, c'est une activité de compréhension *(bodha)*, elle se produit donc essentiellement dans la couche intellectuelle *(manomaya kośa)*. C'est pourquoi, dans l'état psychique où ne demeure que le sentiment causal[4], il est presque impossible de connaître ou comprendre quoi que ce soit. On le peut cependant si l'on éclaire le monde obscur de son psychisme causal de l'éclat de sa propre âme *(átman)*. Cet effort d'éclairage est l'effort vers l'âme car il élève peu à peu le psychisme causal à l'état caractérisant l'âme, jusqu'à l'absorber dans l'état divin suprême[5] *(Iishvaragrasa)*.

---

[1] Voir schémas p. 197 et 201. (ndt)

[2] Composé des trois autres couches psychiques (supramentale, subliminale et dorée *(atimánasa, vijiṇána-maya* et *hiraňmaya)*) généralement inconscientes. (ndt).

[3] Le rêve qui se manifeste dans la couche intellectuelle/purement mentale, la veille où s'exprime avec prépondérance la couche sensorielle. (ndt)

[4] Qui correspond à l'état de sommeil profond sans rêve où les couches psychiques sensorielle et intellectuelle sont au repos, ou à un état intermédiaire correspondant de la méditation spirituelle. (ndt)

[5] Un état au-delà de la notion de sujet et d'objet, dit le « quatrième [état] » *(turiiya)* (voir les chap. IV et V de *La Science sacrée des Védas 1*). (ndt)

Les états plus manifestes et grossiers du psychisme ne permettent pas de connaître le psychisme causal. Seule la connaissance pure/conscience spirituelle *(jiṋána)* le permet, et non la compréhension/sensation *(bodha)* des niveaux intellectuel et sensoriel de la psyché. L'acte cognitif individuel qui met le psychisme causal en réelle position d'objet est son éclairage par la lumière de l'âme. Sujet et objet sont là toujours présents parce que s'il ne demeurait pas un semblant d'état de sujet et de notion d'objet en l'âme individuelle comme en celle universelle[1], on ne pourrait acquérir la connaissance de leur présence. La contemplation des plans causaux requiert ainsi [la différenciation entre] chose à voir, action de voir et conscience qui voit. Je ne la fais cependant pas entrer dans la catégorie d'une compréhension *(bodha)* mentale car il demeure en celle-ci une forte association avec les propensions. Là se situe la différence principale entre pure connaissance *(jiṋána-kriyá)* et perception/compréhension *(bodha-kriyá)*.

Quand le substrat mental [chambre objectivable du psychisme] *(citta)* s'identifie aux objets avec lesquels les sens sont en relation, on parle de sensation *(anubhúti*[2]*)*. L'usage des sens fait se matérialiser sur le plan psychique la forme de l'objet et naître cette sensation. Lorsque cette relation aux objets s'approfondit au point que le substrat mental [chambre objectivée] s'identifie [plus] complètement à eux, on en obtient une certaine compréhension *(upa-labdhi*[3]*)*. Puis, si la proximité avec les objets s'approfondit encore, que le substrat mental s'identifie presque complètement à eux, l'expression du sentiment de je individuel devient vraiment vague. Dans cet état, le sentiment d'individualité disparaît presque, l'objet vu et celui qui le voit ne forment quasi plus qu'un, mais pas complètement. On appelle cet état la connaissance substantielle *(labdhi)*. *Anubhúti*, *upalabdhi* et *labdhi* sont les différents stades de la perception/compréhension *(bodha-kriyá)*, fonction psychique puisqu'elle s'effectue à partir de la forme que prend le substrat psychique *(citta)*.

---

1 *Jiivátmá vá saguńa átmáy (puruśottame).*

2 *Anu* signifie « après » et *bhúti* « se produisant » *(bhava)* ; on dit *anubhúti* ou *anubhava.*

3 *Upa* signifie près et *labdhi* obtention.

Le psychisme « causal », comme nous l'appelons communément, est aussi sous l'influence combinée des trois aspects qualifiants[1] de la force opératrice, (les *guńas*), qui affectent toutes les couches psychiques/tout le substrat mental *(citta)*. C'est dans ce psychisme causal *(kárańa)* que les impressions psychiques réactionnelles latentes *(saḿskára biija)* sont conservées. Pour visualiser pleinement les couches psychiques causales, il ne faut pas être sous l'influence de ces élans réactionnels *(saḿskára)* : en s'exprimant, ils agitent les couches psychiques sensorielle et intellectuelle[2], et c'est ce qui empêche la personne chargée d'élans réactionnels *(saḿskára)* d'être dans l'état de tranquillité du psychisme causal. Il faut donc, comme je le disais, pour connaître le psychisme causal (connaissance certaine qui est l'état naturel divin), amener sa compréhension au-delà de la petitesse d'un état en rapport avec le perceptible[3], la ramener à l'instance supérieure *(tattva[4])* de la vie psychique. Le moi[5] *(ahaḿ-tattva)* ne peut alors que s'unir à son je principiel/je existentiel *(mahat-tattva[6])*. Lorsque cela se produit, le je existentiel individuel n'a pas d'autre choix que de s'identifier, temporairement, au je existentiel universel/divin[7].

Comprendre pleinement le psychisme causal signifie ainsi se retirer entièrement du moindre substrat mental parcellaire/individuel. Quoi que le je existentiel [individuel] puisse saisir, en tant qu'il est lui-même l'objet du je existentiel universel, il ne peut avoir l'état non manifesté[8] du substrat psychique universel pour objet. Pour saisir l'entité causale de l'individu ou le substrat psychique universel non manifesté, il faut que rayonne de toute sa splendeur la pure cognition *(prajiṋá)*, les éclairant directement, ne laissant pas de place à la moindre

---

[1] Conscientisant *(sattva)*, activant *(rajah)* et statique (inertiant) *(tamah)*). (ndt)

[2] Le texte dit : « le psychisme grossier et le psychisme subtil », une autre façon de désigner ces couches. (ndt)

[3] C'est-à-dire aller au-delà du substrat mental *(citta)*. (ndt)

[4] Il s'agit ainsi de se retrouver au niveau du moi *(ahaḿ-tattva)*, voir schéma du psychisme p. 201. Lire aussi note 2 p. 106. (ndt)

[5] Je agissant, l'instance supérieure au substrat mental *(citta)*. (ndt)

[6] Littéralement : « grand principe » ou « principe premier » (du psychisme) appelé aussi *buddhitattva* (principe mental). (ndt)

[7] Ceci est expliqué plus en détail un peu plus loin (p. 186). (ndt)

[8] Correspondant à sa partie causale *(biija)*. (ndt)

manifestation de l'ordre d'une compréhension *(anubhúti, upalabdhi* et *labdhi,* ou *bodha-kriyá)* obtenue à partir du substrat mental.

Comment acquérir la faculté de la pure cognition *(prajiṇá-shakti)* qui peut saisir l'univers[1] comme sa forme causale[2] ? Cet accomplissement est-il ce qu'on appelle la *sambodhi* [pleine connaissance] ? Non, je ne l'appellerai pas *sambodhi* car celle-ci est la pleine expression de la connaissance *(bodhi)*, or la connaissance vraie de la pure cognition *(prajiṇá)* est au-delà même de la compréhension *(bodha)* psychique *(mánasa)*. Peut-on acquérir cette capacité cognitive par l'effort psychique *(mánasa sádhaná)* ? Oui, on peut l'acquérir par le culte intérieur *(mánasa sádhaná)*.

La pure cognition est le résultat de la somme de tous les mouvements psychiques qui s'élèvent. Ce résultat ne peut s'obtenir que par la pratique spirituelle *(sádhaná)*. Sans cet effort, on entretient, [même] dans sa conscience psychique supérieure *(bodhi-citta*[3]*)*, un sentiment d'unité entre organes des sens et cognition.

Le petit sentiment de moi de l'être humain confond l'agent agissant et la pure cognition [l'entité spirituelle] *(prajiṇá)*, de telle sorte qu'il n'arrive pas à concevoir d'autre agent que son propre moi comme auteur de ses actes. Devant la saisie ou la manifestation d'une réalité extérieure par ses sens et organes moteurs, il pense que le fonctionnement de cette saisie ou de cette manifestation ne dépend que de l'inspiration de son propre ego. Trompé par ses propensions extraverties, il ne peut comprendre que sans la présence de la pure cognition [l'entité spirituelle] *(prajiṇá)* l'activité de l'agent agissant *(karańa)* ne peut avoir lieu, que dire de l'action elle-même *(kárya)* ! L'éclairage cognitif *(pratisaḿveditva*[4]*)* de la pure cognition est le seul facteur déterminant l'action, l'agent agissant et la pensée. On appelle cette disgrâce qui confond entité témoin *(drk shakti)* et entité qui regarde *(dar-*

---

[1] Partie manifestée du substrat mental divin. (ndt)
[2] *(biija)*, sa partie non manifestée. (ndt)
[3] J'emploie ici délibérément le terme *bodhi-citta* car il n'y a pas de mot équivalent qui puisse exprimer la manifestation la plus élevée à laquelle puisse prétendre le substrat mental *(citta)*.
[4] *Omnitelepathy* dans la traduction anglaise. (ndt)

shana shakti) – ce deuxième aspect de l'illusion principielle/l'ignorance[1] – le « c'est moi » *(asmitá)*[2].

> *L'état de « c'est moi » (asmitá) confond la faculté qui voit et celle qui regarde.*[3] (Patañjali, *Yoga-sútra)*

Quand les gens, voyant quelque chose ou la percevant mentalement, pensent que seule leur vision ou leur perception discerne l'existence de cet objet, ce type de présomption insensée est le « c'est moi ».

Ces personnes ne peuvent comprendre qu'il y a derrière leur cognition *(jiṋána kriyá)* comme derrière leur perception, la lumière d'une Entité rayonnante. Cette lumière – plein éclat de leur vraie nature – est non seulement présente dans le sensoriel et l'intellectuel[4] mais se reflète aussi dans le causal. Les ignorants ne voient que le petit reflet de lumière que renvoient leurs propres enveloppes psychiques[5] et ne peuvent concevoir quoi que ce soit en dehors de cela. Leur conscience reste limitée à cela. Plongés dans l'illusion, les soi-disant matérialistes ne veulent rien reconnaître au-delà de ce monde observable. Ce déni de leur part n'est pas de l'arrogance, simplement une monumentale ignorance.

L'esprit humain parcourt trois états : la veille, le rêve et le sommeil profond[6]. Durant l'éveil, toutes les couches psychiques sont plus ou moins exprimées, et l'on peut distinguer l'entité témoin de l'entité qui regarde. Pendant le rêve, les sens sont endormis, la différence entre les deux se fait alors moins nette. Dans l'inertie du sommeil profond, les deux semblent se perdre dans le noir : dans cette obscurité, la personne et le monde sont mêlés. Dans le sommeil profond, les élans réactionnels *(saḿskáras)* sous forme latente, sis dans le psychisme

---

1 *(Avidyá)* dans les *Yoga-sûtras* de Patañjali *(v. II-3)*. (ndt)

2 L'attachement au « je suis » *(asmi)*, à son petit moi. (ndt)

3 *Drg-darshana-shaktyor ekátmatevásmitá. (II-6)*

4 « Le grossier et le subtil » ; le causal représente les plans psychiques plus subtils (voir schéma du psychisme p. 201). (ndt)

5 Les enveloppes psychiques causales se sont pas différenciées par rapport au macrocosme (seuls les élans réactionnels demeurent pour différencier l'individu (voir *Idea and Ideology* chap. sur les *kośa*)), il s'agit donc ici des enveloppes sensoridésirante et intellectuelle.

6 Dans la veille s'exprime de façon prépondérante le plan sensoriel, dans le rêve le plan mental, dans le sommeil profond le plan causal. (ndt)

causal, restent en tant que support de l'individualité. Bien que, dans cet état, la pure cognition se reflète/soit présente, en l'absence de manifestation d'un agent agissant, l'être vivant ne dispose pas de la pierre de touche lui permettant de différencier la cognition *(prajiṋá)* de l'agent agissant.

Nous voyons donc que tant que l'état de pure cognition *(prajiṋá)* se différencie de celui des couches psychiques, nous ne pouvons que leur reconnaître une identité séparée. Sinon cela voudrait dire que, malgré ses yeux, on ne pourrait voir, que la lumière de la pure cognition aurait été absorbée dans les ténèbres de l'inertie. Puis lorsque, surmontant l'effet trompeur des couches psychiques, on s'établit dans le monde splendide de la lumière, ne demeure plus au contraire que l'état de pure cognition. La conscience des couches psychiques s'immerge dans le sentiment de moi agissant *(aham)*, et ce dernier dans le sentiment d'existence *(mahat)*. C'est-à-dire que dans l'état de pure cognition, l'autorité individuelle se retrouve interrompue. L'auteur, l'instrument de l'action et l'activité, tous atteignent à la Paix de la pure cognition.

Ainsi, dans la sphère divine[1] *(Satya loka)*, rien n'est manifeste sauf l'Esprit, alors que dans les six sphères d'existences inférieures[2], les distinctions entre les trois – la connaissance, l'état de connaisseur et le connaissable, ou l'action, l'auteur de l'action et ce qui est effectué – demeurent.

Dans les six sphères inférieures, agent de l'action et pure cognition demeurent séparés, et cette existence distincte est ce qui caractérise toute manifestation appartenant à la Création. La pensée individuelle prise par l'illusion mêle cependant confusément les six sphères d'existence, l'entité spirituelle [(la pure cognition, entité témoin)] *(prajiṋá)* et l'agent de l'action. Si ce regroupement permettait de s'établir dans la pure cognition, il n'y aurait rien à dire, car c'est à cela que vise l'effort spirituel *(sádhaná)*. Mais l'être humain, dans sa confusion, ignore l'entité spirituelle et considère l'agent de l'action comme tout.

---

[1] La septième sphère, voir schéma p. 197. (ndt)
[2] Psychiques et physique. (ndt)

L'état « changeant/se métamorphosant » *(liilá)* de Dieu est celui où il donne une forme concrète à son état éternel. L'ignorance qu'est le « c'est moi » *(asmitá)* fait perdre à l'être humain la capacité de reconnaître l'Éternel, constamment présent derrière cet état de métamorphose. Plus l'influence de l'activité des sens est forte, plus l'être humain accorde d'importance à l'agent de l'action[1] et est indifférent vis-à-vis de la pure cognition. La nature subtile de l'activité de perception/compréhension entraîne [peu à peu] un élargissement du champ couvert par le psychisme et le progrès de l'intellectualité. L'état de pure cognition se manifeste de plus en plus et l'agitation de l'esprit humain finit par atteindre à un état de tranquillité. La sphère de la Vérité *(Satya loka)* est l'état suprême, le plus haut degré de tranquillité, un état témoin au-delà de ce qui est psychique. On l'appelle, en langage philosophique, *Brahma-loka* [: le Royaume de Dieu, monde purement spirituel].

Yathádarshe tathátmani yathá svapne tathá pitr-loke,
Yathápsu pariiva dadrshe tathá gandharva-loke cháyátapayor iva Brahma-loke. *[Katha Upaniśad VI, 5.*

On voit [Dieu] se refléter[2] en soi : dans le monde supramental (le monde-parent), comme dans un rêve, dans le monde subliminal (des anges musiciens) comme dans l'eau, et dans le Royaume de Dieu, comme la lumière dans l'ombre.]

La splendeur lumineuse de cette Entité spirituelle se réfléchit perpétuellement sur l'écran mental de l'être individuel. Plus notre miroir mental est clair, moins il contient d'impuretés, et plus il reçoit pleinement et dans toute sa brillance ce rayonnement spirituel. Ces êtres individuels qui purifient leur principe mental *(buddhi-tattva)* par la pratique spirituelle jouissent de la douce béatitude du Toucher divin. Un principe mental *(buddhi)* impur est un mauvais support au reflet divin. Ceux à la pensée grossière ne peuvent de ce fait même pas saisir un iota de la Douce Essence divine ; dans leurs moments de bonheur,

---

[1] Son corps, ses organes des sens ou son moi. (ndt)
[2] Littéralement « comme dans un miroir ». (ndt)

leurs ondes mentales alourdies par l'illusion tentent de rester dans un oubli suffisant, dans le mépris de Dieu ; et dans leurs moments de malheur, ils le critiquent à l'excès, n'arrivant pas à comprendre le décret miséricordieux qui existe derrière leur malheur. Dans un miroir propre ou peu sale, vous pouvez très bien voir un objet, tandis que dans un miroir plus sale, votre connaissance de l'objet devient floue. Il en est exactement de même de votre visualisation de l'Esprit *(átmá)* sur votre miroir mental.

À l'état de veille, c'est-à-dire dans le psychisme sensoriel *(kámamaya-kośa)*, il est toujours très difficile de percevoir le reflet de l'Esprit. Mais dans le rêve, autrement dit sur le plan intellectuel/purement mental *(manomaya-kośa)*, on peut le saisir un peu plus facilement, tout comme dans le monde-parent qui est le plan psychique supramental *(Pitr-loka* ou *atimánasa-kośa)*. Dans le royaume des anges musiciens, le monde subliminal *(gandharva-loka* ou *janar-loka)*, la couche psychique subliminale *(vijiṇ̂ánamaya kośa)*, son reflet est imprécis et fragile comme un reflet dans l'eau. Même dans la sphère dorée autrement dit le psychisme doré *(deva-loka* autrement dit *hirańmaya-kośa* ou *tapar-loka)*, sa nature ne se reflète pas clairement. On ne le saisit et comprend que dans le monde [purement spirituel du Royaume] de Dieu *(Brahma loka)* où il se manifeste dans toute sa splendeur aussi clairement que l'ombre dans la lumière ou la lumière dans l'ombre.

Plus l'emprise de la force opératrice *(prakrti)*, de la force de l'ignorance[1] *(avidyá)*, est grande, plus le niveau d'impureté est important. Les couches psychiques inférieures peuvent ainsi moins manifester la gloire de Dieu que les supérieures.

Ce reflet dans la psyché individuelle, sur le principe mental *(buddhi)* de la personne, est son âme. Tandis que dans le monde purement spirituel *(Brahma-loka)* – où Dieu et l'être humain ne sont pas séparés – où rien n'émerge sur la scène mentale –, dans ce monde purement divin, l'Esprit, qui rayonne là, révélant clairement sa véritable nature, est l'Âme suprême.

---

[1] L'aspect de la force opératrice qui éloigne de l'Esprit. Voir schéma p. 199. (ndt)

Dans le ciel dégagé de la nuit, la lune réside dans l'état qui lui est propre et se reflète dans l'eau sise en dessous. La lune « aquatique », bien qu'identique à celle qu'elle reflète, n'a pas d'individualité propre. Que la moindre perturbation se produise dans la vraie lune et la lune aquatique reflète cette perturbation. Une perturbation initiale ne peut pas venir de cette lune reflétée car elle n'est qu'une ombre. On peut cependant se faire une idée de la vraie lune en regardant et en comprenant clairement ce reflet, cette ombre, mais c'est tout. On ne peut pas atteindre par cela la vraie lune. C'est ainsi qu'on peut connaître l'Âme suprême en connaissant l'âme individuelle, connaître l'Esprit en se connaissant, mais cela ne signifie pas l'atteindre, s'établir en lui. C'est pourquoi, bien qu'on soit dans la plénitude de la connaissance *(jiṋána)* dans les transes *(samádhi)* inférieures, on n'est pas pour autant établi en Dieu *(Brahma)*.

On ne peut pas voir clairement le reflet de la lune s'il y a des remous ou des impuretés dans l'eau. De la même façon, l'agitation engendrée sur la scène mentale par les propensions[1] ou bien les impuretés que constituent les impressions engrangées *(saḿskára)* empêchent de bien y percevoir le reflet de l'Esprit [qu'est l'âme]. C'est pourquoi je disais que l'âme est d'autant moins visible dans les couches psychiques inférieures, où les expressions pulsionnelles et les impuretés des impressions réactionnelles *(saḿskára)* se manifestent grandement. C'est la faculté connaissante *(boddhá-mánasa)* qui saisit le reflet de l'Esprit *(Puruśa)*, quelle que soit la couche psychique où il se manifeste. Or cette faculté mentale est directement vulnérable aux penchants [tendances naturelles (pulsions, etc.) de la personne], elle ne peut donc pas mobiliser pleinement ses capacités. Pour éviter cela, le pratiquant doit débarrasser son psychisme de ses impuretés par la pratique spirituelle. Cette purge du psychisme, cette libération de ses impuretés, est en elle-même la libération *(mukti)*[2]. Le principe mental *(buddhitattva)* d'une personne libérée n'est assailli par aucun tourment.

Pour transformer le psychisme en un vrai miroir, il faut purifier chaque couche psychique, les rendre claires comme le cristal. Il faut

---

[1] Les tendances mentales naturelles, les désirs, les pulsions, etc. (ndt)
[2] L'illumination. (ndt)

sublimer le fonctionnement des couches psychiques inférieures dans les couches supérieures, puis à nouveau rendre celles-ci plus transparentes par la pratique spirituelle, en y faisant agir la force consciente *(sattva-guńa)*, et les unifier aux couches encore plus hautes. C'est ainsi que plus la sphère que le pratiquant – s'étant élevé par un juste effort de purification et sublimation de ses plans psychiques – a atteinte est haute, plus son être tout entier s'emplit de Lumière divine, de la Béatitude divine. Dès lors que le principe mental *(buddhi-tattva)* est débarrassé de la moindre trace d'impureté, le soi *(átman)* qui vient en lumière dans cette intelligence *(buddhi)* purifiée est le Très-haut *(Puruśottama)* – Cœur spirituel de l'état manifesté *(saguńa)* [de Dieu] – car, dans le miroir de son intelligence purifiée, le petit je n'a pas de place. Puis, lorsque les pratiquants transcendent l'asservissement trompeur de leur principe mental et courent vers la réalité ultime sans aspirer au moindre reflet sur leur écran mental, leur intelligence et en vérité leur être tout entier fusionnent avec l'Esprit dans sa forme pure. Cette Âme *(átman)* non réfléchie est l'immaculé état transcendantal *(nirguńa)*, l'établissement incontestable dans la Sphère divine *(Satyaloka)*, un état de pur esprit.

La perception naît de l'association des organes sensoriels avec les objets extérieurs ; c'est un certain état ou reflet d'un état vibratoire du substrat mental/psychique *(citta)*. La partie du substrat mental où se produisent ces vibrations est ce que nous appelons le psychisme sensoriel *(káma-maya kośa)*. À l'état de veille, cette couche psychique est en permanence très occupée. Bien que sa sphère soit très vaste, elle n'est jamais au repos, étant sous l'influence de l'activité incessante des organes perceptifs et actifs. L'être individuel ne peut donc pas, aussi assidûment qu'il s'y efforce, atteindre à la paix et à la béatitude parfaites par cette seule couche psychique, avec une pensée encline aux satisfactions de ses penchants sensuels. Peut-on atteindre à la Perfection dans la couche psychique supérieure à celle-ci, c'est-à-dire la couche intellectuelle *(mano-maya kośa)* ? Non plus, car la mémoire, la compréhension et l'imagination de la couche intellectuelle – premières ou naissant des élans réactionnels – portent le sceau du petit moi ; et c'est cette petitesse même qui bloque le chemin vers la perfection.

Aucune des couches psychiques supérieures ne peut saisir en elle-même tout le substrat mental[1]. C'est pour cela qu'aucune d'entre elles ne peut faire ressentir à l'individu, au microcosme, la Béatitude macrocosmique. Quelles que soient les ondes qui agitent le substrat mental individuel, elles affectent indirectement toutes les couches psychiques, même si elles sont directement sous la domination des couches sensorielle ou intellectuelle, selon leurs différences. Cette agitation n'est pas la vibration de l'Infini mais les fièvres et tourments du psychisme *(citta)* individuel. La pratique spirituelle consiste en vérité à conduire le substrat mental individuel à la tranquillité. Une fois réduit au calme, le substrat mental individuel fusionne, de par une règle naturelle, avec le moi *(aham)*, sa contrepartie sujet immédiate[2], qui est alors contraint de se perdre en s'unifiant au je connaissant *(boddhá ámitva)*. Chaque corde du psychisme individuel résonne de la divine mélodie jusque-là inaudible et le microcosme perd tout ce qui lui est propre. Ne demeure plus que le Divin. C'est pourquoi j'ai dit que la pratique spirituelle *(sádhaná)* consiste à tranquilliser le[s couches du] substrat mental.

C'est en libérant progressivement chaque couche de ses impuretés que l'on progresse dans son effort de tranquilliser le substrat psychique. Une fois la couche sensorielle tranquillisée, [le psychisme] suit les ordres de la couche mentale/intellectuelle et n'est plus agité par les propensions inférieures, c'est-à-dire sensuelles. Il devient ensuite libre de l'influence de la couche sensorielle quand la couche mentale est tranquillisée. Cela permet en outre l'expression de la couche supramentale[3], ce qui signifie qu'il va expérimenter les conséquences de ses actions[4]. Mais qu'il ne s'engage pas dans des actions originales[5] *(pra-*

---

[1] Puisqu'elles en font partie. (ndt)
[2] Je agissant. (ndt)
[3] Voir schéma des couches psychiques p. 201. (ndt)
[4] *(saḿskára karmabhoga)*. (ndt)
[5] Première, opposée à réactionnelle qui, elle, est la conséquence d'une action (originale) précédente, voir deux paragraphes plus loin. (ndt)

tyaya-múlaka) sans effectuer de purification mentale[1] *(cittashuddhi)*, car celles-ci réactivent les couches psychiques inférieures.

L'on doit ainsi persévérer sans cesse dans sa pratique spirituelle pour équilibrer et harmoniser chaque couche psychique, l'une après l'autre[2]. À l'instant où la sensibilité indistincte de l'enveloppe dorée *(hirań-maya)* [couche la plus subtile du substrat mental/psychisme objectif] est débarrassée du plus petit vestige d'impureté, le pratiquant rayonne de l'éblouissante lumière du royaume de Dieu *(Satya-loka)*. C'est un moment fructueux pour le pratiquant car c'est l'unification entre l'âme *(átman)* et Dieu *(Paramátman)*.

Il y a deux types d'actions : originales/premières et réactionnelles *(saḿskára-múlaka)*. Ce sont les actions originales qui engendrent l'accumulation des élans réactionnels *(saḿskáras)*. Et ce sont les actions réactionnelles qui épuisent ces élans. C'est ainsi que, si lors des actions originales, l'être individuel jouit d'une certaine liberté, ce n'est pas le cas lors des conséquences/actions réactionnelles. On accomplit les actions originales – qu'on les effectue dans le monde extérieur ou dans le monde de la pensée – à l'état d'éveil. Dans les rêves, les pensées sont, dans la plupart des cas, les expressions très entrelacées des élans réactionnels des rêveurs. On ne peut effectuer d'action originale lors du rêve, parce que ni la couche sensorielle, ni l'intellectuelle n'y ont la paternité directe de l'action.

Le rêve est cependant plus subtil que l'état de veille car les couches psychiques inférieures s'y élèvent jusqu'aux couches supérieures et s'abandonnent entièrement en elles. N'étant plus sous l'influence des propensions sensuelles, les couches psychiques inférieures ne se satisfont plus extérieurement par des actions originales. Le psychisme causal, lui, reste, même durant le rêve, parfaitement fonctionnel. C'est-à-dire que l'activité normale des couches supramentale, subliminale et dorée n'est pas empêchée pendant le rêve.

---

[1] Rôle de la deuxième leçon du yoga *sahaja* de l'Ánanda Márga. (ndt)
[2] Voir la citation explicative complémentaire 1 annexée p. 202. (ndt)

Psychisme causal/ astral	couche dorée
	couche subliminale
	couche supramentale

L'activité du psychisme causal continue durant le rêve

Le monde onirique est en rapport direct avec la couche supramentale : c'est d'elle que surgit l'état de rêve, le plan mental/intellectuel [par lequel il s'exprime]. La couche supramentale étant la créatrice du plan mental, on l'appelle le monde parent *(pitr-loka)*. Nous pouvons l'appeler *supramental sphere* en anglais. Ce monde-parent n'est pas totalement pur, et ne le reste pas non plus, à cause de l'incessante expression des élans réactionnels ; la lumière divine ne peut donc pas bien s'y refléter.

Juste au-dessus, se trouve la sphère subliminale *(vijiṋána-maya kośa (janarloka)*[1]*)*, qui est intimement liée au sentiment de moi *(asmitá)*. C'est pourquoi elle a aussi des impuretés. Bien qu'elle jouisse d'une position très élevée, il y a en elle la possibilité de chuter. Dans cette sphère [(subliminale)], l'on ressent un semblant de béatitude mais l'on peut aussi dégénérer vers la matérialité sous la pression de ses élans réactionnels. Les deux sont possibles et cela se produit quelque peu à l'insu de la personne. Qu'ils agissent bien ou mal, ceux qui ont fait, même juste un peu, connaissance avec cette sphère développent une nature plutôt altruiste. En sanscrit, on appelle également cette sphère : le royaume des anges musiciens *(gandharva-loka)*. Le semblant de félicité qui naît de la musique ou autres beaux-arts vient de cette sphère. Appelons-la *subliminal sphere* en anglais. Cette sphère n'atteint pas à la Perfection à cause de l'influence du « moi-je » *(asmitá)*. C'est pourquoi l'on peut atteindre à un semblant de félicité en cultivant les arts mais on ne peut pas s'établir par cela seul pleinement dans la Béatitude ; pour cela, l'effort spirituel *(brahma sádhaná)* est indispensable.

---

[1] Chaque couche psychique *(kośa)* correspond à une sphère d'existence *(loka)* ; voir schéma p. 197. (ndt)

Au-dessus de la sphère subliminale vient la sphère dorée *(deva-loka)*, où fonctionne la couche psychique dorée *(hirań-maya kośa)*.

Lorsque, partant de son sentiment d'individualité dans cette sphère dorée (sentiment qui n'y est pas clairement exprimé), le pratiquant fusionne ce petit sentiment de je au sentiment universel/divin *(virát́)*, il s'installe pleinement en l'état muni d'attributs *(saguńa)* [de Dieu]. Et si, dans cette sphère, il fusionne tout reste de sentiment de je (servitude de la force opératrice *(Prakrti)*), à l'état de Pur Esprit, il atteint alors à l'état transcendant/l'état dénué de toute servitude *(nir-guńa)* qui est la Sphère de l'Absolu/la Sphère de la Vérité *(Satya loka)*, le véritable royaume de Dieu *(Brahma loka)*. Seul celui qui s'est établi dans cette sphère a le savoir divin *(bráhmańa)*.

Que ce à quoi aspire le pratiquant soit l'état [divin] avec attributs ou sans attribut *(saguńa* ou *nirguńa)*, il doit éviter les recherches fragmentaires de ses sens et organes moteurs. Pour cela, il lui faut bien comprendre les tendances intrinsèques des organes/facultés corporelles, sans quoi il lui sera impossible de les maîtriser. Le pratiquant doit savoir comment les sens et organes moteurs et leurs tendances se sont développés et pourquoi.

Indriyáńám prthag-bhávam udayástamayao ca yat ;
Prthag-utpadyamánánáḿ matvá dhiiro na shocati.

[Kat́ha Upaniśad VI, 6.

Après avoir médité sur la particularité de chaque sens et organe moteur, sur leur apparition et leur disparition, eux qui existent séparément, le sage ne s'afflige plus.]

Le corps humain est une combinaison des cinq éléments de la matière, combinaison régie par l'énergie vitale *(práńa)*. Celle-ci est elle-même gérée par le psychisme. C'est ainsi que l'énergie vitale et le psychisme gèrent respectivement directement et indirectement ces éléments constitutifs de la matière. Les sièges où le psychisme régit, indirectement, les éléments, sont appelés *cakra* [(ou plexus)]. Dans ces plexus *(cakra)*, l'énergie vitale s'active ; et le psychisme exerce son autorité en leur centre.

Le principal centre de l'activité des couches psychiques *(citta)* et des « autres instances psychiques » *(manah)* se situe au sixième plexus : le plexus lunaire[1] *(ájiná cakra)*. Ce plexus régule aussi indirectement les différents éléments [dans le corps]. À l'aide de son « pétale[2] » droit (dont la racine acoustique est *ha*), il dirige la propension à connaître tournée vers le monde *(apará)* de l'esprit humain. Il est en cela assisté par le courant nerveux subtil *(nárii)* droit [*(piungalá)*] qui régit de façon principale[3] la partie gauche du corps et secondaire les activités du côté droit.

Le « pétale » gauche du plexus lunaire (dont la racine acoustique est *kśa*) dirige la force d'inclination spirituelle *(pará)*. Assisté du courant nerveux subtil gauche *[(idá)]*, il régit de façon principale[4] la partie droite du corps et secondaire les activités de la partie gauche.

Même si l'énergie vitale *(práńa)* régit directement les plexus *(cakra)*, le psychisme doit lui rester associé. Une partie du psychisme est ainsi inséparablement associée, au point central du plexus, à l'énergie vitale qui régit le plexus, par exemple, fondamental. C'est ainsi que la couche psychique sensori-désirante dirige le plexus *(cakra)* fondamental, que la couche mentale dirige le plexus liquidien, la couche supramentale le plexus igné, la couche subliminale le plexus pneumatique et la dorée le plexus psycho-physique[5,6].

---

[1] Ou hypophysaire, situé dans la tête, au niveau des sourcils. (ndt)

[2] Les plexus *(cakra)* sont traditionnellement représentés comme des fleurs dont le nombre des pétales correspond au nombre de propensions (instincts ou tendances naturelles) associées à ce *cakra* ; et sur chaque pétale on écrit la racine acoustique de la propension. Cinquante propensions sont recensées. Voir *Les Microvita* ou *Une Promenade spirituelle en ce monde* chap. Plexus et microvita. Le plexus lunaire a deux pétales. (ndt)

[3] Le cerveau étant ici considéré comme principal et le reste secondaire. (ndt)

[4] Voir note précédente. (ndt)

[5] Voir les noms sanscrits des plexus sur le schéma du corps humain et des *cakras* p. 200 et celui des couches psychiques p. 197 et 201. (ndt)

[6] En effet, « Si la régulation physique d'un plexus *(cakra)* s'effectue au point central de ce même plexus, la direction de cette régulation est décidée au point central du plexus qui lui est immédiatement supérieur. Le contrôle des nerfs rattachés au plexus liquidien par exemple, n'est pas sous la seule autorité de celui-ci, la direction de la régulation qu'il effectue est, en fait, aux mains du plexus igné », extrait de *« Mahásambhúti Krśńa », Discourses on the Mahábhárata*. (ndt)

Le plexus lunaire *(ájiṇá cakra)* ne contrôle directement aucun [*cakra*/élément] mais régit, par sa force/son énergie spirituelle, l'activité des couches psychiques. Ceux qui s'efforcent d'amener sous leur contrôle ce siège de la connaissance sont les vrais pratiquants *(sádhaka)*. Ce sont eux qui peuvent s'établir dans la Sphère divine.

	Couche psychique	**→(l'énergie vitale du) plexus *(cakra)***	**→ élément**
Plexus lunaire	→ sensori-désirante	→ fondamental	→ terre
	→ mentale	→ liquidien	→ eau
	→ supramentale	→ igné	→ feu
	→ subliminale	→ pneumatique	→ air
	→ dorée	→ psycho-physique	→ éther

Contrôle (→) des plexus et des éléments

La pratique parfaite est l'effort soutenu d'identifier complètement chaque couche psychique à la nature véritable de l'âme. C'est ainsi que, plus le pratiquant progresse, plus ses plexus et ses mouvements psychiques *(citta-vrtti)* sont dirigés par les couches psychiques de plus en plus élevées.

Mais le pratiquant ne doit pas s'arrêter là. À l'étape finale de la pratique, même la conscience du plexus lunaire, autrement dit la conscience psychique toute entière, doit être élevée à une sphère d'existence supérieure, jusqu'au royaume de l'Absolu *(Brahma loka)*, et unifiée à l'état de Pur Esprit *(Puruśa bháva)*. C'est dans le plexus multipropensif [épiphysaire][1] *(sahasrára)* que le pratiquant s'établit dans l'état véritablement béatifique et se retrouve au-delà du plaisir et de la douleur. Cet état d'accomplissement final du microcosme est sa véritable nature, l'état originel de Dieu *(Brahma)*. Il n'y a là plus ni toi ni lui, les deux deviennent un. Seule la pratique spirituelle permet d'atteindre à cet État suprême.

[1] Situé au sommet de la tête. (ndt)

Vous voyez que la destinée de l'être humain est entre ses propres mains. Vous pouvez sans aucun doute avoir le contrôle de vous-même. Je veux dire par là de vos propensions, de vos démons.

Gardez à l'esprit que c'est au plexus lunaire que se situe le point directeur de chaque couche psychique *(kośa)*. Et la présence de ces couches lui est aussi adjacente. Ces couches psychiques exercent toutefois leur contrôle, sur les plexus et leurs propensions associées, à l'aide des nombreux nerfs. Bien qu'il ne soit pas impossible aux couches psychiques de fonctionner sans nerfs, en l'absence des neurones cérébraux, le psychisme individuel ne peut pas activer sa faculté agissante. Le psychisme d'une personne décédée, d'une âme désincarnée, séparé du réceptacle nerveux de ses couches psychiques, perd donc sa faculté de réfléchir. Il ne peut entretenir des espoirs ou des désirs, s'impliquer avec le moindre être ou objet, effrayer ou aider qui que ce soit : les fantômes et les esprits sont les produits de l'imagination facilement excitable de l'être humain, le caprice fantaisiste d'un esprit peureux manquant de réalisme.

Plus vous acquérez, par votre pratique spirituelle, la maîtrise de vos enveloppes *(kośa)* psychiques, plus vos sens et votre motricité *(indriya)* vous sont soumis. L'intériorité et la sagesse d'une personne se développent au fur et à mesure qu'elle s'établit, grâce à son contrôle mental, sensoriel et moteur, dans des couches psychiques de plus en plus hautes. Quand elle n'est plus soumise aux influences extérieures, son arrogance, son ignorance et tous ses préjugés et superstitions disparaissent progressivement. L'impression des objets extérieurs engendre une déformation psychique alors que celle des réalités intérieures subtiles, fruit de l'introspection, fait se manifester une pensée cognitive supérieure de nature synthétique. À l'étape finale, cette pensée cognitive supérieure se libère de toute poussée et activité *(saḿkalpa* et *vikalpa)* psychique, pour finalement se transformer en cognition pure *(prajiṇá)*.

Les sens et organes moteurs ont pour origine la pensée : leur création découle d'une association mentale avec les objets extérieurs. Pour acquérir des objets fragmentaires[1], le psychisme façonne un organe à la

[1] Les choses de ce monde ; un fragment du Tout, et non le Tout. (ndt)

mesure de ses désirs mais il finit par en devenir l'esclave. Certaines créatures, qui dépendent du son pour situer leur nourriture, renforcent avec ardeur leurs oreilles. C'est ainsi que, selon leurs besoins, certaines créatures renforcent leur organe du toucher, d'autres celui de la vue, d'autres encore l'organe olfactif. De même, certains organismes se sont développés en des corps émettant une étrange lumière hypnotique qui fait se ruer leurs proies dans leurs griffes ; d'autres tuent d'abord leur proie par des sécrétions venimeuses puis les mangent quand cela leur convient, etc. Vous voyez donc que les sens et organes moteurs sont en fait les expressions d'une volonté psychique [née de l'association mentale avec les objets extérieurs]. C'est pourquoi les sens et organes moteurs ne subsistent qu'à partir de la réception ou de l'émission des ondes sensibles *(tan-mátra)*, ondes indissolublement liées à la matière/aux cinq éléments.

Les oreilles dépendent de l'onde élémentaire *(tan-mátra)* du son, associée à l'éther. La peau dépend de l'onde élémentaire du toucher qui est celle de l'élément air. L'organe visuel dépend des ondes élémentaires de l'apparence, qui sont des ondes de l'élément feu *(tejas)*. L'organe gustatif dépend des ondes élémentaires de la saveur, qui sont des ondes de l'élément eau. Finalement, vient l'organe olfactif qui dépend des ondes élémentaires de l'odeur, qui sont les ondes particulières à l'élément terre. Tandis que l'Âme-témoin, l'entité spirituelle, ne dépend de rien ; elle est donc vérité, réalité absolue.

Organe/sens	***onde élémentaire***	***élément***
oreille/ouïe	sonore	éther
peau/toucher	tactile	air
œil/vue	de l'apparence/visuelle	feu
langue/goût	de la saveur	eau
nez/odorat	de l'odeur	terre

Les sens, réalités relatives aux éléments

S'il n'y avait pas eu de son, la pensée n'aurait pas ressenti le besoin d'oreilles et celles-ci, qui dépendent entièrement des ondes élémentaires sonores et de l'élément éther, ne se seraient pas développées. Comme l'existence des organes des sens dépend des éléments (fondamentaux de la matière), les sens sont des réalités relatives.

Une réalité relative est quelque chose qui exprime une situation *(padártha*[1]*)*. De telles choses ne sont pas absolues : elles apparaissent sous certaines conditions et disparaissent sous d'autres, elles ne sont donc pas la Vérité ultime, la Réalité suprême.

Le pratiquant doit s'efforcer de connaître cet état suprême qu'est la Réalité ultime, sa nature essentielle *(sva-rúpa)*. C'est elle qu'il doit s'efforcer d'atteindre et non rechercher la satisfaction des sens. Les sens ne sont pas l'être en soi *(sva-rúpa)* mais des attributs dépendant de facteurs spatio-temporo-individuels. Un attribut qui existe aujourd'hui peut disparaître demain, et on ne peut donc pas le considérer comme l'être en soi. C'est ce à quoi s'attachent les attributs qui est l'être en soi. Les sens attribuent, par leurs différentes facultés, une certaine identité à l'être vivant : celles du spectateur, de l'auditeur, etc. mais que se passe-t-il s'il n'y a pas d'entité connaissante/témoin derrière les capacités de voir et d'entendre ? En l'absence de l'entité témoin, rien ne paraît exister.

Les facultés corporelles/les sens et organes moteurs, qui apparaissent/se manifestent et disparaissent, dépendent complètement de ce je véritable, ce je divin, l'être en soi que l'on peut connaître seulement par la pratique spirituelle *(sádhaná)*. En connaissant cet être en soi, l'être humain se libère de toutes les sortes de déformations mentales, plaisantes ou douloureuses. Car l'établissement dans sa vraie nature entraîne la disparition de l'activité désirante et imaginative *(saḿkalpa* et *vikalpa)* du psychisme. La recherche des satisfactions sensorielles ne peut apporter le contentement, ni de ce monde, ni spirituel.

Indriyebhyah paraḿ mano manasah sattvam uttamam ;
Sattvád adhi mahán átmá, mahato 'vyaktam uttamam.
[Kat́ha Upaniśad VI, 7.

---

[1] Que signifions-nous [ici] par *padártha* ? *Pada* signifie situation et *artha* signification.

Supérieur aux sens et à la motricité, il y a le psychisme, au-dessus du psychisme se situe l'existence, plus haut que l'existence on trouve le Grand Je, au-dessus du Grand Je la « Non manifestée ».]

Aucun état inférieur à l'installation dans sa vraie nature ne peut procurer la Paix ou le véritable bonheur à l'être individuel. On ne peut même pas reconnaître le pur sentiment d'existence individuel – appelé *buddhi* [principe mental/je existentiel] en langage philosophique – comme Vérité/Réalité ultime. C'est un fait établi que le psychisme est supérieur aux sens puisqu'il en est le créateur et le régisseur. Quant au pur sentiment de je – la *buddhi* appelée ici existence *(sattva) (buddhi-sattva)* –, il est supérieur au psychisme d'intentions et d'activité *(saḿkalpa* et *vikalpa)*, car celui-ci naît de ce principe mental qu'est ce pur sentiment d'existence, de son élan dynamique. Au-dessus de ce sentiment d'existence est le grand Je *(mahán átman)*, l'Entité créatrice *(Hirańyagarbha*[1]*)*. Car c'est l'imagination de cette Entité créatrice qui fait naître cette existence *(sattva)*, ce principe mental *(buddhi)*, et le reflet spirituel [sur celui-ci] qu'est l'âme. C'est de plus dans cette imagination – monde pensé de cette Entité créatrice – que tourne toute manifestation physique et psychique et l'âme reflet. Cette Entité créatrice/rayonnante *(Hirańyagarbha)* est donc plus haute que tous les états manifestés s'individualisant dans le temps et l'espace. Pourtant, la Force opératrice *(prakrti)* primordiale est encore au-dessus de cette Divine Entité créatrice : en effet l'existence de cette dernière dépend de l'agent de manifestation qu'est cette Force *(Prakrti)* non [encore] manifestée. Cette « Non manifestée » qu'est la force primordiale est-elle alors l'ultime Réalité ? Absolument pas !

Avyaktát tu parah puruśo vyápako 'liuṋga eva ca,
Yaḿ jiṋátvá mucyate jantur amrtatvaḿ ca gacchati.

[Kaťha Upaniśad VI, 8.

L'Esprit imprégnant tout et sans caractéristique est au-dessus de la Non manifestée ; en le connaissant, l'être humain se libère et accède à l'immortalité.]

---

[1] Littéralement « Matrice d'or ». (ndt)

« L'Esprit *(Puruśa)* est supérieur à cette Non manifestée. » En Dieu *(parama puruśa)*, là où son état non manifesté devient manifeste, l'Esprit *(Puruśa)* et la Force *(Prakrti)* manifestée portent le nom d'ensemble d'*Hirańya-garbha* [(l'Entité créatrice)]. L'Esprit qui est, en *Hirańya-garbha*, le témoin de la Force manifestée, est aussi le témoin de la Force non manifestée dans l'état sans attribut [(libre des liens de la Force)] *(nirguńa)*. Dans cet état transcendantal, l'objet auquel l'Esprit sert de témoin [la Force non manifestée], reste totalement absorbé dans l'état qui est celui de l'Esprit. Cet état sans différence s'obtient en unifiant toute distinction/caractéristique *(visheśańa)* à l'état d'où sont nées les distinctions *(visheśyabháva)*. En tant qu'*Hirańyagarbha*, Dieu est aussi sans différence *(nirvisheśa)* dans sa relation globale *(prota)*, en tant qu'il imprègne tout, bien qu'il se différencie *(savisheśa)* dans sa relation individualisée *(ota)*.

On utilise dans certaines philosophies le mot vacuité *(shúnya* ou *vajra-shúnya)* pour décrire cet état sans différence. Le mot vacuité *(shúnya)* ne signifie pas, là, « rien », mais « plein du Tout »[1]. La raison pour laquelle on appelle l'état sans différence [l'état sans attribut] *(nirvisheśa)* vacuité est que c'est un état dénué d'expression de la Force opératrice *(Prakrti)*. C'est cette expression qui produit l'existence des choses dans la sphère mentale tout en étant cela même qui permet qu'apparaisse le psychisme. La Vacuité absolue *(Vajra Shúnya)* n'ayant pas de cause, elle est au-delà de la succession d'intention et d'expression *(saḿkalpa-vikalpa)* du mouvement psychique. C'est cette succession qui, dans la sphère de l'existence et de la mort, empêche d'accéder à l'état de « Vacuité ». Ceux qui pensent que la Vacuité *(Shúnya)* signifie [dans le domaine spirituel] vide se trompent : il n'y a aucune réalité théorique – qu'elle admette la différence/attributs *(savisheśa)* ou non *(nirvisheśa)* – qui correspondrait à ce sens [(vide)] du mot vacuité.[2]

---

[1] *« Sarvakichu diye púrńa »* ; notons que *shúnya* vient de la racine *sú* : gonfler, croître, augmenter. (ndt)

[2] Le « zéro » *(shúnya)* qu'on utilise dans la symbolique *(pratiikiikarańa)* non plus n'est pas utilisé au sens négatif, car il est dix fois plus significatif qu'un zéro numérique.

En réalité, par Vacuité *(shúnya)* les philosophes désignent en général Dieu sans attribut *(nirvisheśa)*. Shaḿkarácárya disait :

La Vacuité des adeptes de la théorie de la Vacuité est la même chose que le Dieu absolu des brâhmanes.[1]

Appelez-le au choix Vacuité *(Shúnya)* ou Esprit *(Puruśa)* ; lui seul est l'Entité suprême. Dès que l'être individuel la connaît, il se libère de toute espèce de servitudes et s'établit en elle, océan de nectar d'immortalité. Cet Esprit *(Puruśa)* est le Sans-attribut/Sans-caractéristique *(A-liuṋga)*.

> Quant à l'Esprit muni de caractéristiques *(Liuṋga Puruśa),* c'est l'état avec attributs *(saguńa)*, qui est en cours dans le microcosme et le Macrocosme grâce à la force opératrice. Nous qualifions sa manifestation *(ádhára)* de « Forme dotée de caractéristiques » *(liuṋga-deha)*.
>
> *Liuṋgate gamyate yena tal liuṋgam* : cela signifie que le *liuṋga* préserve ininterrompu le courant, la continuité de l'émanation de ce monde imaginé[2] ; ou *Layaḿ gacchati yasmin tal liuṋgam* : « Le *Liuṋga* est ce en quoi tout s'achève. » En ce sens, *Liuṋga* désigne Dieu avec attributs[3] *(saguńa Brahma)*.
>
> Shiva étant l'Esprit, le mot *Shiva-liuṋga* désigne donc le *Liuṋga-Puruśa* [l'Esprit muni des caractéristiques]. Ceux qui au nom du *liuṋga-pújá* (« rite d'adoration du *[Shiva-]liuṋga* »), propagent le culte d'une certaine partie du corps[4], n'arrivent pas à accéder à la nature profonde de la spiritualité *(dharma)*. L'interprétation erronée de ce terme est par conséquent indésirable.

Je disais donc que seul l'Esprit sans caractéristique *(a-liuṋga Puruśa)*, vraie nature de l'Esprit, est l'Entité suprême. Pour s'établir en lui, cause originelle, on doit lui remettre sa propre identité, créée par l'action de la force opératrice *(prakrti)*.

---

[1] *Yathá shúnya-vádináḿ Shúnyaḿ Brahma brahma-vidáḿs tathá.*

[2] Imaginé, pensé par l'Être divin. (ndt)

[3] Dieu dans et avec sa manifestation dit Dieu se manifestant ou caractérisé ou manifesté. (ndt)

[4] *Liuṋga,* qui signifie caractéristique, signifie également « phallus ». (ndt)

Na saṁdrshe tiśṫhati rúpam asya, na cakśuśá pashyati kashcanaenam, Hrdá maniiśá manasábhiklrpto ya, etad vidur amrtás te bhavanti. [*Kaṫha Upaniśad VI, 9.*

Sa « Forme »[1] ne se fonde pas sur l'apparence, nul ne la voit de ses yeux, c'est intérieurement et en esprit que l'on s'unifie à elle grâce à son intelligence subtile. Ceux qui la connaissent deviennent immortels.]

Ce sont les caractéristiques particulières à un objet qui nous permettent de le dire rond, carré, blanc ou rouge, etc. Ces formes et couleurs ne désignent que l'aspect de l'objet et sont nécessaires pour le reconnaître visuellement. Les sens reconnaissent les caractères d'un objet en fonction des ondes-des-éléments[2] *(tanmátra)* qu'ils en reçoivent. L'Esprit, lui, n'a ni apparence ni autre onde des éléments puisque celles-ci sont une manifestation de la Force opératrice *(Prakrti)*. On ne peut donc pas, qu'il admette la différence *(savisheśa)* ou non *(nirvisheśa)*, lui attribuer des caractéristiques, une apparence, ni même lui conférer un nom qui véhiculerait un sens distinctif car le nom alors le déterminerait. Nous avons pourtant besoin, pour comprendre Dieu, d'un mot qui le suggère. Saisir le sens que recouvre ce symbole ne se peut pas par la perception *(tanmátra)*, cela requiert un effort conceptuel, l'effort de s'unifier en pensée à Dieu.

L'idée « Dieu est vaste *(brhat)* » le signifie ; l'idée « en pensant Dieu, l'on devient vaste » aussi. C'est pourquoi il n'y a pas d'autre nom [en sanscrit] que *Brahma* qui puisse mieux lui aller : *Brhat-tvád Brahma, Brṁhaṅa-tvád Brahma*[3].

La grandeur de l'Esprit *(Puruśa)* n'est pas physique. L'Esprit est hors de portée des sens, on ne peut le voir de ses yeux, il est immatériel. Pour le comprendre, il faut utiliser adéquatement la subtile intelligence *(maniiśá)* de son principe mental *(buddhitattva)*. Quand on parvient à amener ce je fondamental *(buddhitattva)* – normalement agité par les vagues des émotions – à un état de calme serein grâce à la force

---

[1] Ou encore « caractéristique ». (ndt)
[2] Que l'on reçoit par les sens et qui induisent en nous la perception. (ndt)
[3] *« Brahma » vient de « vastitude », « Brahma » vient de « qui rend vaste ».* Commentaire *(paiṇcárthabháśya) 6* du *Páshupata sútra 5,43* par Kauṅḋinya. (ndt)

intérieure de son intelligence subtile *(maniiśá)*, son intelligence appointée[1] *(agryá buddhi)*, la splendeur de l'Esprit se réfléchit alors sur la psyché. Cette intelligence subtile est la partie la plus subtile du psychisme, une partie de la couche dorée *(hirań-maya kośa)*. C'est elle qui trouve la circonstance opportune à l'éveil du potentiel d'expression des impressions psychiques réactionnelles latentes. Ce potentiel se dévoile un peu plus dans la couche subliminale pour se révéler finalement dans la couche supramentale (le monde parent).

Un bon progrès dans la pratique spirituelle réside dans la bonne utilisation de cette intelligence subtile *(maniiśá)*. Les Écritures qualifient ces pratiquants sachant bien utiliser cette intelligence subtile de *maniiśii*.

Yadá paiṋcávatiśt́hante jiṋánáni manasá saha,
Buddhish ca na viceśt́ati tám áhuh paramáḿ gatim.

[Kat́ha Upaniśad VI, 10.

Lorsque les cinq sens avec le psychisme s'interrompent s'absorbant dans le principe mental/l'intelligence, celui-ci n'agit plus ; voilà, ont dit les sages, l'état suprême.]

Lorsque chacun des sens, s'étant retiré de son objet attitré, s'établit dans le psychisme, c'est-à-dire quand les oreilles s'arrêtent de recevoir les ondes portées par l'éther, la peau celles portées par l'air, les yeux celles portées par la lumière, la langue celles portées par le liquide et le nez celles portées par le solide, le sentiment d'ensemble des cinq sens s'absorbe dans le psychisme[2]. On en est alors au premier stade du recueillement yoguique *(pratyáhára yoga)*. Puis, lorsque le psychisme avec les facultés sensori-motrices qu'il a absorbées fusionne avec le principe mental *(buddhi)*, l'absence de je agissant *(ahaḿ-tattva)* et de substrat mental *(citta)* fait que le principe mental *(buddhitattva)* également cesse sa fonction consistant à donner forme au sentiment de je. Il s'unifie alors à la faculté témoin *(jiṋátr-shakti)*. À ce stade, la conscience témoin atteint à l'état de témoin sans objet

---

[1] Définie p. 126. (ndt)

[2] Le psychisme *(manah)* désigne ici (i.e. pour l'oupanishad), comme nous l'avons vu plus tôt dans le commentaire, l'*ahaḿtattva* et le *citta*. (ndt)

qui lui est propre. On appelle cela l'état, ou union *(yoga)*, suprême *(paramá gati* ou *parama-yoga)*.

Qu'est-ce que le *yoga* [l'union spirituelle] ?

– *Yogash citta-vrtti-nirodhah.*
« Le *yoga* est l'état de cessation de l'activité *(vrtti)* psychique. »
(Patañjali, *Yoga-sútra I, 2*)

– *Sarva-cintá-parityágo nishcinto yoga ucyate.*
« Le *yoga* est l'état de complet arrêt de l'activité mentale », où l'on est dans un état de témoin, ce qui est sa véritable nature.
(Jiṋána-saḿkalinii-tantra, v. 61)

– *Saḿyogo yoga ity ukto jiivátma-Paramátmanoh.*
[« Le *yoga* est l'unification de l'âme et de l'Esprit. »]
« Le *yoga* est l'état où l'âme individuelle disparaît complètement, unifiée à l'Esprit originel. »
(Ahirbudhnya-Saḿhitá, 31, 15)

Táḿ yogam iti manyante sthirám indriya-dháraṅám,
Apramattas tadá bhavati yogo hi prabhavápyayao.
[Kat́ha Upaniśad VI, 11.

Ce qu'on comprend par* yoga *(union) est la calme maîtrise des sens et élans moteurs. On reste alors vigilant car le* yoga *peut apparaître comme disparaître.]

L'état suprême *(paramá gati)* et l'union spirituelle *(yoga)* sont une seule et même chose. Dans cet état, tout mouvement, toute production mentale s'immobilise. Les gens ordinaires se préoccupent normalement désespérément des objets temporels, en fonction de leurs élans réactionnels *(saḿskára)*. Leurs sens courent continuellement d'un objet à l'autre avec un intense désir de satisfaction personnelle. Tandis que l'union spirituelle *(yoga)* est un état de tranquillité des sens et de la motricité. Le pratiquant y est donc calme et serein. On ne peut être parfaitement calme et serein tant qu'on ne s'est pas uni à Dieu. Dans cet effort d'atteindre à la pleine sérénité, à la parfaite équanimité, le pratiquant doit s'établir dans la complète maîtrise de soi, en surmontant quatre états inférieurs du psychisme *(citta)* : l'agitation, l'engouement, la dispersion et la concentration *(kśipta, múdha, vikśipta* et *ekágra)*.

Sous l'effet de [l'agitation mentale *(kśipta)* qu'est] la colère, de nombreuses personnes en viennent à perdre un temps le sens de la réalité car elle interrompt le fonctionnement mental. C'est aussi une sorte de transe *(sámadhi)*, de nature grossière, où les propensions de la personne furieuse s'absorbent toutes dans l'objet de sa colère.

La transe d'engouement *(múdha-bhúmi samádhi)* est un peu au-dessus de cela. C'est un état de stupéfaction mentale résultant d'un engouement excessif et faisant perdre à la personne tout sens commun. Toutes les propensions de la personne qui a la tête tournée s'absorbent dans l'objet d'engouement. Ce type de transe peut même se produire chez une personne des plus ordinaires si elle est soudainement fermement saisie par cet asservissement irrésistible. Le Mahâbhârata raconte comment Jayadratha fut victime de cette sorte de transe sous l'effet d'une peur excessive.

La transe de dispersion psychique *(vikśipta)* se produit lorsqu'après un moment de pensées élevées, on revient brusquement à des propensions matérielles mesquines. Une multitude de distractions troublent ceux qui ne suivent pas les principes moraux spirituels[1] *(yama-niyama)*, qui s'efforcent d'atteindre à Dieu sans effort de maîtrise de soi. S'ils s'absorbent dans le chant d'hymnes d'amour à la gloire de Dieu *(kiirtana-bhajana)*, leurs inclinations mentales se tournent temporairement vers Dieu. Ils montrent des signes physiques d'éveil spirituel, des larmes coulent de leurs yeux et ils entrent dans la transe de ferveur spirituelle *(bháva samádhi)*. Mais dès que leur séance de chants spirituels s'interrompt, leurs pensées sans retenues et intempérantes se précipitent vers leurs propensions mesquines avec encore plus d'élan. C'est pourquoi ce genre de pratiquant est très malhonnête, dépravé, fourbe, et qu'il va même jusqu'à escroquer sa propre famille. La plupart des gens se méfient un peu de ce genre de chanteurs d'hymnes *(bhajana)*. Ceux à qui la maîtrise de soi fait défaut jouissent d'un peu de bonheur transcendantal en forçant leur mouvement mental vers le propice nom de Dieu mais très vite, après la fin de leur chant du saint

---

[1] Lire *Un Guide de conduite humaine, les principes moraux spirituels de yama et niyama* de l'auteur ; cette éthique yoguique est résumée p. 196. (ndt)

nom de Dieu, leur esprit n'étant plus endigué se précipite vers le monde grossier avec une vitesse et une ardeur redoublées ; et les voilà encore plus enclins à la médisance et à un comportement grossier. Vous avez peut-être remarqué que ces chanteurs de chants religieux se laissent aller effrontément à la moindre provocation à dire des injures. Ce sont les symptômes de la dispersion *(vikśipta)* psychique *(citta)*.

Quant à l'état dit de concentration *(ekágra-bhúmi)*, on l'atteint lorsque toutes les propensions *(vrtti)* psychiques *(citta)* se concentrent en un seul point. Bien qu'élevé, cet état n'est pas l'état ultime.

L'état ultime, lui, est un état non mental dans lequel on s'établit en faisant s'absorber toutes ses facultés/propensions psychiques dans l'objet *(dhyeya)* de sa contemplation *(dhyána)*.

Pour connaître cet état ultime, il faut passer par les *quatre étapes du recueillement (pratyáhára*[1] *yoga)* : l'effort persévérant, l'état discontinu, le sentiment unique et la domination totale *(yatamána, vyatireka, ekendriya* et *vashiikára)*.

– l'effort persévérant *(yatamána)* est l'étape de la persévérance.

– l'état discontinu *(vyatireka)* est celle où il y a parfois recueillement *(pratyáhára)* parfois non.

– le sentiment unique *(ekendriya)* est le stade où toutes les propensions s'absorbent en un seul sentiment.

– la domination totale *(vashiikára-siddhi* ou *vashiikarańa)* est le stade où l'on reconnaît la supériorité de l'état de conscience de l'Esprit *(Puruśa bháva)* et qu'on lui abandonne toute modification mentale. Cet état ultime est la totale soumission des six plexus d'énergie subtile *(cakra)* et des six plans d'existence *(loka)*. C'est le véritable accomplissement du recueillement yoguique[2] *(pratyáhára yoga)*.

La conquête de cet état d'accomplissement yoguique *(vashiikára-siddhi)* n'est possible que pour ceux dont la pratique spirituelle s'enracine dans l'observance des principes d'éthique yoguiques. Ceux pour qui ce n'est pas le cas, se nuisent infiniment, ainsi qu'au monde entier,

---

[1] Littéralement « retrait », voir aussi p. 45. (ndt)

[2] La pratique de *pratyáhára*, le recueillement yoguique, fait partie de l'enseignement de la première leçon de méditation du cursus *sahaja* de l'école Ánanda Márga. Voir p. 195. (ndt)

par l'intensité de leurs transes d'agitation, d'engouement, de dispersion ou de concentration une fois qu'ils sont arrivés, grâce à la pratique des techniques yoguiques, à un certain degré de contrôle de leurs sens et de leur motricité. Ils utilisent sans retenue leur puissance mentale à des buts égoïstes mesquins. Après avoir pratiqué le yoga ou le tantra quelques temps, ces personnes amorales se mettent à nuire à autrui au bénéfice de l'accroissement égoïste de leur propre et insignifiant pouvoir, influence ou réputation ; à la longue, ils finissent dans les ténèbres de l'abêtissement *(jaŕatva)*. C'est pourquoi je vous implore de suivre la bonne voie. Ce même yoga qui, associé à la maîtrise de soi, est si profitable à la fois aux individus et à la collectivité s'avère tellement dangereux pour les deux lorsqu'on est dénué de celle-ci ou qu'on suit le mauvais chemin. Chacun doit donc être strict dans sa pratique de l'éthique yoguique *(yama-niyama)*.

Naeva vácá na manasá, práptuḿ shakyo na cakśuśá ;
Astiiti bruvato 'nyatra, kathaḿ tad upalabhyate.

[Kaťha Upaniśad VI, 12.

On ne peut atteindre Dieu par les mots, la pensée ou la vue. Par qui se laisse-t-il comprendre sinon par celui proclamant : « Il est ! » ?]

Celui qui n'est pas établi dans la maîtrise de soi ne peut pas connaître Dieu *(Brahma)*, son Dieu reste limité aux livres et aux grands discours. Son manque de discipline ne lui permet absolument pas d'avoir la pénétration et l'ouverture d'esprit nécessaires pour comprendre la Réalité divine. Le connaisseur de vérité, lui, sait qu'on ne peut pas atteindre à Dieu par la parole ou le raisonnement, car la pensée *(mana)* est une vérité relative, quelque chose d'abstrait dépendant de divers éléments constituants *(tattva)*. Dieu se révèle à celui qui dépose toute l'attention de son intelligence *(agryá-buddhi)*, obtenue par la concentration, en Lui, son objet [de méditation]. C'est-à-dire qu'une fois que n'est plus entretenu le moindre espace de relativité, la spiritualité apparaît dans sa Gloire. Il serait vain d'essayer de saisir cette Entité transcendantale – qui existe au-delà du champ temporel, spatial et individuel – avec ses sens grossiers. L'union divine est l'union intérieure. En éveillant cette conscience dans le firmament de son cœur, on rencontre Dieu, et celui en qui se produit cette rencontre annonce d'une voie tonnante : « Il existe !! Écoutez, êtres humains, dire « Il existe » est bien plus vrai que dire « je suis » ou « tu es ». Ô fils et filles de l'Immortalité divine, écoutez-moi ! Il existe, je l'ai connu. Je l'ai touché avec mon âme, je l'ai compris du plus profond de mon cœur. »

Vedáham etaṁ puruśaṁ mahántam áditya-varṅaṁ tamasah parastát : J'ai connu cette Entité suprême, cet Esprit rayonnant par-delà l'obscurité. *(Shvetáshvatara Upaniśad[1])*

Mais ceux qui courent comme des chiens fous après les plaisirs des sens, qui ne peuvent penser à quoi que ce soit au-delà du grossier plaisir physique, ces matérialistes incapables de transcender les aspects perceptibles de la Force universelle ne peuvent absolument pas comprendre, derrière cette Force, la Présence transcendantale, vraie cause de sa sphère d'action, ce Principe spirituel suprême dont la nature est un état de témoin de la cause première de toutes les causes de la succession des actions[2]. Ils manquent de l'immensité de cœur requise pour le comprendre, et s'efforcent de cacher leurs défauts en déversant un flot de dialectique superfétatoire.

Astiity evopalabdhavyas Tattva-bhávena cobhayoh[3] ;
Astiity evopalabdhasya Tattva-bhávah prasiidati.

[Kat́ha Upaniśad VI, 13.

On comprend « Il est ! » en atteignant à la réalité[4] des deux [états][5] ; [le sentiment] « Il est ! » obtenu, l'état de Vérité devient parfaitement clair.]

Celui qui s'efforce de l'atteindre en son cœur, au plus profond de son sentiment d'existence, atteint à lui en prenant conscience de la

---

[1] *VII, 8.*
[2] C'est-à-dire témoin de la force universelle primordiale. (ndt)
[3] *Sah* et *Tat*. (ndt)
[4] *Tat-tva* : la Vérité ou Réalité (divine). (ndt)
[5] L'état avec attributs (que vit l'aspirant en qui s'exprime encore le moi (le je agissant) universel et l'état sans attribut (l'état absolu). (ndt)

Réalité divine *(Tattva)*. Dieu existe partout – que ce soit dans le vase, l'espace qu'il contient ou le ciel immense[1], ou encore dans l'existence, la mort ou l'état transcendantal – Dieu existe partout, parfois avec attributs, parfois sans. C'est de lui que dépendent les sens et organes moteurs et leurs pulsions, le psychisme et toute activité mentale. L'aspirant sait de quelle Grâce miséricordieuse dépendent toutes prouesses intellectuelles et expressions éloquentes du moi : de son État accompagné d'attributs. Puis, lorsqu'il n'a plus rien qu'il puisse prétendre lui être propre, lorsqu'il voue toute son inspiration et ses aspirations à la Source de son existence, ne demeure plus alors en lui que l'état sans attribut de Dieu.

En atteignant à Dieu par le chemin d'une totale attention/ferveur *(niśťhá)*, il comprend vraiment chacun de ses états, avec attributs et sans attribut.

Yadá sarve pramucyante kámá ye 'sya hrdi shritáh,
Atha martyo 'mrto bhavaty atra Brahma samashnute.

[Kaťha Upaniśad VI, 14.

Quand tous les désirs de son cœur se dissolvent, le mortel devient immortel, il jouit ici même de Dieu absolu.]

Quel est l'état intérieur du pratiquant qui atteint cette phase ? Les désirs sont, vous le savez, de deux sortes : ils peuvent naître en tant que conséquence *(saḿskára múlaka)* ou être premiers *(pratyaya múlaka)*. Le siège de l'expression des uns comme des autres est le cœur[2]. Quand les propensions mentales s'immobilisent par la pratique spirituelle, tous les désirs de son cœur, originaux ou consécutifs, s'effacent. Celui qui s'est hissé à cette hauteur, même une fois, n'a – quel que soit le cours que suivent ses élans réactionnels *(saḿskára)* – plus qu'une passion, celle de s'unir à Dieu. L'Amour spirituel est sa seule aspiration. À cette étape, le pratiquant atteint à l'immortalité[3]/au paradis ici même dans ce monde mortel. Il ne voit rien d'autre que Dieu. Aux

---

[1] Correspondant au corps, à l'âme et à l'Esprit dans la fameuse allégorie de Sankarâcârya, cf. les poèmes de Rámaprasád et Kâbir p. 30. (ndt)
[2] Le for intérieur. (ndt)
[3] Autrement dit la vie éternelle. (ndt)

yeux de celui en qui la passion de Dieu a tout envahi, ce monde temporel apparaît comme le royaume de Dieu *(Brahma loka)* : tout est Lui, tout est Lui.

Yadá sarve prabhidyante hrdayasyeha granthayah,
Atha martyo 'mrto bhavaty etávad dhy-anushásanam.

[Katha Upaniśad VI, 15

Quand tous ses nœuds intérieurs[1] sont percés/se défont ici même, le mortel devient immortel ; telle est l'apogée de l'Enseignement.]

Que se produit-il dans cet état ? La force de vie individuelle, qu'on appelle la *kula-kuńdalinii*[2] [la (force) « lovée au fondement »], [s'élève et] traverse/perce les six plexus *(cakra)* jusqu'à arriver au lotus du plexus « multipropensif »[3] *(sahasrára)* et s'y unir à Dieu. Le corps humain est muni de cinquante propensions *(vrtti)* fondamentales situées aux différentes glandes *(granthi)* des plexus. Lorsque la force de vie individuelle *(kulakuńdalinii)* s'élève au-dessus d'une glande, les propensions liées à celle-ci s'inactivent. Une fois les six plexus traversés, en l'absence des propensions, la force [de vie individuelle devenue] suprême *(paramashakti)* vient entièrement s'absorber en l'Esprit *(Shiva)*. Dans cet état, le pratiquant, tout en restant dans ce monde mortel, unifie tout son être à l'océan d'Immortalité divine. Voilà l'essence, le dernier mot, de toutes les Écritures et philosophies.

Mádhopur, Monghyr, grand rassemblement spirituel *(DMC[4])*
Pleine lune de juillet-août *(shrávańa)* 1956

---

1 Ses liens ou attaches intérieures, littéralement aussi les nœuds de « l'intérieur du corps » (sens de *hrdaya* qui signifie aussi le cœur, aux sens propre et figuré). *Granthi* (« nœud », ici décliné en *granthayah*) désigne également les glandes. (ndt)

2 Force de vie dormante « lovée » *(kuńdalinii)*, au plexus fondamental *(kula)*. (ndt)

3 Au sommet de la tête et qui contrôle toutes les propensions ; on le représente muni de mille pétales : les cinquante propensions humaines dirigées soit vers l'intérieur soit vers l'extérieur, soit cent possibilités, et ces cent possibilités elles-mêmes exprimées dans les dix directions (les directions cardinales, les sous-directions et le haut et le bas), c'est-à-dire dans toutes les directions, soit mille expressions. (ndt)

4 *Dharma-mahá-cakra.* (ndt)

Annexes

Enseignement gracieux de la méditation

Les enseignants spirituels d'Ánanda Márga sont toujours prêts à enseigner, sans frais, la pratique de la méditation aux personnes sincères désireuses de la pratiquer. L'enseignement spirituel yoguique de l'Ánanda Márga est transmis par des enseignants qualifiés. L'enseignement gradué, individuel, se complète d'une participation éventuelle à des stages et ateliers ainsi que d'un encouragement à s'impliquer dans des activités associatives et humanitaires[1].

Pour une rencontre ou un renseignement contactez : Ánanda Márga Pracáraka Saḿgha, voir adresses p. 213.

[1] Par exemple dans l'association internationale AMURT, affiliée à l'ONU en tant qu'organisation non gouvernementale, qui œuvre dans le monde entier par des missions de développement ou de secours ; l'association PCAP de protection des animaux et des plantes ; Renaissance universelle et RAWA, associations respectivement d'intellectuels et d'artistes pour un renouveau dans une perspective ouverte, positive à long terme et élevante de leurs recherches et réalisations.

L'éthique yoguique

Yama Niyama

***Yama* :**

Ne pas blesser ni nuire *(Ahiḿsá)* : Ne pas blesser ni nuire, par ses actes, ses pensées ou ses dires.

La vérité bienveillante *(Satya)* : Avoir des paroles, des pensées et des actions justes, en gardant à l'esprit le bien d'autrui.

Ne pas voler en pensée et en action *(Asteya)* : S'abstenir de l'action comme du désir de prendre ce qui appartient à autrui ou de le priver de son dû.

La pratique de Dieu/Voir Dieu en tous et en tout *(Brahmacarya)* : Maintenir constamment sa pensée sur Dieu, le voyant en toute chose.

La simplicité de vie *(Aparigraha)* : Refuser toute commodité qui ne soit pas essentielle (dans son contexte de vie).

***Niyama* :**

La pureté mentale et la propreté *(Shaoca)* : Cela comprend la propreté du corps et de l'environnement ainsi que la pureté de l'esprit. On peut rester pur mentalement en agissant avec bonté envers les créatures vivantes, en faisant preuve de charité, en aidant autrui et en agissant bien.

Le contentement *(Santośa)* : C'est être content de ce que l'on a. Il est essentiel d'essayer d'être toujours joyeux.

Se sacrifier *(Tapah)* : Rendre service à ceux qui en ont besoin en prenant sur soi.

L'étude spirituelle *(Svádhyáya)* : Étudier les textes et commentaires spirituels pour en comprendre le sens profond.

S'abandonner en Dieu/la méditation *(Iishvara-prańidhána)* : S'immerger dans le flot spirituel et, pour cela, avoir fermement foi en Celui qui régit ce monde, dans le bonheur comme dans le malheur, et se penser comme son instrument dans toutes les circonstances de la vie.

La vie humaine est courte, c'est pourquoi il est sage de se procurer toutes les instructions pour la pratique spirituelle aussi tôt que possible.

Pour des explications détaillées lire *Un Guide conduite humaine, yama niyama, les principes moraux et spirituels du yoga*, Éditions Ananda Marga, France, 2015.

Les sphères d'existence et la *Kat́ha Oupanishad*

	Sphère d'existence ***(loka)***	***kośa*** (couche ou enveloppe psychique ou corporelle)		
Le monde spirituel	***Brahma-loka*** *(Satya)*	au-delà du psychisme		
Le monde psychique supérieur	*Deva-loka (Tapah)*	dorée	*hirańmaya*	PSYCHISME
	Gandharva-loka *(Janah)*	subliminale	*vijiṇ̂ána-maya*	
	Pitr-loka *(Mahar)*	supra-mentale	*atimánasa*	
	Svah : le monde mental	mentale	*manomaya*	
	Bhuvah : le monde psychique grossier	sensorielle	*kámamaya*	
	Bhúh : le monde physique	physique	*annamaya*	Corps

(En gras les noms utilisés par l'oupanishad)

Les sphères d'existence et la *Kat́ha Oupanishad*

La formation du psychisme

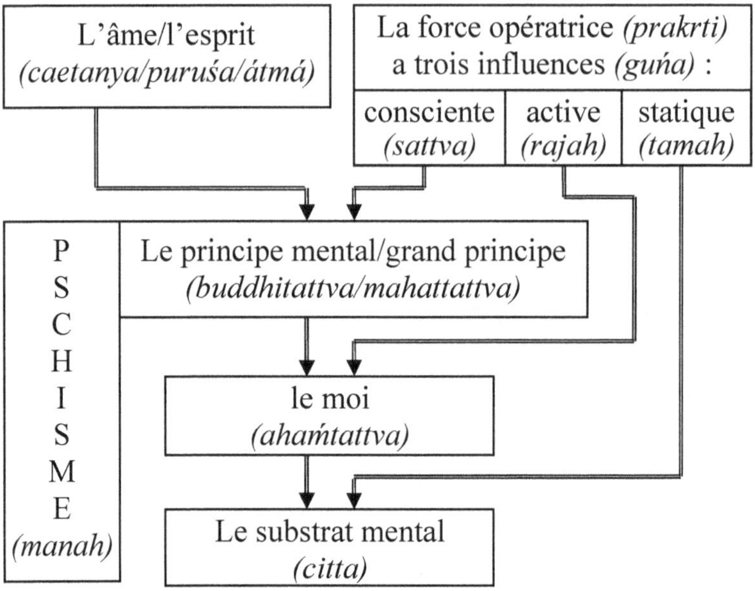

Le psychisme,
formé à partir de l'action de la force opératrice sur l'entité spirituelle.

(extrait des annexes *d'Ánanda Márga, le Chemin jusqu'au royaume de la Béatitude, philosophie élémentaire*, ou de *La Philosophie spirituelle de l'Ánanda Márga, une récapitulation, vol. 1*)

Schéma détaillé du psychisme p. 201

Le cycle de la création

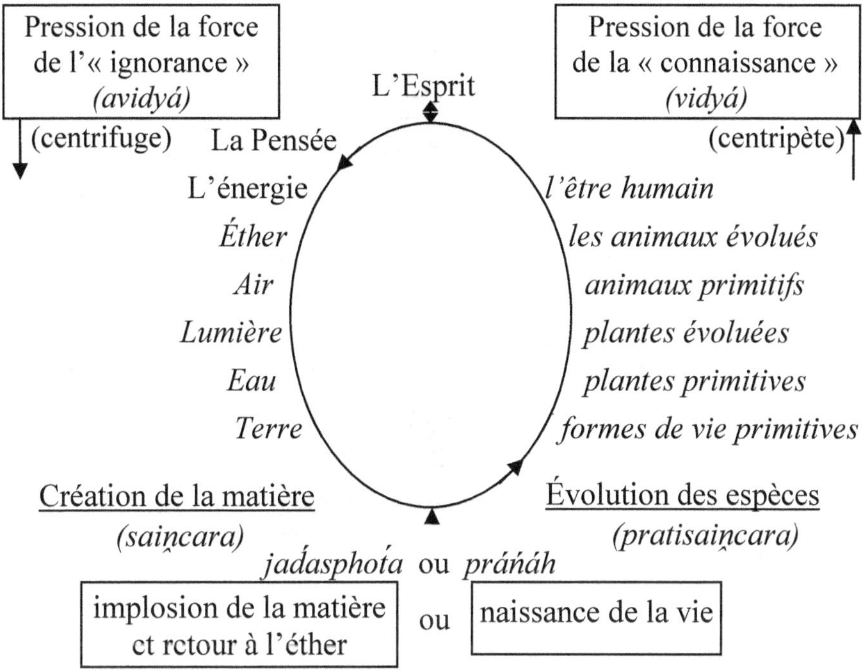

Le cycle de la création *(Brahmacakra)*
dit aussi l'Œuf divin *(Brahmáńd́a)*.

(extrait des annexes de *L'Enseignement philosophique et spirituel de la Shwetâshwatara Oupanishad* et complété)

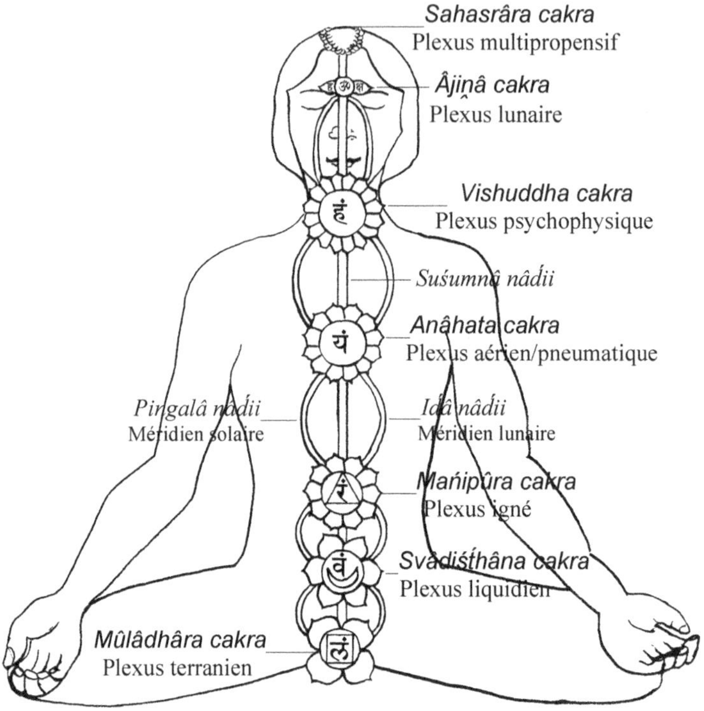

Les principaux plexus, cakras et nâďiis.

(extrait d'*Une Promenade spirituelle en ce monde*)

Le psychisme (schéma détaillé)

<table>
<tr><td rowspan="3">Existence
(deha)
astrale[1]
(sámánya)</td><td rowspan="3">Chambre
subjective</td><td>Le **principe mental**
donnant le sentiment
d'existence[2]
(mahattattva ou buddhi)</td></tr>
<tr><td>↓</td></tr>
<tr><td>**Le moi**, ou je agissant
(ahaḿtattva)</td></tr>
</table>

↓

<table>
<tr><td rowspan="7">Existence
subtile
/corps
subtil</td><td rowspan="7">Chambre
objective</td><td colspan="2">**Le substrat mental**
(citta) :</td><td></td></tr>
<tr><td rowspan="6">Couches
psychiques
(kośa)</td><td>dorée
(hirańmaya)</td><td rowspan="3">Psychisme
causal/incons-
cient, ou
astral[3]</td></tr>
<tr><td>subliminale
(vijiṋánamaya)</td></tr>
<tr><td>supramentale
(atimánasa)</td></tr>
<tr><td>mentale
(manomaya)</td><td>Psychisme
subtil</td></tr>
<tr><td>sensori-
désirante
(kámamaya)</td><td>Psychisme
grossier</td></tr>
</table>

Le psychisme *(manah)*
(l'existence *(deha)* grossière correspond au corps physique)

---

[1] L'auteur emploie cette équivalence dans sa conférence à Fiesch (Suisse). (ndt)
[2] Le principe mental est ainsi aussi dit : « je existentiel ». (ndt)
[3] Ce terme est employé ainsi dans le livre *Idea and Ideology* de l'auteur (original en anglais et sanscrit). (ndt)

Notes complémentaires

1) « Il nous faut purifier chacune des **enveloppes, physique et psychiques,** ***(kośa)*** [de l'âme], mais comment s'y prendre ? Premièrement par une conduite morale *(yama* et *niyama*[1]*)*. On purifie/parfait le corps physique par les postures de yoga *(ásana)*, le psychisme sensoriel par l'éthique spirituelle *(yama* et *niyama)* et le psychisme intellectuel par la pratique maîtrisée du souffle *(pránáyáma)*. Le recueillement intérieur/yoguique *(pratyáhára)* purifie/parfait l'enveloppe supramentale tandis que la méditation-concentration en un point *(dháraňá)* purifie/parfait la couche psychique subliminale *(vijiṇ̂ánamaya)*. La contemplation *(dhyána)* purifie/parfait la couche psychique dorée, puis l'union qui s'en suit *(dhyána samádhi)* commande l'accès à l'âme. Les personnes véritablement pieuses sont celles qui s'appliquent avec sérieux à parfaire/purifier toutes ces enveloppes. »[2]

Sublime spiritualité I

2) Il faut noter que **le terme** ***átman*** désigne à la fois l'âme individuelle *(jiivátman)* et l'Âme suprême, l'Esprit, *(Paramátman)* ; *átman* est aussi le pronom « soi » (ou « se ») et a également le sens de « personne » – tout comme, en français, un vieux sens d'âme – (abrégeant alors *jiivátman*).

3) En sanscrit, ***tat*** (ou ***tad*** avec la liaison phonétique) est à la fois pronom personnel ou démonstratif neutre et désigne aussi Dieu absolu *(Brahma)*.

4) Les six *ripu* ou « ennemis » *(śad́-ripu)* : *káma, krodhá, lobha, moha, mada* et *mátsarya,* et les huit *páshas* ou « entraves » *(aśt́a-pásha)* : *ghrńá, shańká, bhaya, lajjá, jugupsá, kula, shiila* et *mána* (traduits note 1 p. 78).

---

[1] Page 196. (ndt).

[2] Toutes ces pratiques (*yama, niyama, ásana, pránáyáma, pratyáhára, dháraňá, dhyána* et *samádhi*) forment ce qu'on appelle le yoga *ashtânga (aśtáuṇ̂ga yoga)*, c'est-à-dire « en huit ressources », codifié par Patañjali dans les *Yoga-sûtras*, et font partie de l'enseignement spirituel de l'Ánanda Márga. (ndt)

5) Les souffles vitaux *(váyus)* :

Les cinq **souffles vitaux internes**		Les souffles **externes**	
práńa	régit la zone située entre le nombril et la gorge, contrôle les fonctions pulmonaires, cardiaques, etc.	*nága*	l'expansion
apána	régit sous le nombril (entre le nombril et l'anus), contrôle les excrétions fécale, urinaire, etc.	*kúrma* «tortue»	la contraction
samána	situé au niveau du nombril, maintient l'équilibre entre les deux premiers *váyus*.	*krkara*	le bâillement et le hoquet
udána	situé dans la gorge, contrôle la force vocale	*deva-datta*	la faim et la soif
vyána	imprègne le corps tout entier régit la circulation sanguine, les sécrétions vitales, etc. Engendrant la vibration nécessaire dans les nerfs, il permet les fonctions sensorimotrices et l'exercice de la réflexion.	*dhanaiṋ-jaya*	le sommeil et la somnolence

(tableau extrait de *La Science sacrée des Védas 1*)

« Le terme générique de ces souffles, internes et externes, est [aussi] *práńa*. On parle des cinq *práńas* [(internes)] ou des dix *práńas*. Dans les textes yoguiques, on appelle *práńáyáma* [(la pratique maîtrisée du souffle)] le processus par lequel on s'efforce d'avoir la maîtrise de ces forces vitales. » *Shabda Cayaniká, tome 1, chap. 3*

(Les souffles vitaux sont considérés ici environ aux p. 106 et 156)

6) « ... La Terre tourne autour du Soleil. Assurément cela crée un son, il n'est peut-être pas audible, vous ne pouvez peut-être pas l'entendre, mais un son est créé. La Lune tourne autour de la Terre. Cela crée des ondes bien sûr, et à cause de ces ondes, des sons sont créés. Ils ne sont peut-être pas audibles, vous ne pouvez peut-être pas les entendre mais tout a un son. Si vous vous déplacez discrètement, tout comme un chat qui veut attraper une souris, même là il y a du son. Partout il y a des ondes, partout il y a de la lumière aussi, même si vous ne pouvez pas la voir. » « Racines acoustiques »

Ánanda Vacanámrtam Part 14 (in Taiwan)

7) Le père de Natchikétâ avait envoyé ce dernier à la Mort (Yama) à la suite d'une dispute. Natchikétâ lui avait reproché d'utiliser, pour le sacrifice védique que commanditait son père, uniquement de vieilles bêtes qui n'avaient que peu de valeur alors qu'il était même sensé offrir tous ses biens. Quand Natchikétâ était arrivé au royaume de la Mort (Yama), celle-ci était absente et ne revint que trois jours après. Pour se faire pardonner son accueil peu digne des règles de l'hospitalité, Yama offrit à Natchikétâ trois vœux. Le premier vœu de Natchikétâ fut que son père ne soit plus fâché quand il reviendrait, le deuxième d'être instruit sur les sacrifices et le troisième d'apprendre ce qu'il y avait après la mort. C'est de ce vœu-là que Yama s'efforça de détourner, en vain, Natchikétâ, en lui proposant à la place de nombreux biens matériels et temporels, offre que Natchikétâ déclina. (C'est la matière du premier chapitre, qui n'est pas ici commenté.)

8) Le ***sáḿkhya*** – qui s'efforce d'expliquer la philosophie des oupanishads – énumère vingt-quatre *tattvas* : *a-vyakta (prakrti)*, *buddhi*, *ahaḿ-kára*, les sens et facultés motrices avec le *manas* (soit onze), les cinq *tanmátras*, les cinq *mahá-bhútas* [les éléments], auxquels s'ajoutent les *puruśa* : cette philosophie se caractérise en effet par le fait qu'elle conçoit un nombre infini de *puruśa* (d'âmes) et une force naturante *(prakrti)* qui est ainsi qualifiée de *pradhána* (la principale). Kapila, qui élabora le *sáḿkhya*, fut le premier philosophe reconnu de l'histoire ; on qualifie aussi parfois la philosophie du yoga de Pataiṋjali de *sáḿkhya* théiste *(seshvara)*). Kapila également, le premier, systématisa le raisonnement et introduisit les premiers éléments de la logique.

Prononciation du sanscrit

a, á, i, ii, u, ú, r, rr, lr, lrr, e, ae, o, ao ; aḿ, ah ;
ka, kha, ga, gha, un̂a : vélaires, dites gutturales en sanscrit
ca, cha, ja, jha, in̂a : palatales
t́a, t́ha, d́a, d́ha, ńa : rétroflexes, dites cérébrales en sanscrit
ta, tha, da, dha, na : dentales
pa, pha, ba, bha, ma : labiales
ya, ra, la, va, sha, śa, sa, ha, kśa.

En gros : les voyelles ont une forme courte et une forme longue : ***a*** est court, ***á*** long ; ***i*** court, ***ii*** long, etc. ***u*** se prononce « ou », la semi-voyelle ***r*** se prononce « ri ». Les « diphtongues » (longues) : ***e*** se prononce « é », ***ae*** et ***ao*** se prononcent « ail » et « aou » (ou « ao »). ***C*** se prononce « tch », ***j*** se prononce « dj », le ***h*** qui suit une consonne se traduit par une expiration, ***un̂*** et ***in̂*** sont des n – respectivement vélaire et palatal – qui nasalisent la voyelle précédente tout comme ***ḿ*** *(saḿvedana* : san(g)védana). La prononciation du ***g*** et du ***s*** est toujours dure *(aun̂gira* : angguira, *rasa* : rassa),

Plus de précisions : ***v*** se prononce « ou » après une consonne ; ***sh*** et ***ś*** se prononcent « ch », respectivement palatal et rétroflexe ; ***d́*** et ***d́h*** entre deux voyelles se prononcent *ŕ* et *ŕh* (r et rh rétroflexes).

Soit : *svapna* : souap(e)na, *prakrti* : prakriti, *múd́ha* : mouŕha, *shiva* : chiva, *viśńu* : vichnou.

De plus, ***y*** et ***l*** doivent en théorie se prononcer tels respectivement un léger « dj » et un « l » en début de mot, et « y » et « lr » autrement *(yoga* devrait se prononcer djoga tandis que *viyoga* doit se prononcer viyoga ; *yajur* (djadjour), *phala* (phalra) – même si cette prononciation-ci a quasiment disparue du Nord de l'Inde, sauf dans le Raŕh par exemple où l'on dit phaŕa).

Il y a en fait trois types de prononciation védique : *rg*, *yajur*[1] et *atharva* védiques.

[1] On dit ainsi « djadjour ». (ndt)

	Prononciation		
	rg-védique	***yajur-védique***	*atharva-védique*
r	re	**ri**	rou
kśa	kcha (ch rétroflexe)	**kkha** **(kh rétroflexe)**	
jiṋa	dji̐a	**guîa**	dîa

La *Kaťha Oupanishad* est rattachée au *Yajur Veda*, plus précisément au *Krishna Yajur Véda*. Sa prononciation suit donc les règles de prononciation du *Yajur Véda*.

En *yajur*-védique ***kś*** se prononce **kkh** (kh rétroflexe) et ***jiṋa*** **guîa** (= *gîa*, g dur, le *î* étant un i nasalisé). ***Sákśii*** [(témoin)] se prononce **sakkhi** et ***prakrti*** **prakriti**.

Tandis qu'en *rig*-védique (i.e. dans le *Rg Veda* et les ouvrages associés), *kś* et *jiṋa* se prononcent respectivement kch (ch rétroflexe) et dji̐a (autrement dit djîa où le *î* représenterait un i nasalisé). *Prakrti* se prononce « prakreti », et *sákśii* [(témoin)] sâkchi.

En *atharva*-védique, autrement dit dans l'*Atharva Veda*, *jiṋa* se prononce dîa, et *prakrti* se prononce « prakrouti ».[1]

Le sanscrit est une langue extrêmement liée : les consonnes finales font la liaison avec le mot suivant. Les versets *(shloka)* doivent être lus, pour en préserver le rythme, en n'oubliant pas de faire la liaison lors d'un y final (puisqu'il a alors un statut de consonne) avec la voyelle ou diphtongue qui suit : *astiity evo...* prononcé astîtiévo.... Même chose pour le v final suivi d'une voyelle : *tv agryayá* prononcé toigriayâ (trois pieds)) (après une consonne, le v se prononce « ou »). On ne doit pas non plus oublier que *ae*, *ao* ainsi que *ii* représentent une seule « lettre » de même que *tha*, *bha*, *uṋa*, *iṋa*, etc.

[1] Ces quelques informations sont extraites des chapitres sur la phonétique du livre *Varńa Vijiṋána* notamment, et d'autres ouvrages de l'auteur.

Translittération des écritures bengalie *(shriiharśa* ou *kut́ilá)* et hindie *(devanágarii)* en écriture latine :

অ	আ	ই	ঈ	উ	ঊ	ঋ	ৠ	ঌ	ৡ	এ	ঐ	ও	ঔ	অং	অঃ
अ	आ	इ	ई	उ	ऊ	ऋ	ॠ	ऌ	ॡ	ए	ऐ	ओ	औ	अं	अः
a	*á*	*i*	*ii*	*u*	*ú*	*r*	*rr*	*lr*	*lrr*	*e*	*ae*	*o*	*ao*	*aḿ*	*ah*

ক	খ	গ	ঘ	ঙ		চ	ছ	জ	ঝ	ঞ		
क	ख	ग	घ	ङ		च	छ	ज	झ	ञ		
ka	*kha*	*ga*	*gha*	*uṋa*		*ca*	*cha*	*ja*	*jha*	*iṋa*		
ট	ঠ	ড	ঢ	ণ		ত	থ	দ	ধ	ন		
ट	ठ	ड	ढ	ण		त	थ	द	ध	न		
t́a	*t́ha*	*d́a*	*d́ha*	*ńa*		*ta*	*tha*	*da*	*dha*	*na*		
প	ফ	ৰ	ভ	ম		য	র	ল	ব			
प	फ	ब	भ	म		य	र	ल	व			
pa	*pha*	*ba*	*bha*	*ma*		*ya*	*ra*	*la*	*va*			
শ	ষ	স		হ	ক্ষ			ঽ	অঁ		ড়	ঢ়
श	ष	स		ह	क्ष			ऽ	अँ		ड़	ढ़
sha	*śa*	*sa*		*ha*	*kśa*			*'*	*aṋ*		*ŕ*	*ŕh*

Titres bengalis et anglais des chapitres :

Spandana, rúpa o varńa ; Shreya o preya ; Pravrtti o nivrtti ; Ratha o rathii ; Jaŕa o cetana ; Lokáyata o lokottara.

Vibration, Form and Colour, Supreme Benevolence and Mundane Pleasure, Desire and Detachment, The Chariot and the Charioteer, Matter and Spirit, This World and the Next.

Auteurs cités

Caetanya/Chaitanya (saint) : réformateur religieux vichnouïte des 15e-16e siècles, d'expression bengalie et sanscrite, cité ici par Krśńa-dása Kavirája. On prononce Tchaïetania (voir à Krśńadás).
Cańďîdâs/Chandîdâs : poète médiéval bengali, il y aurait peut-être eu plusieurs Cańďîdâs (p. 44).
Cârvâka : le philosophe matérialiste de l'Inde ancienne. (p. 144), 7e ou 6e siècle avant notre ère ; désigne aussi l'école matérialiste de l'Inde ancienne elle-même.
Kâbir : poète mystique de langue hindi, 15-16e siècles, au-delà du clivage des religions. D'origine musulmane, il s'adressait et s'adresse toujours autant aux hindous qu'aux musulmans (p. 31, 45).
Krśńácárya/Káhnu : ascète tantrique bouddhiste, un des auteurs du fameux *Caryâpada* (voir page suiv.) (p. 72).
Krśńadása Kavirája, auteur du fameux *Caetanya-caritámrtam*, 16e siècle, racontant la vie du grand saint Chaitanya (voir ci-dessus), et le citant. Son titre, *kavirája*, signifie « roi des poètes ».
Nârada, auteur du *Bhaktisútra* (il y aurait environ 1000 ans) (p. 83).
Narottamdás Thákur : saint et poète mystique du Bengale de la deuxième partie du 16e siècle (p. 162).
Patañjali, *Yoga sûtra*, au 3e ou 2e siècle avant notre ère.
Rámaprasáda/Rámprasád : poète de langue bengalie du 18e siècle, auteur notamment de chants mystiques encore pratiqués aujourd'hui (p. 32).
Tulsîdâs : poète de langue *awadhii* (ancien dialecte hindi) (nord-nord-est de l'Inde), 16e siècle, auteur du *Râma-carita-mânasa*, une sorte de version du *Rámáyańa* (p. 130).
Vidyápati : grand poète mystique et auteur des 14-15e siècles, né dans l'État du Bihar. Il écrivit en maithilî, un dialecte du Bihar proche du bengali ainsi que des ouvrages en sanscrit (p. 42, 44 et 162).
Vidyárańya : auteur du *Pañcadashî* ; 1297-1386, philosophe de l'école non-dualiste de Shankara (p. 141).
Les divers sages *(rśi)*, auteurs des oupanishads, tantras et pouranas (Shvetâshvatara, Vyâsa, etc.)

Ouvrages cités

Upaniśads
Kaťhopaniśad/Kaťha Upaniśad (p. 48 à 193)
Mušďaka Upaniśad (p. 34)
Shvetáshvatara Upaniśad (p. 34, 191)
Taetiriiya Upaniśad (p. 77)
Bhakti
Bhaktisútra (p. 83)
Caetanya-caritámrtam, bengali et sanscrit (p. 30-31, 54, 88, 95, 118)
Yoga
Yoga sûtra (p. 65, 86, 112, 118, 167 et 187)
Tantras
Ahirbudhnya-Saḿhitá (p. 187).
Jiṋána-saḿkalinii-tantra (p. 187)
Mahánirváňa Tantra (p. 39-40)
Épopées
Mahâbhârata (p. 47, 139, 142 et 188)
Rámáyaňa (p. 87), probablement le « *Rámáyaňa* » de Tulsidas (voir ci-dessous).
Râma-carita-mânasa (*Rámáyaňa* de Tulsidas), en *awadhii* (p. 129)
Puráňas
Bhágavata-Puráňa (p. 111)
Padma Puráňa (p. 39)
Philosophie *advaïta*
Pañcadashî (p. 141)
Poésie tantrique
Caryâpada : Recueil de stances de divers mystiques tantriques bouddhistes du 8/10-12e siècle, en ancien bengali et autres langues indiennes, aussi appelé *Caryágiiti-kośa*, ou *Caryácaryávinishcaya* (p. 72).
Etc. (divers ouvrages de poètes indiens, voir p. précédente)

Tous les ouvrages ci-dessus sont en sanscrit, sauf précision.

Ouvrages de l'auteur

L'auteur, philosophe, philologue, historien des religions et maître de yoga, a écrit de nombreux livres sur les sujets spirituels :

Notamment une série[1] sur les textes de la tradition spirituelle indienne, en particulier les Oupanishads, comprenant :

– *Sublime Spiritualité*,

Une présentation des bases ontologiques dans la philosophie indienne ainsi que des textes de la tradition de la *bhakti* ;

Suivie de volumes commentant les Oupanishads majeures, commentaires dont les éditions françaises comprennent la traduction française directe du texte sanscrit de l'oupanishad cité par l'auteur :

– *La Science sacrée des Védas vol. I*
(Îshâ, Prashna, Muńd́aka, Páshupata Brahma, Kaevalya et *Nrsiḿha Tápaniiya*[2] *Oupanishads)*

– *La Spiritualité de la Kat́ha Oupanishad.*

– *L'Enseignement philosophique et spirituel de la Shwetâshwatara Oupanishad.*

– etc.[1]

Ainsi qu'une série de courts ouvrages commentant des versets phares de la tradition spirituelle de l'Inde[3] :

– *Nectar de l'Enseignement spirituel, tome 1*

– *Nectar de l'Enseignement spirituel, tome 2*

– etc.

Un ouvrage sur la vie et l'enseignement de Krishna au regard des écoles de philosophie indiennes :

– *Namámi Krśńa Sundaram (Je salue la Splendeur de Krishna)*

Une somme sur Shiva, présentation à la fois de l'aspect historique (incluant les courants religieux jusqu'à aujourd'hui), l'essentiel de

---

[1] La série *Subháśita Saḿgraha*, qui a au moins vingt-six volumes en bengali, reprise dans la série anglaise intitulée *Ánanda Márga Ideology and Way of life*. (ndt)

[2] Une « version » élargie de la *Máńd́úkya* Upanishad. (ndt)

[3] Trente-quatre tomes sont disponibles en langues indiennes sous le titre *Ánanda VacanÁmrtam*. (ndt)

l'enseignement de Shiva, son rapport aux courants philosophiques traditionnels indiens, et les hymnes traditionnels à Shiva :

– *Namah Shiváya Shántáya (Mes hommages au Serein Shiva)*

Un précis philosophique :

– *Ánanda Sútram*, résumant en aphorismes sanscrits (et en cinq chapitres) l'essentiel de la philosophie spirituelle et sociale de l'auteur.

L'auteur a en effet également écrit, sous son nom civil Prabhat Ranjan Sarkar, de nombreux ouvrages de philosophie politique et sociale. Il est notamment l'auteur de la théorie socio-politique de l'Utilisation progressiste – la Tup, connue en anglais sous le nom de Praote *(Prout)* – qui propose une société équitable, spirituelle, progressiste et néohumaniste ; et de l'essai *Libérer l'intelligence, vers un Nouvel Humanisme*, ainsi que d'une encyclopédie, un dictionnaire et plusieurs ouvrages de philologie en bengali, etc. ; soit,

en supplément à ceux mentionnés ci-dessus :

Histoire de la spiritualité :
Discourses on Mahábhárata

Philosophie :
La Philosophie de l'Ánanda Márga, une récapitulation, vol 1 (recueil)
Ánanda Sútram (Précis philosophique)
Ánanda Márga, le Chemin jusqu'au Royaume de la Béatitude, philosophie élémentaire
Idea and Ideology
La Faculté de connaître

Morale :
Un Guide de conduite humaine – yama niyama, les principes moraux et spirituels du yoga

Traité social :
Manuel pratique de l'Ánanda Márga, tomes 1 à 3 (Ánanda Márga Caryácarya)

Hygiène et santé :
Se Soigner par le yoga, l'hygiène de vie et les remèdes naturels

Science et connaissance ésotérique :
Pramá, Les Microvita, etc.

Politique et social
La Démocratie économique – la vision de la TUP, la Théorie de l'Utilisation progressiste (recueil)
To the Patriots
Problèmes du jour
La Société humaine (2 vol.)
Prout in a nutshell (21 vol.)

Civilisation :
Sabhyatár Ádibindu - Rárh (Rárh: the starting point of civilisation)

Essais :
Libérer l'intelligence, vers un Nouvel humanisme
A Few Problems solved (série)
Philologie :
Varńa Vijiṋána (Science of languages)
Varńa Vicitrá (Variety on Letters) (8 volumes)
Dictionnaire :
Laghu Nirukta
Encyclopédies :
Shabda Cayaniká (26 vol.)
(du bengali, inachevée)
Ideal Farming (Une Agriculture idéale)
Animals and birds – our neighbours (Nos amis les bêtes)
Path Calte Eti Kathá (6 vol.) (Chroniques des régions)
Chants et poésies :
Prabháta Saḿgiita (165 vol.)
Histoires :
Galpa Saiṋcayana (12 vol.)

Littérature enfantine :
Le Lotus d'or de la mer Bleue (illustré pleine page)
Under the fathomless depths of the Blue Sea
In the land of Haťťamálá
Tářá Bándhá Chařá
Nútan Varńa Paricay
Recueils de textes :
Une Promenade spirituelle en ce monde,
La Démocratie économique – la vision de la TUP,
La Philosophie de l'Ánanda Márga, une récapitulation, vol 1 (recueil)
Aspects avancés de la psychologie du yoga,
Libérer l'intelligence, vers un Nouvel Humanisme, avec des compléments (recueil),
Neohumanism in a nutshell

Etc.

Vous trouverez aussi une récapitulation des ouvrages de l'auteur disponibles en français ainsi qu'où les trouver sur la page :

http://anandamarga.free/livres.htm

Adresses

Sur Internet : http://www.anandamarga.fr
http://anandamarga.free.fr
http://www.anandamarga.eu
http://www.anandamarga.org (anglais)

Pour une rencontre ou un renseignement :

En **France**, écrivez à : Ánanda Márga Pracáraka Saḿgha,
chez M. Botrel, 1 rue André Chénier, 91000 Évry
Ou par mél à o.caujolle@laposte.net ou anandamarga@free.fr
ou anandamarga@terra.es
En **Europe** : Ánanda Márga Pracáraka Saḿgha
Weisenauer Weg 4,
D-55129 Mainz Allemagne
tél : 00 - 49 6131-834262
mél : sosberlin@anandamarga.eu ou europe@anandamarga.org,
http://www.anandamarga.eu

En **Afrique** : Ananda Marga est présente au Burkina Faso, au Cameroun, au Congo, en Côte d'Ivoire, au Togo ainsi que dans de nombreux autres pays d'Afrique et d'ailleurs. Pour avoir la visite d'un enseignant dans votre ville, contactez un centre d'Ananda Marga :
Burkina Faso : Ananda Marga
01BP 3665 Ouagadougou 01, Burkina Faso
Tél: 00 226 50375592 /71307382
Mél: amurtbf@gmail.com
Etc.

Île Maurice : ravirambujoo@intnet.mu tél. 00 230 6179709

Madagascar : Tananarive :
Mél : somiirserge@gmail.com, tél : 00 261 330774652.

Haïti :
Ananda Marga/Amurtel, Rue Garnier, Impasse Dumond 10a, Bourdon, Port au Prince, Haïti. Tél. 00 509 38132828
Mél : jiivaprema@hotmail.com, anandaprama@yahoo.com
Mél : karmavratananda@gmail.com tél. 00 509 3704 8775

Canada : Ananda Marga Master Unit Canada
323 Rang St-Louis, St-André-Avellin (Québec)
J0V1W0 Canada, tél (port.) : 00 1 613 322 6663
Montréal : tél (port.) : 00 1 514-806-4426
mél : dayashiilananda@gmail.com

États-Unis :
Ananda Marga Center, 149-02 Melbourne Avenue,
Flushing, New-york 11367 (USA)
tél : (00-1-)718-8981603
mél : sosny@anandamarga.us,
http://ampsnys.org

Etc.

Table des matières

Avant-propos 5
Note complémentaire de la traductrice *7*
Abréviations *8*
Transcription latine de l'alphabet sanscrit 9
Vibration, forme et couleur 13
La Kaťha Oupanishad
Le Bien et le plaisir 48
Au-delà du désir 77
Pensée, raison, sens et motricité (la métaphore du char) 97
La matière et l'Esprit 124
Le temporel et le transcendantal 163
Annexes
Enseignement gracieux de la méditation 195
L'éthique yoguique 196
Schémas et illustrations 197
Notes complémentaires 201
Prononciation du sanscrit 205
Translittération du bengali et du hindi *207*
Titres bengalis et anglais des chapitres : *207*
Auteurs et ouvrages cités 208
Ouvrages de l'auteur 210
Adresses 213

www.ingramcontent.com/pod-product-compliance
Lightning Source LLC
Chambersburg PA
CBHW031640040426
42453CB00006B/162
* 9 7 8 2 9 0 7 2 3 4 0 9 2 *